Dr. Jürgen Kaack

Markt- und Kundenorientierung

ein übergreifender Prozess

Bibliografische Information der Deutschen Nationalbibliothek: Die Deutsche Nationalbibliothek verzeichnet diese Publikation in der Deutschen Nationalbibliografie; detaillierte bibliografische Daten sind im Internet über dnb.dnb.de abrufbar.

© 2017 Dr. Jürgen Kaack

Umschlagbild: Dr. Jürgen Kaack

Herstellung und Verlag:
BoD – Books on Demand, Norderstedt

ISBN: 9783743195363

Inhaltsverzeichnis

1.	Vorbemerkungen	1
2.	**Strategie und Ziele marktorientiert festlegen**	**5**
	2.1. Randbedingungen für die Planung	9
	2.2. Der Planungsprozess	14
3.	**Produktplanung auf Basis des Produktnutzens**	**23**
	3.1. Kundenbedürfnisse erkennen	32
	3.2. Kunden beschreiben mit Segmentierung	47
4.	**Marktorientiert Produkteinführung**	**62**
	4.1. Partnerschaften mit Unternehmen	85
	4.2. Entwicklung braucht Planung	94
5.	**Marktorientiert Preise gestalten**	**100**
6.	**Vertriebsstrukturen folgen Kundenanforderungen**	**112**
7.	**Kundenorientierte Kommunikationsmaßnahmen**	**119**
8.	**Vertriebsplanung folgt auf Produktplanung**	**140**
9.	**Neukundenpotenziale heben – der Vertriebsprozess**	**161**
	9.1. Vertriebsoptimierung nach Analyse	178
	9.2. Vertriebsorganisation und Vertriebskonzept müssen passen	197

10.	Kundenwert schafft Unternehmenswert	**206**
11.	Kundenzufriedenheit schafft Ertragspotenzial	**216**
12.	Kundenbindung steigert Kundenwert	**229**
13.	Kundenorientierung bei den Mitarbeitern	**250**
14.	Risikomanagement berücksichtigt Kunden	**256**
14.1.	Risiken bewerten und Frühwarnsystem einrichten	273
15.	Markt- und Kundenorientierung führt zu Maßnahmen	**286**

Weiterführende Literatur   **289**

Über den Autor   **292**

Markt – und Kundenorientierung – ein übergreifender Prozess

1. Vorbemerkung

Markt- und Kundenorientierung sind eine Selbstverständlichkeit für ein im Wettbewerb stehendes Unternehmen. Tatsächlich? Wenn dies so wäre, müsste es eigentlich viel weniger erfolglose Produkte geben und auch die Zahl der Insolvenzen müsste niedriger sein. Ein Fehler ist, Marktorientierung auf Marketing und Vertrieb zu beschränken. Erfolgreiche Markt- und Kundenorientierung erstreckt sich auf alle Bereiche und Funktionen im Unternehmen. Schon die Festlegung der Unternehmensstrategie sollte grundsätzliche Fragen der Positionierung im Markt und der Ausrichtung auf Kundengruppen erlauben. Eine unklare Strategie führt zu fehlenden Rahmenbedingungen für Planung und Produktgestaltung. Ein Unternehmen kann sich auf diesem Wege in zu vielen Bereichen verzetteln und den Fokus verlieren. Für Kunden kann das „Bild" des Unternehmens verschwimmen und zur Abwanderung zu Wettbewerbern führen.

Dabei gibt es nicht einen alleine erfolgreichen Weg und nahezu unendlich viele strategische Ausrichtungen für ein Unternehmen. Der Aufbau einer exklusiven Luxus-Marke kann ebenso erfolgreich sein wie eine „No-Name"-Strategie. Allerdings sollte eine bewusste und nachvollziehbare Ausrichtung als Grundlage dienen und dann konsequent in allen Teilen der Wertschöpfung verfolgt werden. Die unternehmerische Aktivität setzt auf einer Definition der für das Unternehmen relevanten Zielgruppen auf, wobei es für die Festlegung grundsätzlich keine Einschränkung gibt. Verschiedene Kriterien, nach denen eine Zielgruppen-Segmentierung erfolgen kann, werden im Folgenden erläutert.

Ausgehend von der Zielgruppen-Festlegung erfolgt die Produktentwicklung in einem markt- und kundenorientierten Prozess, zu dem auch eine entsprechende Preisgestaltung gehört. Rückkopplungen mit Vertretern der Zielgruppe geben Bestätigung oder zeigen Korrekturbedarf auf. Grundlegend für alle Entscheidungen im Umfeld des Produktangebotes sind Analysen zum Produktnutzen. Für das gleiche Produkt kann sich je nach Zielgruppe ein unterschiedlicher Produktnutzen einstellen. Da der Produktnutzen wesentlichen Einfluss auf Kaufbereitschaft und akzeptierte Preise hat, sollte der Produktnutzen nicht nur einmal ermittelt, sondern regelmäßig überprüft werden. Passen Nutzen und Herstellkosten nicht zusammen, dürfte der Vermarktungserfolg gering bleiben. Möglicherweise helfen Anpassungen im Geschäftsmodell bei der Wiederherstellung von Wirtschaftlichkeit. Ein in vielen Fällen erfolgversprechender Ansatz sind Kooperationen und Allianzen. Neben dem unmittelbaren Wettbewerb wirken technologische, rechtliche und regulatorische Einflüsse ein und können das Kaufverhalten beeinflussen.

Für die meisten Produktgruppen ist eine gezielte Ansprache der potenziellen Käufer erforderlich. Wie im Prozess der Produktgestaltung gilt es auch hierbei, die Kommunikationsinstrumente und Maßnahmen kundenorientiert und unter Berücksichtigung der Marktgegebenheiten auszuwählen. Mit Kommunikationsmaßnahmen können hohe Budgetansätze verbunden sein, wobei nicht immer ein Mehr an Mitteleinsatz zu höheren Umsätzen und besseren Ergebnissen führt. Regelmäßige Erfolgskontrollen sind hilfreich.
Der Vertrieb sorgt für die Realisierung der angestrebten Umsätze. Im Falle des Vertriebes ist eine Kundenorientierung am ehesten zu erwarten. Aber auch für den Vertrieb gilt es zunächst eine Vertriebsstrategie zu erstellen und Vertriebskanäle gezielt auszuwählen. Dabei sind nur solche Vertriebskanäle erfolgversprechend, die die Zielgruppen des Unternehmens erreichen. An der Nutzung des Online-Vertriebs führen kaum noch Wege vorbei, aber daneben

gibt es weitgehende Gestaltungsmöglichkeiten. Unterschiedliche Vertriebskanäle bedingen unterschiedliche Vertriebskosten und Absatzerfolge. Ein effizientes Vertriebscontrolling ist somit unerlässlich. Es sollte selbstverständlich sein, dass Kommunikationsmaßnahmen und Vertriebsstrategien sich gegenseitig unterstützten sollten und in die gleiche Richtung wirken. Bei der Aufstellung der Vertriebsstrategie sind neben den Kundenpräferenzen die Marktbedingungen von hoher Bedeutung. Nur wenige Unternehmen haben keinen Wettbewerb im direkten Vergleich oder mit Substitutionsprodukten.

Der eigentliche Vertriebsprozess muss kundenorientiert gestaltet sein, um Kaufabschlüsse zu erzielen. Allerdings endet der Vertriebsprozess in der Regel nicht mit dem Erstkauf. Bedingt durch Kommunikations- und Vertriebskosten ist der Erstkauf weniger profitabel, als Folgekäufe und die Entwicklung zum Stammkunden. Kundenbindungs-Maßnahmen sind daher für viele Produktgruppen sinnvoll. Wie die Vertriebsstrategie und der Vertriebsprozess müssen auch Kundenbindungsmaßnahmen zu den ausgewählten Zielgruppen passen, um im gewünschten Sinne zu wirken. Analog zum Produktnutzen ist der Kundenwert ein Steuerungsinstrument, mit dem überprüft werden kann, ob die Ziele bei der Vermarktung erreicht werden. Anhand der Kundenwertanalyse lässt sich ermitteln, welche Kundenbindungsmaßnahmen aus wirtschaftlicher Sicht sinnvoll sind, ob eine Intensivierung der Maßnahmen eine Erhöhung des Kundenwertes erwarten lässt oder eher eine Verringerung. Wie beim Produktnutzen kann auch der Kundenwert in Szenarien schrittweise optimiert werden.

Im Sinne einer durchgehenden Kundenorientierung müssen die Organisation und die internen Prozesse kundenorientiert ausgerichtet sein. Unverträglichkeiten können den unternehmerischen Gesamterfolg gefährden. Es sollte selbstverständlich sein, dass Kundenorientierung von den Mitarbeitern vermittelt wird. Dabei ist fast immer ein Team von Mitarbeitern erforderlich, um die Ziele zu erreichen. Team-Building und Mitarbeiterförderung gehören daher zu einem kundenorientierten Unternehmen. Neben Qualifikationsmaßnahmen sind allerdings auch Ergebniskontrollen unerlässlich, um den in der Planung abgeleiteten Unternehmenserfolg in der täglichen Praxis zu realisieren.

Markt- und Kundenorientierung ist meistens aufwändiger als eine technologisch basierte oder auf Fortschreibung der Vergangenheit aufsetzende Unternehmensplanung. Auch gibt es selbst bei Beachtung der Prämissen markt- und kundenorientierten Handelns keine Erfolgsgarantie. Allerdings können Risiken im Vorfeld leichter vermieden und im laufenden Geschäft schneller erkannt werden.

2. Strategie und Ziele marktorientiert festlegen

Die Unternehmensstrategie wird erstmalig bei der Gründung des Unternehmens von Gründern und Gesellschaftern definiert. Welche Ziele man dem Unternehmen dabei gibt, hängt von vielfältigen Faktoren ab und ergibt sehr unterschiedliche Ausrichtungen. Ist das Unternehmen bereits seit einiger Zeit am Markt, sollten Überprüfungen in Form von Reviews erfolgen. Spätestens dabei sollten die Ansätze zur Zielgruppenauswahl und Positionierung mit der erreichten Realität abgeglichen werden. Ergeben sich Abweichungen, besteht Handlungsbedarf, entweder in Form einer revidierten Planung oder einer Anpassung der strategischen Ausrichtung.

Die marktorientierte Unternehmensführung erweitert die herkömmliche, auf Kosten- und Vergangenheitsbetrachtungen aufsetzende Planung um die Gegebenheiten des Marktes und die Bedürfnisse der Zielgruppen. Dabei stellt die Vorgehensweise eine Ergänzung, aber keine Alternative zur etablierten GuV (Gewinn- und Verlust-Rechnung) Planung dar. Die Umsetzung der Planergebnisse kann dabei immer nur so gut sein wie die gesetzten Eingangswerte. Ein häufiges Problem – und dies nicht nur bei mittelständischen Unternehmen – ist die systematische Ableitung der Eingangsgrößen für die Planung. Nicht selten werden diese Größen aus den Werten der vergangenen Jahren hochgerechnet und sowohl die Absatzentwicklung als die unterstellten Kosten über das Jahr linear verteilt.
Mit unrealistischen Annahmen zum Markt, zu hohen Absatzerwartungen oder am Markt nicht durchsetzbaren Preisen kann auch eine betriebswirtschaftlich korrekte Planung nur falsche Ergebnisse liefern. Die für den Planungszeitraum angesetzten Werte müssen nicht nur im Kunden- und Wettbewerbsumfeld realistisch, sondern mit den vorhandenen Mitteln im

Unternehmen darstellbar sein. Dieser Abgleich und die frühzeitige Identifikation von zusätzlich erforderlichen Investitionen oder zusätzlichem Personalbedarf kann auf das Planungsergebnis erhebliche Auswirkungen haben. Die Methodik der marktorientierten Planung hilft, die für die Unternehmensplanung relevanten Größen:

- Absatzpotenzial nach Zielgruppen
- Preismodelle nach Zielgruppen
- Zielableitung für Produkt, Preis, Vertrieb und Kommunikation
- Umsatzverteilung über den Planungszeitraum nach Vertriebskanälen und Zielgruppen
- Vertriebskosten nach Vertriebskanälen
- notwendige Kosten für Marketing-Maßnahmen
- Aufwand bei der Umsetzung
- Risiken für die Zielerreichung

systematisch und nachvollziehbar aus vorhandenen Informationen oder unter Zuhilfenahme von Annahmen abzuleiten. Damit das Ergebnis später verifizierbar ist, werden zunächst systematisch die erforderlichen Informationen gesammelt und als Basis für die weitere Bearbeitung aufbereitet. Nach einer Analyse der Ist-Situation des Unternehmens und seiner Produkte im Wettbewerbsvergleich erfolgt die Festlegung einer realistisch erreichbaren Positionierung im Markt.

Mit Hilfe der übergeordneten Unternehmens-Ziele, die selber nicht aus einem operativen Planungsprozess abgeleitet werden können, sondern oft vom Gesellschafter vorgegeben werden und der angestrebten Positionierung im Marktumfeld werden die operativen Ziele für den Planungszeitraum abgeleitet und in einzelne Maßnahmen umgesetzt, die jeweils in ihrem Kosten- und

Personalaufwand quantifiziert werden. Der Abgleich der so ermittelten Aufwende mit den vorhandenen Ressourcen zeigt mögliche Unstimmigkeiten auf, die vor dem Abschluss der Planung ausgeräumt werden müssen. Entweder müssen Maßnahmen – und damit Ziele - zurück genommen werden oder es können zusätzliche Ressourcen bereitgestellt werden. Nur so ist sichergestellt, dass die geplanten Kosten und Investitionen mit den zur Erreichung der Ziele erforderlichen Maßnahmen korrespondieren. Der Planungsprozess lässt schon bei der Erstellung erkennen, welche Ziele in Anbetracht der Ausgangsposition des Unternehmens oder der zur Verfügung stehenden Ressourcen erreichbar sind. Ziele, die auch mit veränderten Strategien nicht umsetzbar sind, müssen nach unten korrigiert oder gänzlichen gestrichen werden.

Auch eine auf der Basis von vollständigen Informationen realistische Absatz- und Umsatzplanung kann durch unvorhergesehene und zum Zeitpunkt der Planung nicht bekannte Ereignisse beeinträchtigt werden. Bei einer konsequenten Durchführung werden aber die Unsicherheiten und potenzielle Risiken offensichtlich, so dass sich für diese Vorkehrungen treffen lassen. Dies trifft auf Veränderungen im Kundenverhalten zu, für technologische Voraussetzungen und die Aktivitäten der Wettbewerber.

Ziele/Strategien

Übergeordnete Ziele	Übergeordnete Strategien
Absatzziel Umsatzziel	
Marketing-Mix-Ziele	**Strategien**
Produkt	
Distribution	
Preis/Konditionen	
Kommunikation	

Eine wichtige Eingangsgröße für die Planung ist das vorhandene Budget und die verfügbaren Personal-Ressourcen. Eine marktorientierte Planung ist so aufgebaut, dass vorhandene Ressourcen bestmöglich nach den gesetzten Zielen eingesetzt werden können. Der umgekehrte Planungsprozess ist zwar prinzipiell auch möglich, aber mit zusätzlichen Risiken verbunden. Die Vermarktung eines Produktes kann meistens mit höheren Ausgaben für

Werbung und Verkaufsaktionen gesteigert werden. Durch technische Weiterentwicklungen lassen sich möglicherweise neue Zielgruppen adressieren. Dies lässt sich vermutlich sogar wirtschaftlich darstellen, aber nur dann umsetzen, wenn die vorhandenen finanziellen Mittel hierfür vorhanden sind. Ist auf der anderen Seite der Markt für das betrachtete Produkt bereits weitgehend ausgeschöpft, dann wird sich auch durch zusätzliche Ausgaben für Werbung und neue Produkt-Funktionalitäten kaum eine Wirkung erzielen und die Mittel hätten besser an anderer Stelle investiert werden sollen, z.B. für Nachfolgeprodukte.

2.1. Randbedingungen für die Planung

Die Methodik der marktorientierten Planung lässt trotz der Berücksichtigung begrenzter Budgets zusätzliche Marktchancen erkennen. Wenn sich ein Weg findet, die vorhandenen Budgets entsprechend zu erhöhen, z.B. indem die Hausbank auf Basis der planerisch unterlegten Chancen zusätzliche Mittel bereitstellt, so lassen sich diese Potenziale trotzdem erschließen. Die Zusammenarbeit mit Kooperationspartnern oder Änderungen im Geschäftsmodell können weitere Alternativen eröffnen, um die erkannten Marktchancen zu nutzen. Meist trifft man in Unternehmen allerdings auf das umgekehrte Vorgehen, es wird zunächst geplant, wie die Produktion modernisiert oder erweitert werden kann, und anschließend soll die Marketingplanung die zusätzlich produzierten Stückzahlen am Markt absetzen. Der Aufbau eines Fertigmaterial-Lagers oder Preis- und Margenverfall sind die mögliche Folge eines solchen Vorgehens. Nach Schaffung der Voraussetzungen werden im nächsten Schritt anhand der resultierenden Stückzahlen die technischen Anforderungen geprüft und gegebenenfalls notwendige Erweiterungen oder Modernisierungen der technischen Einrichtungen geplant.

Dr. Jürgen Kaack

Marktentwicklung/Zielgruppen

Eigenes Produkt +	direkte Wettbewerber	Umsatz in €:
	indirekte Wettbwerber	Absatz in Tsd.:
Eigenes Produkt +	direkte Wettbewerber	Umsatz in €:
		Absatz in TSD.:

Zielgruppe (aktuelle und potenzielle)	Potenzial		Kundenstamm		Absatz/Umsatz					
	Absatz in Tsd.	Kunden in Tsd.	Absatz in Tsd.	Kunden in Tsd.	eigenes Produkt + direkter Wettbewerb				eigenes Produkt	
					Absatz in Tsd.	Umsatz in €	Absatz in Tsd.	Umsatz in €		
Zielgruppe / Branche										
Summe										

Die marktorientierte Planung ist ein aus praktischen Erfahrungen bei einer Vielzahl von Unternehmen entstandenes und praxisbewährtes Arbeitsinstrument. Sie erfüllt die Anforderungen nach Transparenz und Nachvollziehbarkeit durch ihre analytischen Grundregeln. Das Ergebnis ist eine sichere Entscheidungsbasis zur Maßnahmenplanung und

Budgetverteilung. Da die marktorientierte Planung deutlich mehr Informationen beinhaltet als die reine Zusammenfassung von Zahlenwerten zu einem Formelwerk, ist sie für die laufende Unternehmensführung eine wichtige Hilfe. Die Entscheidung zur Einführung eines neuen Produktes, für den Aufbau einer neuen Vertriebslinie oder gar die Gestaltung eines neuen Unternehmenszweiges kann unter Nutzung der beschriebenen Methodik sicherer erfolgen. In diesen Fällen sind die Ziele und Strategien in der Regel noch nicht gefestigt und die Informationen basieren meistens noch nicht auf fundierten Erfahrungswerten. Dies stellt die Anwendung allerdings nicht in Frage, da der Handlungsbedarf schrittweise ermittelt wird und die noch vorhandenen Risiken im Laufe des Prozesses einschätzbar bleiben. Die entscheidenden Vorteile einer marktorientierten Planung sind:

- alle vorhandenen und relevanten Informationen werden berücksichtigt
- Informationslücken können durch Plausibilitätsannahmen gefüllt werden
- die Identifikation der eigenen Positionierung erfolgt analytisch anhand der vorhandenen Informationen
- die übergeordneten Ziele werden nachvollziehbar in operative Ziele umgesetzt
- der Abgleich der erforderlichen Maßnahmen mit den vorhandenen Ressourcen stellt sicher, dass die gesetzten Ziele erreichbar sind
- Risiken und Unsicherheiten werden deutlich und können in der Folge beobachtet werden
- durch die Einbeziehung aller Führungskräfte in den Prozess ist eine höhere Identifikation mit den vereinbarten Zielen gegeben

- das Ergebnis wird in Einzelmaßnahmen und Aktionen dargestellt, damit eine laufende Überwachung des Umsetzungs-Fortschrittes möglich ist
- die Priorisierung der Maßnahmen erfolgt deduktiv und im Rahmen des vorhandenen Budgets
- bei erkennbaren Abweichungen vom Plan können bereits unterjährig Gegenmaßnahmen getroffen werden
- der Planungsprozess wird in den einzelnen Schritten dokumentiert und ist damit auch für Dritte transparent

Entsprechend der Maxime **"effizient Planen und marktorientiert Handeln"** verfolgt die marktorientierte Planung drei Hauptziele:

- Bereitstellung und Aufbereitung aller notwendigen und erreichbaren Informationen für operative Entscheidungen und Maßnahmen in Marketing und Vertrieb
- Straffung und Vereinfachung des Marketing-Planungsprozesses für das Produktmanagement (Planungsaufwand im eingespielten Zustand ca. eine Mannwoche je Durchgang)
- systematische Entwicklung marktorientierter Maßnahmen und Aktionen für den Planungszeitraum

Die marktorientierte Planung folgt immer der Dynamik der betrachteten Märkte. Einflussparameter wie Markt, Wettbewerb und Kundenbedürfnisse bedingen einen dynamischen Prozess. Bei der Durchführung werden „Wenn-Dann" Beziehungen geprüft, die Abhängigkeiten deutlich machen: welche Ziele werden nur erreicht, wenn man Mittel an anderer Stelle einspart. Hieraus ergibt sich eine Priorisierung der Maßnahmen mit der Folge, dass manche Maßnahmen nicht – oder erst später – umgesetzt werden. Die Analyse verschiedener aus Markt- und Unternehmens-Sicht realistischer Szenarien ermöglicht, die Alternativen zu prüfen und gegeneinander abzuwägen, bevor eine gezielte Entscheidung für die Ziele getroffen wird.

Die übergeordneten unternehmerischen Ziele setzten die Rahmenbedingungen für den Planungsprozess und geben die Grundrichtung vor. Sollten dabei zunächst Hypothesen zu den Zielen erforderlich sein und sich aufgrund der späteren Analysen ergeben, dass diese Ziele nicht erreichbar sind, so können iterativ die Auswirkungen von Alternativen auf die Ergebnisse der Planung geprüft werden. Hat das Unternehmen bislang noch keine strategischen Ziele definiert, sollte die Analyse der Auswirkungen abgeleiteter Strategien zunächst zurückgestellt und erst nach der Festlegung der Ziele erfolgen. Für jedes Unternehmen unabhängig von der Größe und Branche ist die Aufstellung einer strategischen Unternehmensplanung als Grundlage für die operative Umsetzung sinnvoll. Die Marketingplanung ist dabei ein integraler Bestandteil für die Umsetzung der strategischen Ziele.

Das Ergebnis der marktorientierten Planung kann zu dem Erfordernis einer Überprüfung der unternehmerischen Strategien führen, wenn unternehmerische Vorstellungen und die nach der Szenarienbetrachtung erreichbare Position zu weit auseinander liegen. In dieser Hinsicht dient die Planung gleichzeitig als Realitätscheck für die übergeordneten Unternehmensziele.

Ziele des Unternehmens:	Strategie:
■ Umsatz / Neukunden ■ Qualitätsausbau ■ Bekanntheitsgrad / Image ■ Produktportfolio	■ Positionierung ■ Zielgruppen ■ Marktposition
Vertriebskennzahlen:	**Kundenstamm:**
■ Regionale Verteilung der Kunden ■ Verteilung nach Produkten ■ Umsatz je Account Manager oder Niederlassung ■ Kosten je akquiriertem Neukunden	■ Verteilung nach Branchen ■ Identifikation von Clustern ■ Zuordnung zu Vertriebsregionen

2.2. Der Planungsprozess

Marktorientierte Planung setzt eine ausreichende Informationsbasis zu internen und externen Einflussbereichen voraus. Durch eine systematische Erfassung aller wichtigen Informationsquellen wird eine einheitliche, verbindliche Datenbasis für die Planung geschaffen, die bei zukünftigen Planungsrunden durch ein Informationsupdate laufend verbessert wird. Da die gesamte Planung auf der Basis der vorhandenen Informationen erfolgt, wird die Qualität der Ergebnisse zu wesentlichen Teilen von der Qualität der zugrunde liegenden Informationen bestimmt.

Von hoher Bedeutung ist daher die Einschätzung der Glaubwürdigkeit und Aktualität der Informationen. Divergierende Informationen sind zu analysieren und abzugleichen, um die Unstimmigkeiten zu beseitigen. Dabei sollten die eigenen Erwartungen an das Ergebnis außer acht bleiben, damit keine Informationen unterdrückt werden, die das Wunschergebnis infrage stellen. Eigene Einschätzungen und Interpolationen sind aber ebenfalls wichtige Informationen und können bei richtiger Bewertung zur Ergänzung externer Daten genutzt werden. Da nur in den seltensten Fällen alle benötigten

Markt – und Kundenorientierung – ein übergreifender Prozess

Informationen aus externen Quellen zur Verfügung stehen, wird kaum eine Planung ohne Annahmen auskommen. Diese sollten aber so weit wie möglich durch andere Quellen bestätigt und sukzessive durch externe Informationen bestätigt oder ersetzt werden. Hierzu kann gegebenenfalls die Beauftragung einer Marktforschung oder der Kauf einer entsprechenden Studie notwendig sein. Beispiele für externe Quellen sind:

- Geschäftsberichte von Wettbewerbern
- Studien von Marktforschungsunternehmen
- Artikel in Fachzeitschriften
- Agenturberichte
- wissenschaftliche Studien
- Verbände / IHK
- Statistische Jahrbücher
- Internetportale
- Informationen von Kunden

Auf Basis der bewerteten Informationen wird in einem ersten Schritt eine grundsätzliche Bestandsanalyse durchgeführt, die sowohl externe Marktgrößen als auch interne Daten umfasst, damit neben den Entwicklungs- und Produktionskosten sowie absehbaren Auswirkungen durch neue Technologien auch alle den Markt und die Vermarktung betreffenden Faktoren ermittelt werden. Zur strukturierten Arbeit sollten die für die Planung relevanten Größen in unterschiedlichen Formblättern dokumentiert werden. Wenn es noch keine Strukturierung hierfür gibt, empfiehlt sich für eine erste Einführung die Einbeziehung externen Berater. Die Formblätter können in Form von Flipcharts während der Workshops mit den Führungskräften ausgefüllt werden. Die Mitwirkung aller Führungskräfte ermöglicht ein unmittelbares Hinterfragen einzelner Größen und einen ganzheitlichen Bewertungsansatz. Die für die Bestandsanalyse heranzuziehenden Bereiche werden im Folgenden beispielhaft aufgelistet. Je nach Geschäftsmodell müssen individuelle Anpassungen und Ergänzungen vorgenommen werden. Das Vorgehen bei der Ermittlung der Kosten aus dem Bereich der Technik ist je nach Produkt sehr unterschiedlich.

Beispielhafte Elemente der Bestandsanalyse

Produktnutzen ermitteln, beschreiben und bewerten

Kundenbedürfnisse ermitteln

- Grundbedürfnis (kundenbezogen)
- Zusatzbedürfnisse (kundenbezogen)
- Kaufeinflussgrößen (produkt- bzw. anbieterbezogenen)
- Prioritäten festlegen

Direkte und indirekte Wettbewerber identifizieren und priorisieren

Marktentwicklung und Zielgruppenveränderungen aus- und bewerten

Kaufentscheidungsprozesse analysieren und beschreiben

- Beeinflusser
- Entscheider
- Einkäufer
- Nutzer

Geschäftsrelevante Einflussfaktoren identifizieren

- o Rechtliche Rahmenbedingungen
- o Steuerliche Verordnungen
- o Allgemeine Wirtschaftslage
- o Technologische Fortschritte

Marktanteile ermitteln

- o Zielgruppen bezogen
- o Anzahl Wettbewerber für das betrachtete Produkt
- o Marktanteile über alle Anbieter
- o Marktanteile der direkten Wettbewerber
- o Bedeutung indirekter Wettbewerber

Effizienz der Vertriebslinien erfassen

Belegung der Vertriebslinien analysieren und die eigene Stärke in den Vertriebskanälen ermitteln

Konditionen im Vertrieb vergleichen und analysieren

- o Aufwandsentschädigungen
- o Prämienstaffel für Vertriebspartner
- o Werbekostenzuschüsse, Vorführgeräte, Prospektmaterial, Schulungen für Vertriebspartner
- o Großhandelskonditionen und Rückgabemöglichkeiten
- o Bedingungen bei Kommissionsgeschäften

- Abschluss-Prämie
- Vorführgeräte, Events, Schulungen für die Vertriebsmitarbeiter
- Staffelpreise für Großkunden
- Leistungsgeschenke
- Umsatzgenerierende Zusatzleistungen

Kommunikation (Werbung, PR, Promotion, Messen, Verkaufsaktionen)
- Zielgruppenfokus
- Kommunikationsziele
- Medien
- Kernaussagen
- Schaltfrequenz und -dauer
- Budget
- Verkaufsförderungs-Aktionen

Ergebnisrechnung aufstellen
- Umsatz mit dem eigenen Produkt
- Kosten (direkte und indirekte)
- Schlüssel für Verteilung der Overheadkosten
- Betriebsergebnis

Nach einem ersten Durchlauf der Planung liefert eine offene Analyse der Ergebnisse eine Bewertung der Situation. Dabei wird mit Konsistenzprüfungen hinterfragt, ob die Informationen und Teilergebnisse stimmig sind. Hier sind Fragen zu klären wie z.B.:

- „Passen die Angaben zu Marktvolumen und Marktanteilen zusammen?"
- „Sind Absatzzahlen für das Folgejahr erreichbar, wenn dies eine erhebliche Ausweitung des Marktanteils erforderlich macht?"
- „Wie kann der Marktanteil ausgeweitet werden, wenn der Markteintritt eines starken Wettbewerbers erwartet wird?"
- „Welchen Sinn machen Investitionen in die Produktweiterentwicklung, wenn sich eine technologische Substitution abzeichnet?"

Die Ergebnisse der Bestandsaufnahme müssen sowohl in sich stimmig sein, als auch zu der Unternehmensstrategie und den übergeordneten Zielen passen. Die Durchführung der Analysen erfolgt am besten in Form von moderierten Workshops im Kreis der Führungskräfte. Jetzt können die in der Bestandsanalyse ausgefüllten Flipcharts verwendet werden und in den Sitzungen neben einander gehängt werden, um Querbeziehungen schneller zu erkennen. Dabei zeigen sich Unverträglichkeiten und Unstimmigkeiten in der Regel auf einfache Weise. Teilweise können diese direkt ausgeräumt werden, zum Teil machen sie weitere Maßnahmen erforderlich. Im operativen Teil der Planung ist zu analysieren, ob die identifizierten Maßnahmen im Hinblick auf den erreichbaren Markt effizient und ausreichend sind. Bei einem Produkt am Ende des Lebenszyklus sind aufwendige Kommunikationskampagnen nur in Ausnahmefällen sinnvoll. Auch ist der Einstieg in einen durch Verdrängung und Margenverfall geprägten Vertriebskanal nicht unbedingt wirtschaftlich. Über eine Reihe von „wenn-dann" Beziehungen lassen sich solche Ungereimtheiten ausräumen oder auch die getroffenen Ansätze bestätigen.

Sollten die Analysen Änderungen von Zielen und Maßnahmen erforderlich machen, so ist in Form eines iterativen Prozesses die Planung mit diesen

Anpassungen neu zu durchlaufen und erneut zu prüfen. Erst wenn diese Schleifen zu einem stimmigen Ergebnis ohne erkennbare Widersprüche führt, ist dieser Schritt abgeschlossen. Dies bedeutet natürlich nicht, dass durch dieses Vorgehen alle Unwägbarkeiten und Risiken beseitigt werden können.

Nach Aufstellung der marktorientierten Planung für das betreffende Produkt werden alle für die Umsetzung erforderlichen Maßnahmen dokumentiert. Um diesen Schritt zu erleichtern, sollten bereits bei den Planungs-Workshops alle sich abzeichnenden Aufgaben und offenen Punkte festgehalten werden. Die Maßnahmen werden nach Prüfungen und Vorarbeiten in den Fachabteilungen (z.B. für die Ermittlung von Zeit- und Ressourcenaufwand) in einem weiteren Workshop aller Führungskräfte zusammengeführt und der Aufwand aufaddiert.

Ohne die Umsetzung der Maßnahmen bis zu de in der Planung unterstellten Terminen können die festgelegten Ziele für Absatz, Umsatz und Ergebnis nicht eingehalten werden. Dies kann erhebliche wirtschaftliche Konsequenzen zur Folge haben, z.B. bei ausbleibenden Umsätzen wegen einer verspäteten Markteinführung oder unterlassener verkaufsfördernder Aktionen. Die Maßnahmen sind daher in Form eines Projektplanes zusammenzustellen und mit Meilensteinen, zugeordneten Ressourcen und Verantwortlichkeiten zu versehen. Sollte sich bei der Zusammenfassung aller Maßnahmen abzeichnen, dass die erforderlichen Ressourcen gar nicht oder nicht rechtzeitig verfügbar sind, so sind entweder Prioritäten neu festzulegen oder Planungsziele zu revidieren. Auf jeden Fall ist dann ein erneuter Planungsdurchlauf erforderlich.

Auch unterjährig ist die Umsetzung der Maßnahmen zu überprüfen und Abweichungen sind frühzeitig zu registrieren. Im Falle erkennbarer Abweichungen können rechtzeitig Gegenmaßnahmen eingeleitet oder die

Planung an die neuen Randbedingungen angepasst werden. Auf diesem Wege lassen sich unangenehme Überraschungen zum Jahresende vermeiden.

Selbst ein systematischer Planungsprozess, bei dem alle relevanten Einflussgrößen berücksichtigt werden, bietet keine Garantie für den sicheren Eintritt aller Planungsziele. Mit der beschriebenen Methodik wird eine höhere Sicherheit als mit herkömmlichen Planungsansätzen geschaffen, aber einerseits ist nicht auszuschließen, dass Geschäftszusammenhänge falsch dargestellt wurden und andererseits schaffen die Bewertung und Einschätzung von Informationen sowie die Interpretation von Trends Fehlerquellen.

Auch die zwischenzeitliche Änderung von vermuteten Trends oder unvorhergesehene Ereignisse können eine andere Entwicklung des Geschäftsverlaufes bedingen, als dies zum Zeitpunkt der Planung ab zu sehen war. Unabhängig von diesen Fehlerquellen bietet die Methodik wesentliche Vorteile, wenn die Erfolgsfaktoren beachtet werden:

- die Planung ist kein „pro forma" Prozess, der nebenbei erledigt werden kann, sondern eine unternehmerische Aufgabe
- alle wesentlichen Informationsquellen werden genutzt und keine Information wird unterdrückt
- auch unangenehme Wahrheiten werden berücksichtigt
- die Workshops sind offen zu führen und dienen nicht als Forum zur Bestätigung vorgefasster Ziele
- Alternativmeinungen und Szenarien aus dem Kreis der Führungskräfte werden offen diskutiert und unvorbelastet geprüft

- Konflikte zwischen unternehmerischen Zielen und Planungsergebnissen können nicht per Anweisung beseitigt werden
- alle Führungskräfte sollten von Ergebnis und Maßnahmen überzeugt sein

Unter diesen Voraussetzungen liefert die Methodik nicht nur "bessere" Planungsergebnisse, sondern hilft bei der Entwicklung des Management-Teams hin zu einem gemeinsamen Verständnis hin zu einer marktorientierten Unternehmensführung!

3. Produktplanung auf Basis des Produktnutzens

Jedes von einem Kunden gekaufte Produkt verspricht dem Käufer einen Nutzen, sonst würde er es nicht erwerben. Die Analyse des Produktnutzens für den Käufer i ein wichtiges Marketinginstrument in Verbindung mit den Marketing-Mix Faktoren Produkt und Preis dar. Der individuelle Nutzen stellt den Gradmesser dafür dar, dass ein Kunde ein Produkt als billig oder teuer einschätzt. Ist der Preis höher als der Nutzen, so wird das Produkt als teuer eingestuft - und vermutlich nicht gekauft!

Durch ein Produkt oder eine Dienstleistung geschaffener Nutzen ist kein absoluter und auch kein zeitlich statischer Wert. Je nach Zielgruppe und Situation des potenziellen Käufers kann der Nutzen für das gleiche Produkt unterschiedlich hoch bewertet sein. Die rationalen Teile des Produktnutzens ergeben sich durch quantitativ ermittelbare Effekte, z.B. die Einsparung von Zeit bei der Erledigung von Aufgaben, eingesparte Energie, einen geringeren Verbrauch von Material oder höhere Effizienz bei der Erledigung von Arbeitsschritten. Bei einer Maschine eingesetzt kann der Produktnutzen im Vergleich zur vorherigen Lösung und im Vergleich zu anderen Maschinen ziemlich präzise gemessen werden. Wer ein Fortbewegungsmittel über Kontingente hinweg benötigt, erzielt mit einem Fahrrad oder einem Auto kaum einen Nutzen. Das Angebot einer Fluglinie oder eines Schifffahrtsunternehmens kann dagegen einen signifikanten Nutzen generieren und damit einen höheren Preis pro Kilometer rechtfertigen. Andererseits zieht ein Berufspendler mit einer kurzen Fahrtstrecke für den täglichen Weg zur Arbeit keinen Vorteil aus dem Angebot der Fluglinie.

Neben dem quantifizierbaren rationalen Nutzen sind für den privaten Konsumenten, aber durchaus auch für den geschäftlichen Nutzer, emotionale Nutzen-Aspekte von Bedeutung. Hierzu zählt das Image eines Produktes oder einer Marke, die Freude an der Anwendung, die Anerkennung durch Dritte. Diese Aspekte lassen sich im Vergleich zu den rationalen Aspekten viel schwieriger quantifizieren. Manchmal helfen Kundenbefragungen hierbei weiter. Image-Aspekte sind insbesondere für Markenartikel-Hersteller von Bedeutung, die über Werbung, PR und andere Maßnahmen versuchen, ein für ihre spezielle Zielgruppe passendes Image aufzubauen. Aber auch Handwerksbetriebe können durch entsprechende Leistungen ein Image aufbauen, das Wettbewerbsvorteile in ihrer Zielgruppe ermöglicht. Dabei ist allerdings darauf zu achten, dass die Zielgruppe für die jeweiligen Leistungen ausreichend groß ist.

Meistens entsteht der Kundennutzen sowohl durch rationale als auch durch emotionale Aspekte. Das Automobil ist ein gutes Beispiel hierfür. Sicherheit, Ladekapazität, Beschleunigung, Verbrauch, Versicherungsklasse, Wiederverkaufswert, Flexibilität etc. sind rationale Aspekte. Sportlichkeit, Höchstgeschwindigkeit, Aussehen, Farbe, Marke etc. sind emotionale Faktoren. Unter rein rationalen Aspekten betrachtet, würde manche Dienstwagenflotte eines Unternehmens vermutlich anders bestückt sein, als sie es tatsächlich ist.

Die richtige Einschätzung des tatsächlichen und empfundenen Produktnutzens oder einer Dienstleistung ist eine wichtige Voraussetzung für einen Markterfolg! Bei allen Leistungen eines Unternehmens muss ein Nutzen für den Kunden vorhanden sein, damit das Angebot die erwünschte positive Wirkung beim Kunden und im Markt erzielt. Dies gilt auch für Serviceangebote und Kundenbindungsinstrumente. Bei Produkten für den Einsatz im operativen Betrieb lässt sich der Nutzen meistens eindeutig ermitteln. So können vielleicht Rüstkosten in der Produktion reduziert oder Stillstands- und Wartungszeiten reduziert werden. Solche Effekte lassen sich recht einfach in finanzielle Effekte umrechnen. Auch neue IT Einrichtungen in

Hard- oder Software erlauben in der Regel eine nachvollziehbare Quantifizierung, insbesondere wenn Medienbrüche in der Bearbeitung vermieden und Durchlaufzeiten reduziert werden. Bei den Analysen muss immer der gesamte Wertschöpfungsprozess betrachtet werden und Vorteile in einzelnen Prozessschritten dürfen nicht durch Nachteile in anderen Bereichen überkompensiert werden.

Die Nutzen-Quantifizierung bei einem neuen Auto ist im Vergleich zu Unternehmensprozessen schwieriger. Ein niedriger Spritverbrauch und gesenkte Wartungskosten über die Haltedauer sind kalkulierbar, das Markenimage ist dagegen schon deutlich schwerer zu bemessen. Dabei darf diese Wirkung aber nicht unterschätzt werden, spiegelt die Marke doch in Teilen das „Wohlergehen" und die Einstellung des Unternehmens wider. Leasingangebote können einen Vorteil bieten, wenn das Unternehmen Eigenkapital für andere Investitionen einsparen will. Full-Service Angebote reduzieren das Risiko von Folgekosten und erleichtern die Planung. Bei diesen Angeboten wird der Nutzen von einigen Kunden so eingeschätzt, dass sie sogar höhere Gesamtkosten in Kauf nehmen im Vergleich zu einem Kauf mit Eigenfinanzierung und separater Serviceleistung.

Produkte deren Nutzen stärker in emotionalen Bereichen liegt, sind schwerer zu quantifizieren, da es keinen direkten Vergleich zu der Situation ohne das besagte Produkt gibt. Dies trifft insbesondere auf Produkte bekannter Markenhersteller und auf Design-Produkte zu. Ein Toaster ohne bekannten Markennamen und herausragendes Design mag seinen Zweck erfüllen, stört aber vielleicht den Gesamteindruck einer Design-Küche. Für den Käufer hat ein „passendes" Design daher einen höheren Nutzen und er akzeptiert einen höheren Preis. Auch im Bereich von Kleidung und Musik oder Kunstgegenständen ist die Einschätzung des Nutzens nicht immer einfach und viele Sonderangebote bezeugen, dass mancher Anbieter den Nutzen zu hoch eingeschätzt hat. Mode- und Saison-Artikel sind besonders anfällig für schnelle Änderungen in der Akzeptanz und im wahrgenommenen Nutzen. Trotzdem ist die Analyse des emotionalen Nutzens sinnvoll, da er sowohl Möglichkeiten zur Margenabschöpfung als auch zur Differenzierung ermöglicht. Es ist nicht einfach, sich als Anbieter neu zu positionieren oder gar in die Gruppe der Luxushersteller aufzusteigen. Trends und Image-Wirkung lassen sich zwar beeinflussen, aber dies geschieht typischerweise durch viele Parteien und die Möglichkeiten eines einzelnen Unternehmens sind begrenzt. Möglich ist dies z.B. durch geeignete Kommunikations- und PR-Maßnahmen, aber dies ist doch meist ein teurer und langwieriger Prozess mit hohen Unsicherheiten.

Ein Angebot mit zusätzlichem Nutzen lässt sich auch im Bereich der Kleinunternehmen realisieren. Handwerksunternehmen, die nach der eigentlichen Arbeitsleistung aufräumen, den verursachten Schmutz selber beseitigen und die Arbeitsstätte so verlassen, wie sie sie vorgefunden haben, finden oft dankbare Kunden, die zur Zahlung eines Aufpreises bereit sind. Es gibt Unternehmen, die ihre Mitarbeiter zusätzlich in weißen Overalls zum Kunden schicken und so ihren Anspruch nach außen dokumentieren. Bei diesem Anspruch sollte es selbstverständlich sein, dass einerseits die eigentliche Leistung einwandfrei erbracht wird und auch die anderen Elemente der Kundenkontakte stimmen. So sollten vereinbarte Termine eingehalten werden, Preisangebote nicht ohne vorherige Rücksprache mit dem Kunden geändert werden und die Rechnung für den Kunden verständlich und transparent sein. Ein höherer Nutzen entstehen also nur selten von alleine und erfordert eine gründliche Vorarbeit und in der Regel auch einen längeren zeitlichen Vorlauf. Den Zusammenhang zwischen Nutzen eines Produktes oder einer Dienstleistung und dem hierfür verlangten Preis ist eindeutig und wird später näher erläutert.

Ein höher empfundener Nutzen kann ohne Änderungen im Angebot entstehen, wenn ein Markenname mit hoher Bekanntheit mitwirkt. So gibt es nur wenige Hersteller von Waschmitteln, aber viele unterschiedliche Marken und die Waschmittelpackungen werden zu unterschiedlichen Preisen angeboten. Zwar sind nicht alle Inhalte identisch, aber der eigentliche Erstellungspreis dürfte sich weit weniger unterscheiden als die Marktpreise. Die in Discountmärkten anzutreffenden Produkte unter Eigennamen und No-Name Produkte versprechen dem Käufer den Nutzen eines durch den Einkäufer „geprüft" guten Preis-Leistungs-Verhältnis. Der Erfolg dieser Angebote scheint dem Konzept Recht zu geben! Der durch den Markennamen gegebene Nutzen für den Kunden verführt Nachahmer und Markenpiraten dazu, für sich einen Vorteil aus dem hohen Marktpreis und einem mit niedrigerer Qualität billig gefertigten Plagiat zu ziehen. Solche Angebote finden durchaus auch ihre Käufer, wenn man an die in manchen Urlaubsorten angebotenen Luxusuhren oder Parfüms denkt. Wenn allerdings Ersatzteile für Autos in minderer Qualität mit gefälschtem Markennamen falsche Sicherheit vorspiegeln, entstehen nicht nur für den Käufer erhebliche Risiken. Auch der Händler gefälschter Ware macht sich strafbar und kann im Einzelfall für Folgeschäden haften. Es kann sich daher für Händler und Handwerker längerfristig nicht lohnen, mit gefälschten Produkten kurzfristig höhere Erträge zu erwirtschaften. Dem Aufbau eines nachhaltigen Unternehmensimages und eines höheren Nutzens für die Kunden dient dies auf keinen Fall.

Nutzen schafft nicht nur der Weg zu mehr Qualität und höherem Image. Auch der umgekehrte Weg kann erfolgreich sein. Ein bekanntes Beispiel ist Aldi mit der konsequent reduzierten Ladengestaltung bis hin zum Verkauf „aus dem Karton" und ohne Beratung. Der Nutzen eines besonders guten Preis-Leistungsverhältnisses hat zu einem schnellen Wachstum geführt und wurde nach und nach von anderen Discount-Ketten übernommen. Ebenso erfolgreich war das Konzept von Friseur-Geschäften, die Kunden einen niedrigeren Preis angeboten haben, wenn sie ihre Haare selber fönen. In die gleiche Richtung geht das Angebot der Heimwerker-Märkte, die die Gruppe derjenigen adressieren, die Handwerksleistungen selber erbringen möchten. Da der Nutzen hier oft emotionaler Art ist, müssen die Gesamtkosten nicht in jedem Fall niedriger liegen als bei einem „Einkauf" der Leistungen über einen Handwerksbetrieb.

Für die Produkte ist die Phase im Lebenszyklus wichtig zur Erkennung von Risiken

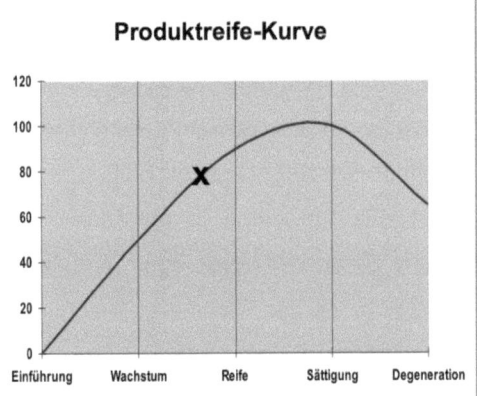

- Produkte analysieren auf **Stärken und Schwächen** im Vergleich zu den Wettbewerbern

- Genau wie die Marktreife wird eine **Produktreife** beurteilt

- Für die Produkte Konsequenzen und Maßnahmen, z.B.:
  - Produktfeature überarbeiten
  - Qualitätsverbesserungen
  - Differenzierung ausbauen
  - Termintreue verbessern
  - Kostensenkende Maßnahmen
  - ...

Die Beschäftigung mit dem Kundennutzen ermöglicht eine bessere Erfüllung der Kundenwünsche und damit eine Abhebung vom Wettbewerb, oder anders ausgedrückt eine eigenständige Positionierung des Angebots im Markt. Die Absicherung des Risikos, dass der potenzielle Kunde den höheren Nutzen für sich erkennt und bereit ist, einen höheren Preis zu zahlen, erfordert Kenntnisse und Analysen über den potenziellen Kunden, z.B. in Form einer Zielgruppenanalyse. Für ein Unternehmen ist eine

Höherpositionierung nicht immer ein erfolgreicher Schritt. So genügt es nicht, wenn im eigenen Vermarktungsgebiet nur wenige potenzielle Kunden den höheren Nutzen schätzen. Die Gruppe der in Betracht kommenden Käufer muss für das Unternehmen auskömmlich sein. Daher führt kein Weg an einer genaueren Betrachtung des möglichen Käuferkreises vorbei. Das Ergebnis der Analysen fließt ein in eine kundenorientiert durchgeführte Unternehmensplanung.

Analyseblatt für ein Produkt

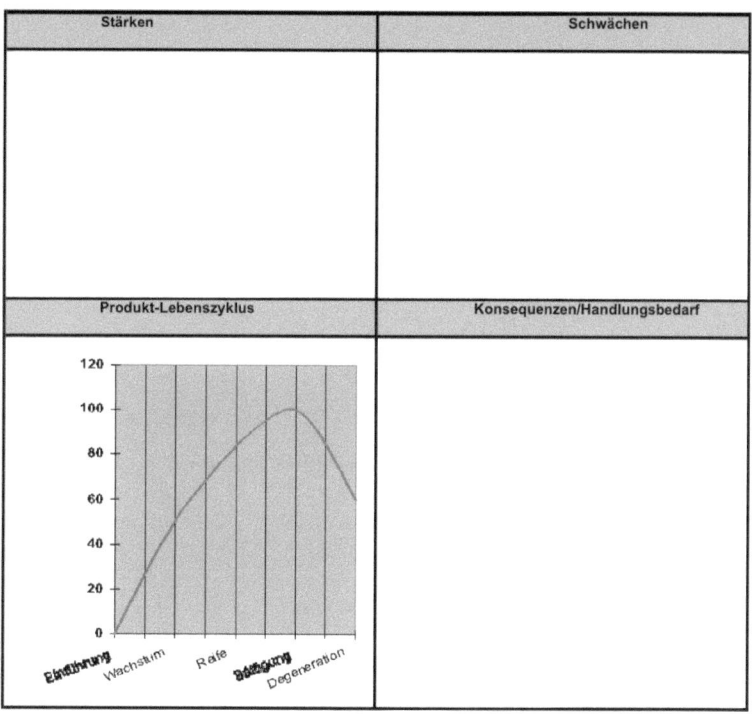

Spielräume für unterschiedliche Geschäftsmodelle

Mit dem Geschäftsmodell wird beschrieben, wie die dem Wachstumsvorhaben zugrunde liegende Geschäftsidee, die mithilfe der Wertschöpfungsketten beschrieben wird, umgesetzt werden soll. Bei dem Konzept für ein innovatives Produkt kann das Geschäftsmodell in dem Verkauf der Konstruktion bestehen, der Abgabe der Idee gegen eine Lizenz, aber auch der Eigenentwicklung und –vermarktung. Die Entwicklung kann wiederum mit eigenen Ressourcen erfolgen oder als Auftragsentwicklung. Das Gleiche gilt für die Produktion bzw. Leistungserbringung. Auch die Vermarktung kann durch einen eigenen Vertrieb, durch Vertriebspartner auf der Basis eines Kooperationsmodells oder durch Abgabe an ein anderes Unternehmen erfolgen. Die grundsätzlichen Möglichkeiten sind:

- Verkauf einer Idee oder eines Konzeptes gegen eine einmalige Kaufsumme
- Abschluss von Lizenzvereinbarungen und partizipieren am Produkterfolg
- Vereinbarung von Kooperationsverträgen (Partnermanagement)
- Zusammenarbeit mit Outsourcing-Partnern für Entwicklung, Produktion und Vertrieb
- Eigenrealisierung
- Mischmodelle mit teilweise eigener Wertschöpfung

Jede Form der Umsetzung bedeutet für das jeweilige Unternehmen andere Randbedingungen. In der Regel sind die Höhe der Investitionen und die Wertschöpfungstiefe umgekehrt proportional zum möglichen Erlös. Wenn die Mittel für Vorlaufkosten nicht vorhanden sind oder der Zugang zur Zielgruppe nicht vorhanden ist, können trotzdem Geschäftsmodelle mit geringerer Wertschöpfung wirtschaftlich sinnvoll sein. Am Beispiel des Angebots der mobilen Kommunikation lassen sich die unterschiedlichen Geschäftsmodelle leicht verdeutlichen:

- Die höchste Wertschöpfung erzielt der Netzbetreiber mit Investitionen in Milliarden-Höhe und Payback-Zeiten von mehr als 7 Jahren.
- Der virtuelle Netzbetreiber (enhanced MVNO) kauft den Zugang über die Funkstrecke beim Mobilfunknetzbetreiber zu und realisiert seinen eigenen Dienst. Die Investitionen liegen im zwei- bis dreistelligen Millionen-Bereich und die Payback-Zeiten bei ca. 3 Jahren.
- Der Service Provider kauft den fertigen Mobilfunkdienst zu und veredelt das Vorprodukt mit eigenen Tarifen und Mehrwertdiensten. Die Investitionen liegen im zweistelligen Millionen-Bereich. Der Service Provider ist Vertragspartner des Kunden und übernimmt das Inkasso.
- Der Reseller verkauft ein fertiges Produkt im Namen des Netzbetreibers und erhält eine Marge auf den Umsatz.
- Der Vertriebspartner tritt als Vermittler auf und erhält in der Regel eine einmalige Abschlussprovision. Er hat meistens keine Investitionen zu tätigen.

Alle Ausprägungen haben Ihre Berechtigung und bieten dem jeweilgen Anbieter die Möglichkeit zur Existenzsicherung. Es ist also nicht für ein Produkt im Vorfeld zu definieren, welches Geschäftsmodell „richtig" und erfolgreich ist. Ein Geschäftsmodell muss folglich zu dem Unternehmen und seiner Situation passen, nicht zu hohe Risiken mit sich bringen, aber eine realistische Chance auf ausreichende Erträge. Die sorgfältige Ausgestaltung des Geschäftsmodells unter Beachtung der gesamten Wertschöpfungskette ist somit eine äußerst wichtige Voraussetzung für den späteren unternehmerischen Erfolg. Wenn das Geschäftsmodell ausgestaltet ist, muss ein Business Plan die wirtschaftliche Tragfähigkeit untermauern. Wenn das Ergebnis im ersten Anlauf nicht zufrieden stellend ist, müssen die einzelnen Elemente des Geschäftsmodells so lange variiert werden, bis ein Ergebnis erreicht wird, das zu hohe Risiken vermeidet und trotzdem positive Ergebnisse ermöglicht.

Die Unternehmensplanung für ein als tragfähig erkanntes Geschäftsmodell sollte Bottum-up von den Kundenbedürfnissen und dem Produktnutzen ausgehen und braucht für die Ermittlung von Absatzpotenzialen eine zum Geschäftsmodell passende Zielgruppen-Segmentierung und ausreichende Informationen zum Kaufverhalten, Kaufmotivation und anderen Einflussfaktoren (Zielgruppenanalyse). Bei einem Geschäftsmodell, dass Kooperationspartner einbezieht, muss der Deckungsbeitrag oder die Marge für den Partner berücksichtigt werden. Bei einer größeren Anzahl von Partner sinkt in der Regel die eigene Wertschöpfung und die erzielbare Ergebnismarge.

3.1. Kundenbedürfnisse erkennen

Der nachhaltige Aufbau eines Unternehmens kommt nicht ohne die intensive Beschäftigung mit dem Kunden aus. Schon die Nutzenbetrachtung macht deutlich, dass eine erfolgreiche Gestaltung des eigenen Angebots-Spektrums und die Positionierung des Unternehmens im Wettbewerbsumfeld vom wichtigsten Teil in der gesamten Wertschöpfungskette ausgehen sollten, dem Kunden! Diese Problematik stellt viele Unternehmen vor eine schwierige Aufgabe: Wie erfahre ich etwas über meine Kunden? Schwieriger noch ist die gleich anschließende Frage: Wie erfahre ich etwas über potenzielle Neukunden und wie gewinne ich sie? Auch wenn wir alle als Konsumenten und Kunden einen ausgeprägte Individualismus pflegen, so lassen sich mit Marketing-Methoden doch aussagekräftige Informationen sammeln und vor allem verdichten, damit der Anbieter nicht vor einem Berg von Informationen steht, der bei der Beantwortung der obigen Fragen nicht weiterhilft.

Wenn man im Zusammenhang mit einem Produkt von Kundenbedürfnissen spricht, so denkt man zunächst an Anforderungen, die die physikalische Gestaltung des Produktes betreffen. Vernachlässigt wird dabei häufig die Tatsache, dass Kundenbedürfnisse sich nicht nur auf das Produkt selbst beziehen, sondern auf alle Marketing-Mix-Faktoren - also auf Produkt, Preis, Distribution einschließlich Service, Kommunikation und auch die eigentliche Nutzung einschließen. Ist ein Produkt erst auf dem Markt, sind nachträgliche Produktänderungen meist schwierig und teuer. Daher sollten die kundenorientierten Überlegungen ganz am Anfang des Produktgestaltungsprozesses stehen.

Kundenbedürfnisse werden häufig mit der Beschreibung von angebotenen Produkten verwechselt. Fragt man einen Kunden nach seinen Anforderungen an einen Farbfernseher, so bekommt man Antworten wie „modernes Design", „LCD-Flachbildschirm", „HD-TV", „niedriger Stromverbrauch" oder „Plasmabildschirm". Diese Aussagen sind jedoch keine Kundenbedürfnisse, sondern beschreiben bekannte technische Lösungen. Die tatsächlichen Bedürfnisse lauten hier „scharfe Bildwiedergabe", „Details gut zu erkennen", „großes Bild", „Bildschirm wie ein Bild aufgehängten" oder „angenehm für die Augen".

Bedürfnisse/Kaufeinflussfaktoren

Produkt/Produktgruppe:	
Basisbedürfnis:	
Zusatzbedürfnisse:	Priorität (1-6)
Kaufeinflussgrößen:	
Preis*	
Betriebskosten*	
Kundenservice (techn./nicht-technischer) Kundenberatung*	
Zusatzangebot*	
Branchenlösungen*	
Qualität*	

Zur Gestaltung von Produkten müssen die tatsächlichen Kundenbedürfnisse ermittelt und analysiert werden. Einige Bedürfnisse können leichter ermittelt werden als andere. Solche Bedürfnisse werden daher viel häufiger geäußert als andere, weniger offensichtliche, aber für eine konkrete Kaufentscheidung vielleicht genauso wichtige Bedürfnisse. Folgende Einteilung hat sich in der Praxis bewährt:

- **Basisbedürfnisse** sind solche Bedürfnisse, von denen ein Kunde als selbstverständlich voraussetzt, dass ein Produkt sie befriedigt. Von einem Taschenrechner wird erwartet, dass er die Grundrechenarten beherrscht und fehlerfrei rechnet, von einem Fernsehgerät, dass es die Programme der Sender in Bild und Ton wiedergibt. Von einer Fluggesellschaft wird die Erfüllung des Basisbedürfnisses eines schnellen Transportes von A nach B erwartet. Basisbedürfnisse können sich mit dem technischen Fortschritt ändern. Eine Fernbedienung war in der Frühzeit des Fernsehens ein teures Zubehör und ist heute eine selbstverständliche Komponente und ein Basisbedürfnis beim Neukauf.
- **Beschreibbare Bedürfnisse** sind Bedürfnisse, die Vertreter der Zielgruppe formulieren können. Sie werden von zumindest einem bekannten Angebot erfüllt und die Auswirkungen der Eigenschaften kann sich der Interessent vorstellen. Ein Kunde wünscht sich, dass ein Computer-Monitor nicht flimmert oder er hat bereits nicht flimmernde Monitore gesehen. Beschreibbare Bedürfnisse gibt es natürlich auch im Bereich der Dienstleistungsprodukte.
- **Unbewusste Bedürfnisse** überraschen einen Kunden angenehm, wenn sie von einem Anbieter erfüllt werden. Sie werden von bekannten Angeboten normalerweise nicht erfüllt oder nicht kommuniziert. Oft sind Sie schwierig im Vorfeld zu beschreiben oder werden nicht erwähnt. Die Videofunktion in Fernsehqualität kann den Käufer einer Digitalkamera überraschen, wenn er sich bei der Auswahl nur auf die Photographie-Eigenschaften konzentriert hat.

Die erfolgreiche Umsetzung unbewusster Bedürfnisse setzt sehr intensive Kenntnisse über die Zielgruppe voraus.

Im Laufe der Zeit ändern Bedürfnisse ihre Bedeutung. Wenn unbewusste Bedürfnisse von am Markt angebotenen Lösungen erfüllt werden, werden sie von einer immer größeren Zahl von Kunden wahrgenommen und gehören dann in die Gruppe der beschreibbaren Bedürfnisse. Erfüllen nahezu alle Lösungen ein bestimmtes Bedürfnis, so gehört dieses Bedürfnis schon bald zu den Basisbedürfnissen. In der Praxis ist es wichtig, alle Arten von Bedürfnissen zu beachten, denn:

- die Erfüllung der Basisbedürfnisse ist die Voraussetzung für einen Erfolg
- die Erfüllung der beschreibbaren Bedürfnisse sichert die Wettbewerbsfähigkeit
- unbewusste Bedürfnisse bieten Chancen zur Differenzierung und stärken die Kundenbindung

Die Ermittlung von Kundenbedürfnissen kann neben der Auswertung von Sekundärmaterial (Studien, Veröffentlichungen, Berichte von Verbänden) aus Kundenbefragungen, -Gruppen oder Face-to-Face-Interviews gewonnen werden. Im Rahmen der Kundenanalyse werden u.a. Bedürfnisse und Nutzen möglichst genau ermittelt. Die Ergebnisse gehen dann in die Spezifikation für die Entwicklung neuer Produkte ein und vor der Markteinführung in die Preisgestaltung.

Kundenbefragungen sind ein geeignetes Instrument, Informationen im Rahmen der Zielgruppenanalyse zu beschaffen, wenn es eine größere Anzahl von Zielgruppenvertretern gibt. Grundsätzlich lassen sich alle

Markt – und Kundenorientierung – ein übergreifender Prozess

Marketing-Mix Faktoren über Befragungen ermitteln. Dies beginnt bei den Bedürfnissen der Kunden für die Produktgestaltung, der Markenbekanntheit, dem Produktimage, der Herausarbeitung von Wettbewerbsvorteilen (Unique-Selling-Proposition oder USP) über die Differenzierung im Wettbewerb über die Preisgestaltung bis hin zur Messung der Kundenzufriedenheit. Bei der Verwendung der gewonnenen Ergebnisse ist zu beachten, dass viele Werte einer dynamischen Entwicklung über die Zeit unterliegen. Auch über den Produktlebenszyklus können sich die Ergebnisse deutlich ändern, je nach Neuigkeitsgrad des Produktes, der Wettbewerbsintensität oder der technologischen Weiterentwicklung.

Um Informationen von Kunden auf dem direkten Weg der Kundenbefragungen zu erhalten, sind die konkreten Zielsetzungen der Befragung, der Zeitpunkt und die Personen zu bestimmen, die den Kunden ansprechen. Eine Methode ist die direkte Befragung der Kunden in einem zeitlich und inhaltlich definierten Projekt und anhand eines Fragebogens. Hierbei sind die offene Befragung mit Nennung des auftraggebenden Unternehmens und die verdeckte Befragung ohne Nennung des Unternehmens zu unterscheiden. Die verdeckte Befragung wird oft dann eingesetzt, wenn die Akzeptanz neuer Angebote erst noch geprüft werden soll, es aber noch keine definitive Entscheidung über die Einführung gibt oder dies nicht zu früh bekannt werden soll. Neben den Ergebnissen, um die es bei einer Kundenbefragung in erster Linie geht, ist der Kunde oft dankbar, dass das Unternehmen, dessen Produkte oder Leistungen er eingekauft hat, Interesse an ihm und seiner Meinung hat. Insofern können sich hierbei die Zielsetzungen der Abfrage und de Stärkung der Kundenbindung gegenseitig verstärken. Im Laufe der Zeit ändern Bedürfnisse ihre Bedeutung. Wenn unbewusste Bedürfnisse von am Markt angebotenen Lösungen erfüllt werden, werden sie von einer immer größeren Zahl von Kunden wahrgenommen und gehören dann in die Gruppe der beschreibbaren

Bedürfnisse. Erfüllen nahezu alle Lösungen ein bestimmtes Bedürfnis, so gehört dieses Bedürfnis schon bald zu den Basisbedürfnissen. In der Praxis ist es wichtig, alle Arten von Bedürfnissen zu beachten, denn:

- die Erfüllung der Basisbedürfnisse ist die Voraussetzung für einen Erfolg
- die Erfüllung der beschreibbaren Bedürfnisse sichert die Wettbewerbsfähigkeit
- unbewusste Bedürfnisse bieten Chancen zur Differenzierung und stärken die Kundenbindung

In der Praxis sind zur direkten Ermittlung von Kundenbedürfnissen zwei Verfahren besonders geeignet:

- Face-to-face Interviews mit potenziellen einzelne Kunden
- Focus Gruppen mit einer Gruppe ausgewählter Kunden

Diese beiden Methoden werden im Weiteren kurz vorgestellt und ihre Vor- und Nachteile in der praktischen Handhabung beschrieben. Aus pragmatischen Gründen werden in der Praxis auch noch andere, indirekte Quellen zur Ermittlung von Kundenbedürfnissen genutzt, die ebenfalls kurz angeschnitten werden. Unabhängig von der gewählten Methode ist es wichtig, *alle* genannten/ermittelten Bedürfnisse festzuhalten, ohne die Nennungen zu gewichten, zu sortieren oder offensichtlich ähnliche Bedürfnisse zusammenzufassen; dies erfolgt erst im Anschluss an die Ermittlung.

Face-to-face Interviews

Die bekannteste Methode zur Ermittlung von Kundenbedürfnissen ist die direkte Befragung von einzelnen Personen aus der Gruppe der bestehenden Kunden oder Zielkunden. Führt man diese Befragungen in Form von persönlichen, offenen Einzel-Interviews durch, so spricht man von Face-to-face Interviews. Diese Interviews dauern in der Regel nicht länger als etwa eine Stunde. In den Face-to-face Interviews werden die Kunden jeweils einzeln gebeten, bekannte Produkte und deren Verwendung bzw. Nutzung detailliert zu beschreiben. Ziel der Interviews ist es, möglichst viele Bedürfnisse über den gesamten Nutzungs-Prozess möglichst genau zu erfassen und festzuhalten; dazu muss der Interviewer nicht eindeutige Aussagen gezielt hinterfragen, um über dahinterliegende Bedürfnisse Klarheit zu erhalten. Äußert z, B. ein Kunde eines Automobilherstellers in einem Interview, dass sein jetziges Auto auf einer langen Fahrt unkomfortabel sei, so ist diese Aussage noch zu unspezifisch, um verwertbar zu sein; es ist Aufgabe des Interviewers, in diesem Fall nachzufragen: „Was verstehen Sie unter unkomfortabel? Beschreiben Sie Ihre Eindrücke und die Dinge, die Ihr Auto für Sie unkomfortabel machen". Die Antworten werden voraussichtlich durchaus unterschiedlich ausfallen: einige Kunden werden über Rückenschmerzen oder Steifheit im Rücken klagen, andere werden Vibrationen oder zu harte Stöße durch das Fahrwerk monieren, eine dritte Gruppe wird sich über eine zugige oder unzureichende Lüftung oder Heizung beschweren und wieder andere werden die Fahrgeräusche als zu laut empfinden. Der Interviewer sollte in unserem Beispiel auch nicht vergessen nachzufragen, was der Kunde unter einer langen Autofahrt versteht (auch hier werden die Aussagen sehr unterschiedlich sein!) oder ob auch kurze Fahrten als unkomfortabel empfunden werden.

Die Interviews stellen Rohmaterial dar und sollten am besten auf Tonband aufgezeichnet werden, um sie später auswerten zu können. Normalerweise reichen 20 bis 30 Interviews je Kundengruppe vollständig aus, da bereits anhand der ersten Interviews die meisten Bedürfnisse identifiziert werden können. In der Praxis wird man die späteren Interviews aufbauend auf den Erfahrungen der ersten Gespräche führen. Verfügt der Interviewer darüber hinaus über einige Erfahrung, so kann die Anzahl der notwendigen Interviews mit folgender Technik deutlich reduziert werden: zunächst führt man nur etwa 5-10 Interviews und untersucht danach die Aussagen auf die wesentlichen Unterschiede. In den Folge-Interviews werden diese Unterschiede dann gezielt geklärt. In Summe genügen mit dieser Methode häufig weniger als 20 Interviews.

Zur Auswertung der Tonbandaufnahmen sollten zunächst alle genannten Bedürfnisse notiert werden. Dabei ist es von großem Vorteil, wenn diese Aussagen zunächst von mehr als einer Person abgehört werden - am besten aus dem Produktmanagement. Die Erfahrung hat gezeigt, dass die Aussagen der interviewten Personen von unterschiedlichen Hörern aus jeweils anderen Perspektiven gesehen und wahrgenommen werden, und dadurch auch andere Bedürfnisse notiert werden. Drei bis vier Hörer genügen jedoch meist, um alle auf den Bändern enthaltenen Bedürfnisse zu identifizieren und zu dokumentieren.

Focus-Gruppen

Focus-Gruppen sind die zweite häufig verwendete Möglichkeit, Kundenbedürfnisse zu ermitteln. Unter dem Begriff Focus-Gruppen versteht man Gruppen von sechs bis acht Kunden, die von einem Interviewer nach ihren Bedürfnissen befragt werden. Focus-Gruppen haben den Vorteil, dass Aussagen eines der Teilnehmer von den anderen aufgegriffen, von mehreren Seiten beleuchtet, kommentiert, ergänzt oder in Frage gestellt werden; sie eignen sich daher besonders für komplexere Produkte. Ein Nachteil ist die geringere verfügbare Redezeit für jeden Teilnehmer: bei einer typischen 2-stündigen Focus-Group entfallen auf jeden Kunden nur etwa 15 bis 20 Minuten Redezeit im Vergleich zu einer Stunde bei einem Face-to-Face-Interview. Dennoch haben sich Focus-Gruppen bei komplexen Produkten als effizienter erwiesen. Es ist üblich, dass Focus-Gruppen durch „stille Beobachter" beobachtet werden.

Andere Quellen für Kundenbedürfnisse

In der Praxis hat ein Unternehmen häufig nicht die Zeit oder die finanziellen Mittel, um direkte Kundenbefragungen durchzuführen, so dass nach Alternativen gesucht wird. Eine naheliegende Möglichkeit ist z.B. die Befragung von Experten innerhalb des Unternehmens. Auch hier lassen sich die oben beschriebenen Interviewtechniken anwenden. Man erhält so eine erste Liste von „Kundenbedürfnissen", die dann anhand weniger echter Kundeninterviews stichprobenartig verifiziert werden kann. Wertvolle Daten kann man auch durch die Auswertung von Reklamationen, oder Beschwerden erhalten. Voraussetzung für die interne Ermittlung der Kundenbedürfnisse ist eine kritische, offene Haltung gegenüber den eigenen Ideen oder

Produkten und eine ausreichende Marktnähe der interviewten Personen. Obwohl man auch auf diese Art gute Ergebnisse erzielen kann, gibt es für die direkte Befragung „echter" Kunden keine gleichwertige Alternative.

In den vorangegangenen Abschnitten wurde beschrienen, auf welche Art sich Kundenbedürfnisse ermitteln lassen; üblicherweise identifizieren alle vorgestellten Verfahren eine Vielzahl von Bedürfnissen, je nach Komplexität des Produktes oft mehrere Hundert. Die nächste Aufgabe besteht jetzt darin, identische Bedürfnisse zusammenzufassen, in ihrer Bedeutung zu bewerten und zu gruppieren. Die Zusammenfassung und Gruppierung erfolgt auf drei Ebenen: die unterste Ebene enthält die „Detailbedürfnisse", die direkt aus den Interview-Aussagen ermittelt und später zur technischen Ausgestaltung des Produktes verwendet werden. Verwandte Detailbedürfnisse werden zu „taktischen Bedürfnisgruppen" zusammengefasst; der den Bedürfnissen auf dieser Ebene entsprechende Kundennutzen kann später kommuniziert werden, also z.B. „Kinderleicht bedienbares Telefonbuch". Auf der nächsten Verdichtungsebene erhält man „strategische Bedürfnisgruppen"; sie eignen sich zur Positionierung des Produktes, z. B. als „Das Design-Telefon". Zur Zusammenfassung und Aggregation der Bedürfnisse gibt es zwei bewährte Methoden: die Ähnlichkeits-Methode und die Cluster-Analyse.

Ähnlichkeits-Methode

Die Ähnlichkeits-Methode ist ein sehr pragmatisches Verfahren, bei dem die notierten Kundenbedürfnisse manuell in einem Team von drei bis fünf Mitarbeitern sortiert werden. Bewährt hat sich folgendes Vorgehen:

Jedes Kundenbedürfnis wird einzeln auf eine Karte geschrieben (dabei sollten die Aussagen aus den Interviews möglichst unverfälscht bleiben); die Karten werden wie Spielkarten reihum zufällig an die Teammitglieder verteilt, so dass jedes Mitglied etwa gleich viele Karten bekommt. Ein Teammitglied beginnt, wählt eine Karte aus seinem Stapel aus, liest das notierte Kundenbedürfnis laut vor und haftet sie an die Wand. Die übrigen Teammitglieder durchsuchen jetzt ihre Karten und heften diejenigen daneben, die ihrer Meinung nach das gleiche Kundenbedürfnis ausdrücken. Sofern jeweils alle anderen Teammitglieder diese Meinung teilen, bleiben die Karten haften. Andernfalls muss darüber diskutiert werden, ob die betreffende Karte ein anderes Bedürfnis ausdrückt; wird darüber Einigkeit erzielt, so wird sie an einer neuen Stelle platziert. Dieser Prozess wird fortgesetzt, bis alle Karten an der Wand haften; Ergebnisse sind Gruppen von Karten, von denen jeweils alle Teammitglieder überzeugt sind, dass sie das gleiche Bedürfnis ausdrücken; bezogen auf die Ausgangszahl, sollte die Zahl der Bedürfnisse durch diesen Prozess um den Faktor drei bis fünf reduziert worden sein, also z. B. von 300 auf 100. Anschließend diskutiert das Team die einzelnen Bedürfnisse - in unserem Beispiel 100 Detailbedürfnisse - anhand der Karten und versucht, die Bedürfnisse unter Überschriften weiter zu taktischen Bedürfnisgruppen zusammenzufassen und danach weiter zu strategischen Bedürfnisgruppen, so dass sich wiederum von Stufe zu Stufe eine Reduktion um den Faktor zwei bis fünf ergibt. Zum Schluss überprüft das Team noch einmal die gefundenen Zuordnungen und korrigiert falls notwendig.

Der Vorteil dieses pragmatischen Verfahrens liegt vor allem in seiner schnellen, unkomplizierten Anwendung; darüber hinaus erreicht es einen Konsens in dem an der Kundenorientierung beteiligten Team. Allerdings spiegelt die gefundene Struktur die Meinung der beteiligten Teammitglieder wider, die nicht immer mit der Sicht der Kunden identisch sein muss.

Cluster-Analyse

Die Cluster-Analyse ist ein Verfahren, das ähnliche Bedürfnisse auf mathematischem Wege identifiziert und gruppiert. Entsprechende Algorithmen sind heute in Standard-Programmpaketen kostengünstig verfügbar und auch für PCs geeignet. Der Vorteil von Cluster-Analysen gegenüber der pragmatischen Ähnlichkeits-Methode liegt darin, dass die ermittelte Bedürfnisstruktur ausschließlich auf den Kundendaten beruht und eine Beeinflussung durch das Team vermieden wird. Der vergleichsweise hohe Zeit- und Kostenaufwand rechtfertigt den Einsatz dieser Methode insbesondere bei der weitgehenden Neugestaltung von komplexen Produkten oder Leistungsangeboten, z. B. im Daten-Kommunikationsbereich.

Das folgende Beispiel eines Parkhausbetreibers zeigt, wie durch geschicktes Befragen von Kunden selbst bei einem Produkt, das scheinbar kaum Ansätze zur Differenzierung bietet, Bedürfnisse ermittelt werden konnten, die entscheidend zur Verbesserung der Kundenorientierung beigetragen haben. Das Produkt eines Parkhausbetreibers ist die Stellfläche für Kraftfahrzeuge in Innenstädten, an Flughäfen und Bahnhöfen usw. Parkhäuser bieten nur wenig Ansätze zur Differenzierung, wenn man einmal vom Standort absieht. Da Parkhäuser eine Kostenstruktur besitzen, in der vor allem Fixkosten

Markt – und Kundenorientierung – ein übergreifender Prozess

bestimmend sind, besteht für den Betreiber eines Parkhauses die Notwendigkeit, seine Stellfläche mit möglichst hoher Auslastung zu vermarkten. In Zeiten schwacher Auslastung werden daher vielerorts attraktive Konditionen angeboten (z. B. über Nacht) oder Dauer-Mietplätze geschaffen, die eine Grundauslastung sicherstellen. Einige Parkhausbetreiber haben darüber hinaus in Focus-Gruppen die Bedürfnis ihrer Kunden erfragt und analysiert. Dabei hat sich herausgestellt, dass es durchaus Produktverbesserungen gibt, die neue Zielgruppen in das Parkhaus bringen oder Wettbewerbsvorteile gegenüber anderen Parkplätzen schaffen können. Zu den Elementen der Produktverbesserung gehörten u. a.:

- bessere Ausleuchtung
- helle Wände
- Videoüberwachung zur Steigerung der Sicherheit
- telefonische Reservierung von Parkplätzen
- Ausstrahlung von Musik
- Beschleunigung des Bezahlvorgangs durch Prepaid-Karten (entsprechend Telefonkarten)
- Serviceangebot wie Waschen, Tanken oder Inspektionen

Mit solchen Angeboten werden Kundenbedürfnisse erfüllt und den Kunden ein Zusatznutzen geboten, der ihre Bindung an das Parkhaus erhöht. Das Beispiel zeigt, dass sich die Ermittlung von Kundenbedürfnissen und die de mögliche Verbesserung der Produktgestaltung auch bei einem Niedrig-Preis-Produkt lohnt, über das ein Kunde nur dann nachdenkt, wenn er gerade keine Stellfläche für sein Auto findet.

Kundenbefragungen sind grundsätzlich ein geeignetes Instrument, Informationen im Rahmen der Zielgruppenanalyse zu beschaffen, wenn es eine größere Anzahl von Zielgruppenvertretern gibt. Grundsätzlich lassen sich alle Marketing-Mix Faktoren über Befragungen ermitteln. Dies beginnt bei den Bedürfnissen der Kunden für die Produktgestaltung, der Markenbekanntheit, dem Produktimage, der Herausarbeitung von Wettbewerbsvorteilen (Unique-Selling-Proposition oder USP) über die Differenzierung im Wettbewerb über die Preisgestaltung bis hin zur Messung der Kundenzufriedenheit. Bei der Verwendung der gewonnenen Ergebnisse ist zu beachten, dass viele Werte einer dynamischen Entwicklung über die Zeit unterliegen. Auch über den Produktlebenszyklus können sich die Ergebnisse deutlich ändern, je nach Neuigkeitsgrad des Produktes, der Wettbewerbsintensität oder der technologischen Weiterentwicklung.

Um Informationen von Kunden auf dem direkten Weg der Kundenbefragungen zu erhalten, sind die konkreten Zielsetzungen der Befragung, der Zeitpunkt und die Personen zu bestimmen, die den Kunden ansprechen. Eine Methode ist die direkte Befragung der Kunden in einem zeitlich und inhaltlich definierten Projekt und anhand eines Fragebogens. Hierbei sind die offene Befragung mit Nennung des auftraggebenden Unternehmens und die verdeckte Befragung ohne Nennung des Unternehmens zu unterscheiden. Die verdeckte Befragung wird oft dann eingesetzt, wenn die Akzeptanz neuer Angebote erst noch geprüft werden soll, es aber noch keine definitive Entscheidung über die Einführung gibt oder dies nicht zu früh bekannt werden soll. Neben den Ergebnissen, um die es bei einer Kundenbefragung in erster Linie geht, ist der Kunde oft dankbar, dass das Unternehmen, dessen Produkte oder Leistungen er eingekauft hat, Interesse an ihm und seiner Meinung hat. Insofern können sich hierbei die Zielsetzungen der Abfrage und die Stärkung der Kundenbindung gegenseitig verstärken.

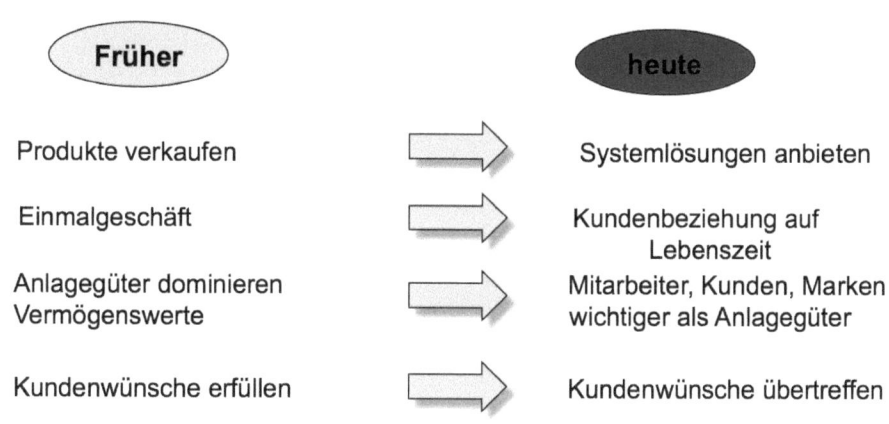

3.2. Kunden beschreiben mit Segmentierung

Um Kundenorientierung praktizieren zu können, braucht man Informationen über den Kunden. Erstaunlicherweise ist für viele Unternehmen der Kunde immer noch das unbekannte Wesen, das auf wundersame Weise auf das Unternehmen und sein Angebot aufmerksam geworden ist. Als Unternehmer sollte man dies aber lieber nicht dem Zufall überlassen! Wenn der Kundenstamm überschaubar ist, können Informationen über jedem Einzelnen gesammelt und ausgewertet werden. Im Großkunden-Geschäft ist dies ein durchaus gängiges Vorgehen. Aber was soll man tun, wenn die Zahl der bestehenden und der potenziellen Kunden hierfür zu groß wird? Jeder Kunde versucht, das Produkt zu finden, das seine individuellen Bedürfnisse in seiner momentanen Situation am besten befriedigt oder zu befriedigen scheint. Für den Anbieter erleichtert es die Vermarktung ungemein, wenn eine große Anzahl individueller Kunden für die Marktbearbeitung zu Zielgruppen zusammengefasst werden können. Dies ersetzt natürlich nicht die nach wie vor erforderliche individuelle Kundenbearbeitung.

Große Unternehmen setzen für Analysen auf den Einsatz von speziellen Software-Lösungen. Mit CRM (Customer-Relationship-Management) Lösungen kann man viele Informationen über viele Kunden erfassen und für eine weitere Bearbeitung aufbereiten. Trotzdem ist es auch auf dieser Basis nur schwer möglich, ohne Bildung von Zielgruppen eine tragfähige Marketing- und Vertriebsstrategie zu erarbeiten. Mit Business-Intelligence (BI) Algorithmen können aus den vielen Informationen Gruppen (auch als Cluster bezeichnet) von Kunden gebildet werden, die gemeinsame Merkmale haben. Allerdings rentieren sich CRM-Systeme und BI-Lösungen aufgrund der Kosten und der Komplexität in der Handhabung erst für größere Unternehmen. Nur in Ausnahmefällen nutzen mittelständische Unternehmen oder Kleinbetriebe solche Instrumente.

Um ohne teure und aufwendig zu handhabende IT Lösungen auch für einen Kleinbetrieb Zielgruppen bilden und eine Analyse von Kundenbedürfnissen und Produktnutzen anstellen zu können, braucht man Kriterien für eine Zielgruppen-Segmentierung und eine Zielgruppenanalyse. Selbst mit BI-Systemen im Hintergrund empfiehlt es sich, die Zielgruppen für das eigene Unternehmen zunächst „zu Fuß" und ohne undurchsichtige BI-Technologien zu erarbeiten. So entsteht ein besseres Verständnis für den Umgang mit den für das Unternehmen wichtigen Zielgruppen.

Nicht alle potenziellen Kunden des für ein Unternehmen „relevanten Marktes" sind gleich attraktiv, bestimmte Kundengruppen werden sich eher zum Kauf entscheiden, weil sie über ein höheres Einkommen verfügen oder für ein defektes Produkt Ersatz benötigen; andere Kundengruppen sind attraktiv, weil sie ein Produkt mehrfach benötigen. Umgekehrt gilt aber auch: ein einzelnes Produkt kann nicht alle potenziellen Kunden des relevanten

Marktes begeistern, weil sie das Design nicht mögen, ein entsprechendes Bedürfnis schon auf andere Art befriedigt haben oder das Produkt gar nicht kennen. Aus beiden Perspektiven ist es sinnvoll, den „Gesamtmarkt" aller potenziellen Käufer in kleinere Einheiten oder Teilmengen zu zerlegen, in die so genannte Zielgruppen. Eine praxisgerechte Segmentierung genügt den folgenden Ansprüchen:

- möglichst hohe Ähnlichkeit der Kunden innerhalb der Segmente
- möglichst große Unterschiedlichkeit der Kunden zwischen den Segmenten
- die Daten zur Beschreibung eines Segmentes (z.B. Absatzpotential, Nettoeinkommen, Alter) sind einfach zu ermitteln oder aus anderen Informationen ableitbar
- die ausgewählten Segmente lassen sich für Vertrieb und Kommunikation im Markt auffinden und gezielt adressieren
- die Gesamtzahl der Segmente bleibt überschaubar, mehr als zehn Zielgruppen sind nur in Einzelfällen handhabbar

Die aufgeführten Anforderungen zeigen, dass die Größen, nach denen eine Unterteilung durchgeführt wird - die Segmentierungskriterien - entscheidend die Brauchbarkeit der gefundenen Segmente in der Praxis bestimmen. Schon bei der Auswahl der geeigneten Kriterien ist der Aufwand für Informationsbeschaffung und Analyse zu berücksichtigen. Im Sinne einer laufenden Optimierung sind in regelmäßigen Abständen die Annahmen und Analysen zu überprüfen. Dabei können auch die Kriterien für die Zielgruppensegmentierung verändert werden. Für die Kontinuität in der Marktbearbeitung sollten die Kriterien allerdings nach Möglichkeit über einen längeren Zeitraum stabil bleiben. Eine dynamisierte Zielgruppen-

Segmentierung hilft, Änderungen frühzeitig zu erkennen und das Angebotsspektrum hierauf anzupassen.

Kriterien für eine Segmentierung
Demographische Kriterien sind leicht zugänglich

Besonders wichtige Segmentierungskriterien sind demographische Merkmale wie z. B. Geschlecht, Alter, Familienstand, Einkommen, Grundbesitz, Ausbildung, Wohnort oder Nationalität. Diese Kriterien sind dann relevant, wenn sie mit bestimmten Kundenbedürfnissen verbunden sind, die Informationsbeschaffung erleichtern oder dem Kaufentscheidungs-Prozess entsprechen. Familien mit Kindern oder einem Interesse an speziellen Sportarten brauchen Autos, die eine große Ladefläche oder einen großen Kofferraum haben und sind dementsprechend eine der Hauptzielgruppen für Kombis. Hersteller von Limonaden sind davon überzeugt, dass jüngere Menschen einen süßeren Geschmack bevorzugen und verwenden daher das Alter als ein wesentliches Segmentierungskriterium für süße Getränke. Die schnelle Energieaufnahme für Sportler hat das Segment der Bionaden bei den Getränken entstehen lassen, das nicht alleine über das Merkmal der Demographie vermarktet werden kann. Hier sind die demographischen Merkmale eng an die Vorlieben oder Bedürfnisse von Kunden gekoppelt.

Demographische Merkmale haben den großen Vorteil, dass die notwendigen Daten leicht zu erhalten sind und sich die Kunden in diesen Segmenten leicht finden lassen; darüber hinaus lassen sich Größe und Potential einzelner Segmente leicht abschätzen. Zusätzlich kann man mit Hilfe von demographischen Kriterien Zukunftschancen recht gut identifizieren: z. B. wird in den nächsten

30 Jahren das am schnellsten wachsende Alterssegment die Gruppe der über 55jährigen sein, dem ein Wachstum von mehr als 50% bis zum Jahr 2020 vorausgesagt wird. Die höhere Lebenserwartung der Menschen bei gleichzeitig hoher Vitalität macht dieses Segment in Zukunft für viele Branchen besonders attraktiv. Dabei reicht das Alter als Segmentierungskriterium alleine nicht aus, denn Senioren sind so heterogen wie alle anderen Menschen, es gibt berufstätige, ehrenamtlich tätige, sportlich ausgerichtete, kulturell interessierte, Reiselustige, gesunde, kranke oder pflegebedürftige und finanziell abhängige ältere Menschen.

Bei gewerblichen Kunden sind typische „demographische" Merkmale Umsatz, Branche, Mitarbeiterzahl oder Anzahl der Betriebsstätten. Auch hier lassen sich enge Kopplungen zwischen Kaufverhalten und demographischen Daten finden: große Unternehmen mit hohem Umsatz zeigen durch zentrale Einkaufsabteilungen ein anderes Kaufverhalten als z.B. Gewerbetreibende.

Einstellungen der Kunden

Einstellungen sind dann als Segmentierungskriterien geeignet, wenn sich das Angebot an Privatkunden richtet. Einstellungen können sich auf soziale Themen (Religion, Umweltschutz, Politik, Drogen) beziehen oder auf persönliche Themen (Familie, Freunde, Gesundheit, Einkaufen, Job). Auch Produkteigenschaften lassen sich zur Segmentierung verwenden, z. B. beim Thema Qualität: „Beste Produktqualität ist zwar teurer, macht sich aber langfristig bezahlt" trennt deutlich von „Je preisgünstiger, desto besser". Umweltbewusste Kunden werden beim Waschmittelkauf auf das

„weißeste Weiß" und „die strahlendsten Farben" zugunsten eines umweltfreundlichen Waschmittels verzichten.

Einstellungen geben wertvolle Anregungen zur Differenzierung des Produktangebotes. Dies zeigt die erfolgreiche Differenzierung der „TransFer"-Produkte, die z.B. Kaffee bestimmter Herstellungsregionen zu einem höheren Preis anbieten als andere Marken. Wenn Verbraucher bereit sind, einen höheren Preis zu zahlen, dann besteht die Möglichkeit zur Differenzierung selbst in einem sonst über den Preis definierten Markt. Zwar handelt es sich hierbei oft um Nischenmärkte, aber gerade diese können für mittelständische Unternehmen interessant sein.

Preissensitivität

Das akzeptierte Preisniveau differenziert die Kunden und schlägt sich in unterschiedlichen Marken, aber auch in der Auswahl der Vertriebskanäle nieder. Kunden, die das beste verfügbare Produkt erwerben wollen und dafür entsprechend mehr zu zahlen bereit sind, bilden ein eigenes Segment. Entsprechendes gilt für mittlere und untere Preissegmente. Bei der Verwendung dieses Segmentierungskriteriums müssen ergänzende Kriterien festgelegt werden, die eine so genaue Beschreibung der Zielgruppenvertreter erlauben, dass die Zielgruppenvertreter für den Vertrieb auffindbar und in der Kommunikation ansprechbar sind. Kunden verhalten sich allerdings nicht immer gleich. Der „hybride" Kunde kauft morgens im Aldi-Laden seine Lebensmittel und nachmittags Designer-Bekleidung im exklusiven Fachgeschäft. Diese Verhaltensmuster gilt es im Rahmen einer Zielgruppenanalyse zu ermitteln und für die eigene Marktbearbeitung zu nutzen.

Individuelle Vorlieben

Weitere Kriterien für die Zielgruppenbeschreibung sind individuelle Vorlieben wie z.B. die Bevorzugung bestimmter Produkteigenschaften oder bestimmte Nutzenaspekte. Im Lebensmittelmarkt spielen Vorlieben eine wichtige Rolle. So kann der Erfolg italienischer Kaffee-Sorten auf spezielle Vorlieben der Verbraucher zurückgeführt werden. Entsprechende Produkte dürfen daher teurer vermarktet werden als Standard-Produkte. Im Handelsbereich hat das Unternehmen „Manufactum" mit der Ausrichtung auf spezifische Vorlieben eine Differenzierung von anderen Versandunternehmen erreicht. Das Unternehmen setzt auf den nostalgischen Wunsch nach hochwertigen Produkten aus der „guten alten Zeit" bzw. nach Produkten, die nach traditionellen Verfahren produziert wurden. Die angebotenen Produkte sind oft teurer als vergleichbare „moderne" Produkte. Andere Beispiele finden sich im Versandhandel in den Lifestyle-Bereichen. Lands' End hat eine durch seine Qualitätsstrategie mit lebenslanger Garantie und individuellem Service Kunden mit hohen Qualitätsansprüchen gewonnen.

Die Automobilindustrie gestaltet neue Produkte nach den Vorlieben der Zielgruppe. Welche andere Motivation als Vorlieben führen zum Absatz von Geländewagen in Deutschland? Da das Straßennetz gut ausgebaut, das Fahren auf Waldwegen untersagt ist und nur die wenigsten Käufer von Geländewagen selber eine eigene Jagd-Lizenz haben, kann nur die Vorliebe für entsprechende Fahrzeuge als Kaufgrund dienen. Vorlieben sind im Vergleich zu den anderen Segmentierungskriterien anfällig für schnelle Änderungen und neue

Trends. Als Anbieter von entsprechenden Produkten ist es daher unerlässlich, den Verbraucher sehr gut zu kennen und laufend Trends beobachten, die neue Entwicklungen andeuten. Wie anfällig eine solche Positionierung sein kann, zeigt die Entwicklung in der Automobilindustrie bei stark steigenden Treibstoff-Preisen. Das früher so beliebte Modell der „Offroader" wird schnell zum Ladenhüter und verbrauchsarme Modelle werden bevorzugt.

Kaufentscheidungsprozesse

Man fasst für diesen Segmentierungsansatz alle Kunden in einem Segment zusammen, die ein ähnliches Verhalten bei der Kaufentscheidung zeigen. Dabei wird sowohl der Prozess der Entscheidungsfindung berücksichtigt als auch der eigentliche Kaufprozess. Ein Hersteller von Laptops und PCs muss seine Verkaufsorganisation anders gestalten, je nachdem ob über die Anschaffung eines neuen Rechners von einem professionellen Einkäufer eines Unternehmens allein entschieden wird, für den rationale Argumente wie Ausfallzeiten, Folgekosten, Kompatibilitäten etc. im Vordergrund stehen, oder ob Sekretariat, Einkauf, Geschäftsführung, Servicepartner und Händler mit in den Entscheidungs-Prozess involviert sind. Wieder anders wird der Verkaufsprozess aussehen, wenn als potenzielle Käufer Gewerbetreibende, Selbständige oder Privatanwender adressiert werden.

Beim Verkaufsprozess gilt es jeweils nicht nur Einkäufer und Entscheider zu beobachten, sondern alle die Kaufentscheidung beeinflussenden bzw. daran mitwirkenden Personen. Dies können Fachabteilungen sein, die eine Freigabe vor dem Kauf erteilen. Es können aber auch Freunde und Kollegen sein, die eine Empfehlung aussprechen. Bei dem eigentlichen Kaufprozess ist zu unterscheiden zwischen einer formalen Ausschreibung, systematischen Angebotsvergleichen und einem Spontankauf.

Branchenspezifika als alternatives Kriterium

In unterschiedlichen Branchen gibt es spezifische Ansätze zur Differenzierung. Wer Segelsportler adressiert, kann unterscheiden zwischen Binnen-, Küsten und Hochsee-Seglern, Freizeit- und Sportseglern und weiteren spezifischen Eigenheiten. Da solche Kriterien von der jeweiligen Branche und auch dem Produktangebot abhängen, lassen sich kaum Verallgemeinerungen treffen. Bei der Auswahl dieser speziellen Kriterien sollte beachtet werden, dass die nach den Kriterien ausgewählte Zielgruppe nicht zu klein wird und ausreichend groß für die Abwicklung ergänzender Geschäfte ist. Wie für alle anderen Kriterien müssen die so beschriebenen potenziellen Kunden mit vertrieblichen und kommunikativen Methoden erreichbar sein.

Die unterschiedliche Nutzung des betrachteten Produktes ist ein möglicher Indikator für unterschiedliche Kundenbedürfnisse und daher ein Kriterium zur Segmentierung. „Intensivnutzer", die in ihrer täglichen Arbeit auf ein bestimmtes Produkt angewiesen sind, erwarten spezielle Eigenschaften wie besonders gute Serviceleistungen, Zubehörangebote und Produkte mit höherer Zuverlässigkeit, Lebensdauer und Nachkaufmöglichkeit als der typische Gelegenheitsnutzer, für den der Preis oft das wichtigste Kriterium ist.

Lebenssituationen

Auch nach den Lebenssituationen kann segmentiert werden. Dieses Segmentierungskriterium wird seltener verwendet, kann aber durchaus effektiv sein. Man muss hierfür Situationen erkennen, in denen die Wahrscheinlichkeit für die Akzeptanz für die betrachtete Produkt oder die Dienstleistung überdurchschnittlich hoch ist. So sind Studienabgänger, die nach dem Berufseinstieg überdurchschnittlich gut verdienen, eine ausgezeichnete Zielgruppe für Vermittler privater Krankenversicherungen. Ein erfolgreiches Versicherungsmakler-Unternehmen hat sich zu Beginn auf junge Ärzte spezialisiert und bietet dieser Zielgruppe kurz vor der Approbation Unterstützung bei der Bewerbung angeboten, ergänzt um speziell auf sie zugeschnittene Versicherungsleistungen.

Es gibt überregional organisierte Schlüsseldienste, die sich auf Notfälle wie das Öffnen einer zugefallenen Haustür konzentrieren. Sie nutzen geschickt die Notsituation der potenziellen Kunden und werben mit auffälligen Anzeigen in Branchen-Verzeichnissen. Als Ausgleich für ihre hohe Verfügbarkeit auch an Wochenenden oder Feiertagen stellen sie Stundensätze in Rechnung, die über den üblichen Preisen liegen.

Unternehmen als Kunden stellen je nach ihrer Entwicklungsphase (Gründung, Wachstum, Reife, Sanierung, Restrukturierung) unterschiedliche Anforderungen. Maschinenbau-Unternehmen haben sich schon frühzeitig darauf eingestellt, dass ihre Kunden oft nur unzureichende Liquidität zum Kauf der Anlagen haben. Finanzierungs- und Betreibermodelle, bei denen der Lieferant seine

Erlöse aus den Umsätzen seines Kunden deckt, fördern das Geschäft und erlauben wachsende Neugeschäfte.

In der Frühphase eines Unternehmens werden Lösungen „aus einer Hand" mit einer Bündelung der benötigten Produkte größere Chancen haben als Einzelangebote. Als Lieferant kann man daher gezwungen sein, selber ergänzende Produkte zu zu kaufen, um ein Gesamtangebot zu realisieren. Unternehmen in Wachstumsphasen kann Outsourcing anstatt eines Kaufes angeboten werden. Junge Unternehmen haben typischerweise einen hohen Liquiditätsbedarf, so dass ein Angebot mit umsatz-proportionalen Kosten („pay-as-you-grow") anstelle einmaliger Investitionen gute Erfolgschancen hat. Werden diese Angebote gekoppelt mit der Möglichkeit einer späteren Umwandlung in einen Kauf, kann man die längerfristige Bindung eines Unternehmens vorbereiten.

Differenzierung aufgrund von Wettbewerbsprodukten

Ähnlich wie anhand der Branchenspezifika können Zielgruppen-Segmente anhand von Wettbewerbsprodukten gebildet werden. Wenn eine geschlossene Gruppe von Produkten gebildet werden kann, die in erster Linie untereinander im Wettbewerb stehen, und damit einen „Teil-Markt" bzw. ein Unter-Segment bilden, kann dieses Kriterium hilfreich sein. Durch Analyse des Unter-Segments, des Nutzens und der hier anzutreffenden Kunden kann man Ansatzpunkte zur Verbesserung des Vermarktungserfolges ableiten. Bei Geschäftskunden kann z.B. Büromaterial nach Wettbewerbsangeboten segmentiert werden. Der Grundnutzen ist für diese Produktgruppe für alle Kunden weitgehend identisch, so dass sich aus den bestehenden Angeboten und Sortimentsangeboten Rückschlüsse zur Segmentierung ableiten lassen.

Priorisierung der Segmentierungsergebnisse

Die beschriebenen Segmentierungskriterien:

- Demographie
- Einstellungen
- Preissensitivität
- Vorlieben
- Kaufentscheidungs-Prozess
- Nutzung
- Situationsmerkmale
- Wettbewerbsprodukte

sind in vielen Fällen nicht voneinander unabhängig. Bei der beispielhaften Beschreibung für den Markt für Finanzdienstleistungen durch Einstellungen sieht man, dass diese Einstellungen mit demographischen Daten korrelieren (Alter, Einkommen) sowie mit Vorlieben und Abneigungen („Ich hasse Finanzgeschäfte"). Unter welchen Segmentierungskriterien man den Markt betrachtet, hängt vom Markt selbst und von den jeweiligen Kunden ab; letztlich werden immer mehrere Kriterien zur Anwendung kommen. Es gibt dabei nicht die eine „korrekte" oder prinzipiell beste Art und Weise, die Kunden zu segmentieren. Stellt sich im Verlauf des weiteren Prozesses zur Kundenorientierung heraus, dass die gewählte Segmentierung nicht alle Ziele erfüllt, so muss sie modifiziert werden, um anderen Perspektiven gerecht zu werden.

Nicht alle Kunden und damit - wenn eine geeignete Segmentierung gewählt wurde - auch nicht alle Zielgruppensegmente besitzen die gleiche Bedeutung für ein Unternehmen. Die nächste Aufgabe ist daher die Bildung einer Rangfolge der Segmente, um diejenigen Segmente mit der höchsten Attraktivität herauszufinden; diese Segmente müssen dann mit besonders hoher Priorität bearbeitet werden. Dies gilt insbesondere, wenn die Anzahl. der gefundenen Segmente vergleichsweise groß ist (z. B. größer als fünf).

Wodurch wird ein Segment für ein Unternehmen attraktiv? Attraktive Marktsegmente verfügen über ein hohes Marktpotential, es bestehen ein guter Marktzugang und einfache Möglichkeiten zur Ansprache, sie sind von der Wettbewerbssituation her interessant, erlauben hohe Margen und bergen geringe Risiken. Dabei ist die Bewertung der einzelnen Kriterien relativ und kann für einen regional tätigen Mittelständler anders ausfallen als für einen national agierenden Konzern. Diese unterschiedlichen Voraussetzungen und Bewertungen ermöglichen die Identifikation der geeigneten Nische. Dies ist auf jeden Fall erfolgversprechender als die Entscheidung großer Wettbewerber ungeprüft zu übernehmen. In der folgenden Übersicht sind diese Charakteristika noch einmal übersichtlich dargestellt. Entsprechend des jeweiligen Geschäftes können dabei Kriterien entfallen und vielleicht andere hin zu kommen.

Bewertung der Attraktivität von Zielgruppen

Kriterien	Segment ist attraktiv, wenn ...
Marktpotenzial	Nachhaltiges Absatz- / Umsatzpotenzial vorhanden ist; es Produkte in einer frühen Phase im Lebenszyklus gibt.
Marktzugang	Vertriebszugang vorhanden oder leicht zu schaffen ist; der Markenname in dem Segment bekannt ist; Aktuelle Daten über das Segment vorhanden / leicht beschaffbar sind.
Ansprache	eine gezielte kommunikative / vertriebliche Ansprache möglich ist.
Wettbewerb	hoher eigener Marktanteil erzielbar; Wettbewerbsintensität ist gering.
Marge	hohe Preise sind mittelfristig durchsetzbar; schneller Return on Investment (ROI) zu realisieren.
Risiken	hohe Stabilität des Marktsegmentes gegeben; geringe Verlustrisiken oder niedrige Investitionen erforderlich.

Es kommt selten vor, dass ein oder wenige Marktsegmente alle anderen dominiert und die Prioritäten offensichtlich sind. Es ist daher wichtig, ein pragmatisches Verfahren zur Bewertung der Segmente anzuwenden, um zu einer möglichst objektiven Rangfolge zu kommen. In der Praxis hat sich folgendes Vorgehen nach dem Punktbewertungsmodell bewährt

- Gewichtung der Bewertungskriterien (im einfachsten Fall erhalten alle Kriterien den Gewichtungsfaktor eins)
- Beurteilung jedes Segmentes anhand der Bewertungskriterien durch Vergabe von Punkten; bei fünf betrachteten Segmenten erhält das bezüglich eines Kriteriums attraktivste Segment fünf Punkte, das nächst weniger attraktive vier Punkte usw., ggf. jeweils multipliziert mit dem Gewichtungsfaktor

- Ermittlung der Gesamtpunktzahl für jedes Segment durch Addition

Als Ergebnis erhält man eine Rangfolge der Zielgruppen-Segmente. Damit ist die Basis geschaffen, um Segment für Segment die Kundenbedürfnisse zu ermitteln und dann das Angebot des Unternehmens daran ausrichten zu können.

4. Marktorientierte Produkteinführung

Die Positionierung eines Produktes sollte von seinen Kunden als möglichst einzigartig wahrgenommen werden; wie aber findet man eine „einzigartige" Positionierung, die von den Kunden auch als solche erkannt und durch den Kauf honoriert wird? Was bedeutet „einzigartig"? Eine Positionierung wird rund um ein ausgewähltes Kundenbedürfnis aufgebaut, genauer; auf Basis einer gezielt ausgewählten strategischen Bedürfnisgruppe. *American Express* z. B. hat mit seinen *Travellers Cheques* die Bedürfnisgruppe „Sicherheit" ausgewählt und durch die Positionierung besetzt; die *Media Markt* Gruppe und *Saturn-Hansa* haben mit ihrer Niedrigpreisstrategie im Unterhaltungselektronik-Vertrieb die Bedürfnisgruppe „Preis" mit dem Claim „Geiz ist geil!" besetzt.
Deutschland ist in Europa der Markt, in dem die Positionierung über den Preis am häufigsten an zu treffen ist. Über die Hälfte aller Discounter in Europa sind in Deutschland ansässig. Nicht nur in den mittlerweile abgeschafften Sommer- und Winterschlussverkäufen wird eine „Schlacht" um die höchsten Rabatte geschlagen. Die Werbung mit Rabatten ist in den meisten Märkten ein geeignetes Instrument, um Kaufanreize zu schaffen. Die Erfahrung zeigt aber auch, dass mit Rabatten alleine eine breite Kaufzurückhaltung nicht überwunden werden kann. Im Gegenteil kann die fortwährende Werbung mit Rabatten auch den gegenteiligen Effekt haben und zu einem weiteren Abwarten führen, bis das Produkt noch billiger geworden ist. Es wurden bereits mehrfach Beispiele für andere Zielgruppenansprüche aufgeführt, die auch eine andere Positionierung ermöglichen. Hier sei insbesondere auf die Möglichkeiten zur Differenzierung auf der Basis von Einstellungen und Verbrauchervorlieben verwiesen, die bislang noch nicht in allen Bereichen ausgeschöpft werden.

Um eine strategische Bedürfnisgruppe auszuwählen, die zum Aufbau einer Positionierung genutzt werden soll, ist es zweckmäßig, sich zunächst einen Überblick darüber zu verschaffen, wie gut das eigene Produkt im Vergleich zu den Wettbewerbsprodukte die entsprechenden Bedürfnisse erfüllt. Dies lässt sich beispielsweise mit grafischen Mitteln anschaulich darstellen. Dazu zeichnet man ein Koordinatenkreuz und bezeichnet die Achsen mit zwei strategischen Bedürfnisgruppen. In dieses Koordinatensystem wird das eigene Produkt und die Wettbewerbsprodukte nach einem der weiter unten beschriebenen Verfahren eingeordnet. Ein einfaches Beispiel hierzu: in einem Koordinatensystem mit den Dimensionen (strategischen Bedürfnisgruppen) „Gesundheit" und „Steigerung der Leistungsfähigkeit" sind Getränke eingeordnet. „Gesundheit" repräsentiert dabei Detailbedürfnisse wie „viele Vitamine", „keinen Zucker", „unterstützt gesunde Ernährung", „natürliche Inhaltsstoffe", „gibt meinem Körper alles, was er braucht" etc., Leistungsfähigkeit beinhaltet hier vor allem die körperliche Leistungsfähigkeit. Fruchtsäfte waren lange Zeit die einzigen Getränke, die in beiden Dimensionen sehr positiv zu bewerten waren; erst in jüngerer Zeit nutzen die „isotonischen" Sportgetränke die Lücke rechts oben für den Aufbau ihrer Positionierung aus. Das Beispiel aus der Getränkeindustrie zeigt deutlich, wie die beschriebene Darstellung zum Auffinden einer „Positionierungs-Lücke" benutzt werden kann; es betrachtet jedoch lediglich zwei willkürlich gewählte Dimensionen bzw. strategische Bedürfnisgruppen; normalerweise lassen sich aus den Kundenbedürfnissen wesentlich mehr als zwei strategische Bedürfnisgruppen ableiten, die alle als Basis für den Aufbau einer Positionierung in Frage kommen. Um sie entsprechend unserem Beispiel noch grafisch darstellen zu können, muss entweder eine andere Darstellungsform gewählt werden (z. B. ein Profil) oder man verwendet mehrere Koordinatensysteme.

Um die Position des Produktes im Koordinatensystem zu ermitteln, gibt es zwei Verfahren: 1. das Referenz-Verfahren, eine sehr pragmatische Methode, und 2. die Faktoren-Analyse, ein vergleichsweise komplexes, aber exakteres mathematisches Verfahren. Wir werden uns hier auf die Erläuterung des Referenz-Verfahrens beschränken; zum Thema Faktorenanalyse sei auf die bereits angesprochenen Computer-Programme verwiesen. Das Referenz-Verfahren basiert auf dem subjektiven Vergleich der eigenen Position mit der des jeweils besten Wettbewerb-Produktes. Dazu listet ein Team zunächst alle relevanten Wettbewerbsprodukte auf und betrachtet die erste strategische Bedürfnisgruppe, die auf der horizontalen Achse nach rechts aufgetragen wird; dasjenige Wettbewerbsprodukt, das nach Meinung des Teams die entsprechenden Bedürfnisse am besten erfüllt, wird am weitesten rechts durch einen Punkt markiert; die vertikale Position wird entsprechend für die zweite strategische Bedürfnisgruppe ermittelt. Analog wird mit allen weiteren Wettbewerbsprodukten und dem eigenen Produkt verfahren. Abschließend überprüft das Team noch einmal die Einordnung aller Produkte und diskutiert gegebenenfalls solange, bis alle Teammitglieder mit den gefundenen Positionen der Produkte im Koordinatensystem einverstanden sind. Obwohl das beschriebene Verfahren zur Produkteinordnung auf den ersten Blick sehr subjektiv zu sein scheint, haben Tests in der Praxis gezeigt, dass unterschiedliche Teams zu fast identischen Ergebnissen gelangen; entscheidend ist weniger die *absolute* Position der Produkte als der relative Vergleich untereinander. Zum Abschluss des Verfahrens erhält man ein Bild von der aktuellen Position des eigenen Produktes gemessen an den Kundenbedürfnissen und den Wettbewerbsprodukten. Lücken, die zum Aufbau oder zur Überarbeitung der Positionierung des eigenen Produktes genutzt werden können, lassen sich deutlich erkennen; gleichzeitig wird durch die eigene Position transparent, wo Bedarf bzw. Chancen bestehen, das Produkt- oder Leistungsangebot noch besser auf die Kundenbedürfnisse auszurichten. Eine unbesetzte Zielposition für das eigene Produkt zu finden und in den Koordinatensystemen zu markieren, ist Aufgabe des Teams; die Zielposition entspricht der Basis für den Aufbau oder die Überarbeitung der Positionierung.

Ist die „richtige" Positionierung für das Unternehmen dann einmal gefunden und definiert, ist es wichtig, die Positionierung mir der entsprechenden Kontinuität durch zu setzen. Was hierzu in den verschiedenen Bereichen des Marketing-Mix zu beachten ist, wird im Folgenden beschrieben. Auf jeden Fall müssen die Faktoren auf Langfristigkeit ausgelegt werden. Die für die Werbung entwickelten Claims müssen über eine längere Zeit durchgehalten werden, damit der Zielkunde diese Positionierung aufnimmt und für sich verinnerlicht. Dies muss nicht zwangsläufig durch teure Werbekampagnen erfolgen, wie sie z.B. die *Media-Markt* Gruppe oder *Saturn-Hansa* durchgeführt werden, um sich als der Preisführer unter den Unterhaltungselektronik-Händlern zu positionieren. Für mittelständische Unternehmen ist die Gewinnung von Referenzen und die Kommunikation über Empfehlungen möglicherweise ein wesentlich effizienterer Weg.

Vorsicht ist generell bei eine Änderungen der einmal eingenommenen Positionierung geboten. Es kann natürlich durch eine Veränderung bei den Zielgruppen oder im Wettbewerbsumfeld erforderlich sein, die eigene Positionierung an zu passen. Dies sollte allerdings evolutionär erfolgen und keinesfalls revolutionär. Der bisherige Kunde muss in der Lage sein, die Änderung für sich selber nach zu vollziehen. Es gibt natürlich auch Situationen, in denen eine Änderung nicht zu vermeiden ist, z.B. aufgrund von mengenabhängigen Produktions-Kosten. In diesem Fall kann es sinnvoller sein, mit einer anders positionierten Zweitmarke zu beginnen anstatt die gut etablierte Marke durch eine weitgehende Neupositionierung zu gefährden. Die Entscheidung für eine bestimmte Positionierung ist also auf jeden Fall als eine wichtige und weitreichende Entscheidung zu verstehen, die gut überlegt sein will.

Konsequenzen für den Marketing-Mix

Eine klare, eindeutige Positionierung ist notwendig für den Erfolg eines Produktes am Markt - aber allein nicht ausreichend. Eine Positionierung muss mit Leben gefüllt werden: die physikalische Ausgestaltung des Produktes muss mit der Positionierung übereinstimmen, die Kommunikation muss die Positionierung emotional aufbereiten und dem Marktsegment den zugehörigen Nutzen absatzwirksam mitteilen, die Verkaufsargumentation des Vertriebs und der Preis müssen konsistent mit den übrigen Faktoren vom Kunden wahrgenommen werden. Positionierung und Marketing-Mix müssen ein einheitliches Bild am Markt ergeben.

Es ist wenig sinnvoll, den Preis für ein qualitativ hochwertiges Produkt unter den von minderwertigen Wettbewerbsprodukten zu senken mit dem Ziel, auf diese Art die Kundenorientierung zu steigern. Entsprechend positionierte Top-Produkte richten sich an Marktsegmente, die auch bereit sind, hohe, aber gerechtfertigte Preise zu zahlen. Hohe Preise müssen häufig durch geeignete Werbemaßnahmen unterstützt werden, um die Bekanntheit des Produktes zu steigern oder den speziellen Nutzen zu kommunizieren. Die Verkaufsförderung muss zu der Aussage der Werbekampagne passen; zu viele Verkaufsaktionen, sehr günstige oder zu häufige Sonderangebote führen zwar möglicherweise (aber auch nicht zwangsläufig) kurzfristig zu höherem Absatz, haben jedoch mit langfristiger Kundenorientierung in der Regel nichts zu tun; sie unterminieren den Anspruch auf hohe Qualität. Gleiches gilt für ungeeignete Vertriebspunkte, die nicht zur Positionierung des Unternehmens passen. Die Marketingstrategie muss koordiniert sein, jedes Element muss mit der Botschaft der anderen in Einklang stehen; alle zusammen setzen die Positionierung harmonisch um und erreichen so für das gewählte Marktsegment größtmögliche Kundenorientierung.

Kommunikation

Marketing und Vertrieb kommunizieren Positionierung und Kundennutzen. Aufgabe der Kommunikationsabteilung eines Unternehmens oder der beauftragten Agentur ist es, sich so umfassend mit dem Produkt, Differenzierungsmerkmalen gegenüber dem Wettbewerb, Kundenbedürfnissen und den für die Kunden entscheidenden Kaufmotiven zu beschäftigen, dass eine Botschaft kreiert werden kann, die das Produkt verkauft. Diese Botschaft muss den Kunden auf das Produkt, aufmerksam machen („Awareness"), sein Interesse wecken („Interest"), das Kaufbedürfnis hervorrufen („Desire") und die Aktion, den Kauf („Action") bewirken. Diese Kette von Reaktionen wird nach den Abkürzungen der englischen Begriffe AIDA-Modell genannt. Gute Werbung enthält aus Sicht der angesprochenen Kunden alle Elemente dieser Kette.

Die Herausarbeitung der Botschaft ist ein kreativer Prozess; Ausgangspunkt dieses Prozesses sollten die im Zusammenhang mit der Ermittlung der Bedürfnisse durchgeführten Kundeninterviews sein, die sowohl Aufschluss über Kaufmotive als auch über die Sprache und Ausdrucksweise der Kunden geben.Generell gilt allerdings für die Kommunikation, dass nicht automatisch ein mehr an Kommunikation auch erkennbare Ergebnisse in Form von Neukunden oder Umsatz generiert. Für einige Geschäftsmodelle, die sich auf nur wenige Abnehmer konzentrieren, ist eine breite Werbekampagne in der Regel nicht sinnvoll. Dies betrifft z.B. die große Gruppe mittelständischer Unternehmen, die als Zulieferer tätig sind. Dieses Geschäftsmodell trifft man nicht nur in der Automobilindustrie, es ist auch im IT-Sektor und im Bereich der Lebensmittel-Industrie durchaus üblich.

Bevor man mit der Verbesserung der Kommunikation an Werbeaktionen beginnt, sollten andere Formen der Kommunikation geprüft werden, die für das spezifische Geschäft vielleicht angemessener sind und von der Zielgruppe eher wahrgenommen werden als Anzeigen. Eine intensive PR-Aktivität, bei der regelmäßig über neue Entwicklungen in den geeigneten Medien informiert wird, ist im Vergleich zu einer Werbekampagne eine wesentlich kostengünstigere Form der Kommunikation. Eine aktive PR-Arbeit setzt voraus, dass es für die Medien interessante Themen gibt, die sowohl in der Unternehmensentwicklung, in den Produkten und ihren Anwendungen oder bei Ihren Kunden zu finden sein können. Die zweite Voraussetzung ist, dass man bereit ist, über diese Themen zu berichten und keine Angst vor einer Transparenz haben. Ein „Nachteil" der Kommunikation über PR-Maßnahmen ist, dass man keinen Einfluss auf die Inhalte und Form der Berichterstattung nehmen kann.
Eine andere Kommunikationsform ist heute eigentlich nicht mehr zu entbehren, die eigene Internet Homepage! Für Einkäufer aber auch für viele private Verbraucher ist es heute üblicher sich vor einem Kauf, insbesondere bei höherwertigen Produkten, im Internet zu informieren und Vergleiche an zu stellen. Daher sollte eigentlich jedes Unternehmen heute eine aussagekräftige Präsenz im Internet haben, die auch ermöglicht, dass der Interessent Ihr Unternehmen über die großen Suchmaschinen findet.

Vertrieb

Ein durch Kommunikation ausgelöster Kaufimpuls kann nur umgesetzt werden, wenn das Produkt für den Kunden - möglichst problemlos und sofort - verfügbar ist. Der Vertrieb hat zwei Aufgaben: die Verfügbarkeit aus Kundensicht sicher zu stellen, und die Positionierung und den Nutzen zu kommunizieren. Die Erfüllung beider Aufgaben sichert den Markterfolg noch nicht, sie ist jedoch im Zusammenspiel mit den anderen Marketing-Mix-Faktoren Voraussetzung für Marktorientierung und Markterfolg. Die Wahl des richtigen Vertriebskanals hängt von dem betrachteten Marktsegment ab. Wichtig ist, dem Kunden das Produkt dort anzubieten, wo er sich normalerweise befindet, so dass von ihm keine zusätzlichen Anstrengungen zur Erlangung des Produktes erwartet werden.

Der Vertrieb ist eine der wichtigsten Funktionen im Unternehmen, da es kaum Beispiele für Produkte gibt, die sich von alleine verkaufen und keinen aktiven Vertrieb benötigen. Auch ist es unumgänglich, dass die Vertriebsprozesse immer wieder auf ihre Effizienz überprüft werden. Die laufende Identifizierung von potenziellen Neukunden aus den ausgewählten Zielgruppen ist eine im Vergleich zur Bestandskundenpflege häufig vernachlässigte Aufgabe.

Preis

Es gibt viele Methoden, einen Preis für ein Produkt festzulegen. Ein üblicher Weg ist, auf die Kosten eine Gewinnmarge aufzuschlagen; eine weitere Methode legt den Preis so fest, dass der Break-even bei einer konservativen Absatzplanung in einer vorgegebenen Zeit erreicht wird. Eine dritter Ansatz besteht darin, den Preis leicht unterhalb der Wettbewerbsprodukte anzusetzen. Für die Verwendung jeder Methode gibt es Argumente; für ein kundenorientiertes Verhalten sind jedoch zusätzliche Aspekte zu betrachten. Der „richtige" Preis hängt wesentlich von der Marketing-Strategie ab. Um z. B. einen Markt für ein neues Produkt zu schaffen und Nachfrage zu generieren, kann es sinnvoll sein, einen niedrigen Preis festzusetzen und schnell ein hohes Absatzvolumen zu erreichen. Solch eine Penetrationsstrategie, die gleichzeitig ein hohes Maß an kommunikativer und vertrieblicher Unterstützung erfordert, ist vor allem dann zu empfehlen, wenn die schnelle Realisierung hoher Stückzahlen genutzt werden kann, um die Produktionskosten zu senken, oder wenn bestimmte Stückzahlen notwendig sind, um von attraktiven Vertriebskanälen gelistet zu werden. Ein offensichtlicher Nachteil dieser Strategie ist die anfänglich niedrige Gewinnmarge und das Risiko, wenn der Absatz sich nicht wie erwartet entwickelt und das neue Produkt womöglich nie profitabel wird.

Besonders wichtig ist, den Preis im Einklang mit der Positionierung festzusetzen. Ein als „Top" positioniertes Produkt verlangt auch einen hohen Preis; dies ist auch für Vertriebskanäle wichtig: deren Marge hängt mit dem Preis zusammen, so dass ein attraktives hochpreisiges Produkt häufig im Wettbewerb bevorzugt wird.

Die kurze Abwägung in den vorangegangenen Abschnitten hat gezeigt, dass alle Marketing-Mix-Faktoren eng voneinander abhängen und gemeinsam ausgerichtet werden müssen; sie stellen eine Botschaft dar, die die festgelegte Positionierung im Markt mit Leben erfüllt. Alle Anstrengungen verfolgen dabei nur ein Ziel: den Kunden zum Kauf eines Produktes zu bewegen. Vom Erstkauf zum Wiederkauf ist es nur ein kleiner, aber ganz entscheidender Schritt auf dem Weg zum marktorientierten Unternehmen.

Was man seinen Marktsegmenten mitteilt, und was in einer Interaktion mit Ihren Kunden geschieht, sollte abgestimmt erfolgen und die Positionierung der Produkte bestätigen. Alles, was ein Kunde von den Produkten und dem Unternehmen wahrnimmt, sollte eine einzige deutliche Botschaft übermitteln; dies betrifft nicht nur Produkte oder Dienstleistungen selbst, sondern auch alle anderen Kontakte mit den Kunden: in der Kommunikation, bei Verkaufsförderungsmaßnahmen, mit dem Vertrieb, bei Reklamationen oder Beschwerden etc. Das konkrete Vorgehen wird in den folgenden Kapiteln erläutert.

Festlegung von Zielen und Strategien

Eigentlich sollte es selbstverständlich sein, dass jedes Unternehmen anhand von Zielen geführt wird und diese Ziele in Strategien umgesetzt werden. Abhängig von der Phase, in der sich das Unternehmen befindet, geht aber mitunter die Zielorientierung verloren und wird durch eine wenig erfolgversprechende Getriebenheit durch operative Zwänge ersetzt. Nun ist nicht zu bestreiten, dass die tägliche Auseinandersetzung eine notwendige Voraussetzung für einen unternehmerischen Erfolg darstellt. Aber ohne Ziele besteht die Gefahr einer weitgehenden Verzettelung. Auch das Vorhandensein von Zielen und Strategien ist ein Bestandteil der qualitativen Faktoren im Rating. Folgende Fragen sollte man sich in Verbindung mit Zielen und Strategien stellen:

- Besitzt das Unternehmen übergeordnete Ziele und werden diese Ziele als Prüfstein bei Entscheidungen heran gezogen?
- Sind die übergeordneten Ziele in Ziele für das laufende Geschäftsjahr herunter gebrochen?

- Kennen die Führungskräfte im Unternehmen die Ziele und erfolgt die Messung der persönlichen Ziele am Erreichen der Unternehmensziele?
- Gibt es für die Zielerreichung eine formulierte Strategie?
- Sind die Jahresziele aufgeteilt auf die verschiedenen Unternehmensbereiche?
- Wer kontrolliert die Zielerreichung?

Bei der Gründung eines Unternehmens ist es unerlässlich, dass sich die Gründer Ziele setzen, die sie erreichen wollen. Neben den persönlichen Zielen, die mit dem Unternehmerstatus verbunden sind, werden Ziele für die Wertsteigerung des eingesetzten Kapitals gesetzt und außerdem werden Ziele formuliert im Hinblick auf das zu realisierende Produktspektrum, die Zielpositionierung, die zu bedienenden Zielgruppen etc. Es kann durchaus sein, dass die Inhalte nicht explizit als Ziele bezeichnet werden, aber es sind Ziele vorhanden. Empfehlenswert ist es aber in jedem Fall, die Ziele schriftlich fest zu halten, damit zu einem späteren Zeitpunkt geprüft werden kann, ob sich das Unternehmen noch auf dem Weg zum gesetzten Ziel befindet. Die Formulierung von Zielen hat auch den Vorteil, dass sich alle Gründer über „das" Ziel einig sein müssen und nicht schon in einer frühen Phase aufgrund von unscharfen Zielen ein Potenzial für zukünftige Probleme geschaffen wird.

Ziele sind nicht nur ein Thema für die Gründer eines Unternehmens, auch etablierte Unternehmen sollten regelmäßig prüfen, ob die früher festgesetzten Ziele noch gültig sind. Dabei ist eine Anpassung von übergeordneten Unternehmenszielen natürlich zugelassen. Wenn sich wesentlich Randbedingungen im Geschäft geändert haben, z.B. auf technologischer Ebene, bei der Zielgruppe oder im Wettbewerb kann es unerlässlich sein, Ziele anzupassen. Da Ziele aber nicht nur „Papiertiger" sein dürfen, ist eine häufige Änderung von Unternehmenszielen kritisch zu sehen. Insbesondere eine grundlegende Änderung ist gründlich zu überlegen, eine Umpositionierung vom Anbieter im „Top"-Segment zum Billiganbieter wird vermutlich nur selten funktionieren. Änderungen von übergeordneten Zielen sollten eher evolutionäre Anpassungen als Revolutionen sein und sie sollten auch eher im mehrjährigen Zyklus erfolgen.

Anders sieht es dagegen mit den jährlich festzulegenden Zielen aus. Jedes Unternehmen sollte seine Planung nach einer Analyse und Auswertung der Ist-Situation mit der Festlegung der Ziele beginnen. Damit die Zielerreichung auch gemessen werden kann, müssen die Ziele quantifizierbar sein. So sollte es nicht bei der Aussage bleiben, dass die Qualität der Produkte gesteigert werden muss, sondern es sollte festgelegt werden, dass die Ausschuss-Quote z.B. auf unter 3 % gebracht wird und die Anzahl der Kundenreklamationen unter 9 %. Andere Ziele können die Einführung eines neuen Produktes mit einem Stückabsatz von 500 sein, der Ausbau des Marktanteils auf 20 % u.s.w.. Wichtig ist bei der Festlegung der Zielpositionierung, dass das Unternehmen damit eine eindeutige und vom Wettbewerb differenzierende Position einnehmen kann, dass die Positionierung ein hinreichend breite Zielgruppe als potenzielle Käufer erlaubt und nicht zuletzt, dass die Entwicklung des Unternehmens von seiner derzeitigen Positionierung realistisch umsetzbar ist.

Bevor die definierten Ziele für das Unternehmen festgeschrieben werden, sollte man prüfen, ob die Zielpositionierung mit den vorhandenen Mitteln und in einem überschaubaren Zeitraum, d.h. in einer Spanne von nicht mehr als drei Jahren erreichbar ist! Ist dies nicht der Fall, ist abzuschätzen, welche zusätzlichen Mittel erforderlich wären. Vielleicht gibt es über Eigen- oder Fremdkapital die Möglichkeit die anspruchsvollen Ziele trotzdem an zu gehen. Es lohnt sich auf jeden Fall, die übergeordneten Ziele in längeren Abständen zu überprüfen und gegebenenfalls an zu passen. In Verbindung mit der

Festlegung der übergeordneten Ziele ist die Höhe des zur Verfügung stehenden Budgets zu definieren, dass zur Erreichung der Ziele einsetzen werden kann. Dies können Mittel sein, die das Unternehmen in den letzten Jahren als Gewinn erwirtschaftet hat, es können Kapitaleinlagen oder die Nutzung von Reserven. Auf jeden Fall ist ab zu stecken, welche Mittel für die Umsetzung der Ziele in Form von Maßnahmen und Aktionen, wie sie im Abschnitt Aktionsplan abgeleitet werden, zur Verfügung stellen. Da der dynamische Marketingplan iterativ genutzt werden kann, haben Sie während der Durchführung immer noch die Möglichkeit, regulierend ein zu greifen. Wenn Sie bei der Kumulierung der Aufwände zur Umsetzung der Maßnahmen weniger als das bereit gestellte Budget benötigen, können Sie entweder das Budget reduzieren und z.B. zur Erhöhung der Rücklagen nutzen oder Sie erhöhen die Ziele.

Der Produkteinführungsprozess beginnt mit der Produktplanung, für den Ergebnisse aus einer übergreifenden Unternehmensplanung oder einer strategischen Marketing-Planung Vorgaben liefern. Für die Produktplanung empfiehlt sich eine systematische Vorgehensweise zur Prüfung, ob die Produktidee tragfähig ist und ob es in auskömmlicher Zahl Kunden für das geplante Produkt gibt. Verknüpft mit anderen Informationen über die potenziellen Zielgruppen lassen sich nachvollziehbare Aussagen zur relevanten Marktgröße treffen und bei Berücksichtigung der Wettbewerbssituation auch erste Annahmen zum erreichbaren Absatzpotenzial.

Unrealistische Annahmen zum Marktvolumen und damit zu hohe Absatzerwartungen gefährden ein Unternehmen genauso wie unrealistisch hohe Annahmen zu den am Markt durchsetzbaren Preisen. Die für den Planungszeitraum angesetzten Absatzwerte müssen nicht nur im Kunden- und Wettbewerbsumfeld realistisch sein, sondern auch mit den vorhandenen

Mitteln im Unternehmen erreichbar sein. Dieser Abgleich und die frühzeitige Identifikation von zusätzlich erforderlichen Investitionen oder Personaleinstellungen hat möglicherweise erhebliche Auswirkungen auf das Planungsergebnis. Der Unternehmer schafft sich hierfür entweder eine eigene Methodik zur Planung und Prüfung des Umsetzungsprozesses oder er greift auf bewährte Methodiken zurück. Unabhängig von der gewählten Methodik muss die Methodik die folgenden relevanten Größen berücksichtigen:

- Absatzpotenzial nach Zielgruppen
- Preismodelle für die einzelnen Zielgruppen
- Zielableitung für Produkt, Preis, Vertrieb und Kommunikation
- Umsatzaufteilung über den Planungszeitraum nach Vertriebskanälen und Zielgruppen
- Vertriebskosten nach Vertriebskanälen
- Notwendige Kosten für Marketing-Maßnahmen
- Planmäßiger Aufwand für die Zielerreichung
- Risiken für die Zielerreichung und Aufwand für die Gegenmaßnahmen

Damit diese Größen auf einer fundierten Basis ermittelt werden können und das Ergebnis auch für die Gesellschafter und Investoren verifizierbar ist, müssen die erreichbaren Informationen systematisch gesammelt und für die weitere Bearbeitung aufbereitet werden. Dann erfolgt eine detaillierte Analyse der Ist-Situation des Unternehmens und seiner vorhandenen Produkte, damit eine realistische und nachhaltig erreichbare Positionierung für das innovative Produkt abgeleitet werden kann.

Mit Hilfe übergeordneter Unternehmens-Ziele und der identifizierten Positionierung im Marktumfeld werden operative Ziele abgeleitet und in einzelne operationalisierbare Maßnahmen herunter gebrochen, die in ihrem Kosten- und Personalaufwand quantifiziert werden. Der Abgleich mit den vorhandenen Ressourcen zeigt mögliche Unstimmigkeiten auf, die vor der Festlegung der Planung auszuräumen sind. Maßnahmen – und damit Ziele für das neue Produkt – müssen reduziert werden, wenn keine bestehenden Ressourcen von den anderen Projekten abgezogen oder zusätzliche Ressourcen bereitgestellt werden können.

Mit der abgeschlossenen Spezifikation des neuen Produktes, z.B. in Form eines Lastenheftes, beginnt die eigentliche Planung. In der Folge sind die weiteren Voraussetzungen für eine Beauftragung der (internen oder externen) Entwicklung und eine Entscheidung über die Zuordnung von Mitteln in Form von Personal und Budget zu schaffen. Hierzu gehört ein produktspezifischer Geschäfts-Plan, für den z.B. die Umsatz-Potenziale und Markteinführungs- und späteren Vertriebskosten ermittelt werden. Außerdem sind die Produktionsvorlaufkosten z.B. für neue Werkzeuge zu ermitteln und die zu erwartenden Produktionsstückkosten einschließlich der Fremd- und Materialkosten. Der sich ergebende Business Plan muss mit allen bis zur Markteinführung betroffenen Bereichen abgestimmt und von diesen akzeptiert werden, bevor eine Entscheidung über den Einsatz der notwendigen Ressourcen erfolgt.

Die Erstellung des Business Plans ist eine komplexe Aufgabe, da oft keine Erfahrungswerte für innovative Produkte vorliegen. Daher hilft nur ein systematisches Vorgehen. Dabei ist sicher zu stellen, dass die folgenden Anforderungen erfüllt werden:

- Alle vorhandenen und relevanten Informationen werden berücksichtigt
- Informationslücken werden durch Plausibilitätsannahmen gefüllt
- Die Positionierung des neuen Produktes erfolgt analytisch anhand vorhandener Informationen
- Übergeordnete Ziele des Unternehmens werden nachvollziehbar in die Produktplanung einbezogen
- Der Abgleich der Entwicklungsmaßnahmen mit den vorhandenen Ressourcen stellt sicher, dass die gesetzten Ziele erreichbar sind
- Risiken und Unsicherheiten werden deutlich und können in der Folge weiter beobachtet werden
- Durch die Einbeziehung der Führungskräfte außerhalb der Entwicklung ist eine höhere Identifikation mit den vereinbarten Zielen gegeben
- Das Ergebnis wird mit einzelnen Maßnahmen und Aktionen dargestellt, damit eine laufende Überwachung des Umsetzungs-Fortschrittes möglich ist
- Die Priorisierung der Maßnahmen erfolgt deduktiv und im Rahmen des vorhandenen Budgets
- Bei erkennbaren Abweichungen vom Plan können während der Umsetzung Gegenmaßnahmen getroffen werden
- Planungsprozess wird in den einzelnen Schritten dokumentiert und wird damit auch für Dritte wie z.B. Banken und Investoren transparent

Bevor größere Investitionen in Entwicklungsleistungen getätigt werden, empfiehlt sich ein Abgleich mit der Praxis. Hierbei könnte der Stand der Produktplanungen mit den absehbaren Features und den wahrscheinlichen Preisen Vertretern der Zielgruppe vorgestellt werden. Fokus-Gruppen sind hierfür eine gängige Methodik. Für die Durchführung wird eine Gruppe von

Zielgruppen-Vertretern (Kunden und Nicht-Kunden) eingeladen und bzgl. ihrer Meinung zu bestimmten Eigenschaften des neuen Produktes befragt. Damit sich ein intensiver Dialog zwischen den Teilnehmern entwickelt, sollten Fokus-Gruppen aus nicht mehr als ca. 15 Teilnehmer bestehen. Für Produkttests werden den Teilnehmern der Fokus-Gruppen keine offenen Fragen gestellt, sondern fertige Konzepte oder Demonstratoren vorgestellt. Dabei hat es sich bewährt, verschiedene Varianten zu präsentieren, um die Vorlieben im direkten Vergleich zu ermitteln. Die Vertreter des Unternehmens sollten bei der Durchführung nicht zu dominant auftreten, damit die Teilnehmer nicht nur die Meinung der Firmenvertreter wiedergeben.

Die Einbeziehung von bestehenden und potenziellen Kunden kann in verschiedenen Phasen der Produktentwicklung erfolgen. Selbst im Kreativ-Bereich können Kundenvertreter mitwirken. Wenn das neue Produktangebot fast marktreif ist, können Kundenvertreter als Pilotnutzer eingebunden werden. Die gewonnen Erfahrungen helfen bei der Fertigstellung und erlauben, kleinere Fehler bereits vor dem Produktions- und Vermarktungsstart auszumerzen. Wie die Teilnehmer „vergütet" werden, die sich unterstützend bei der Produktentwicklung engagieren, hängt stark vom jeweiligen Geschäft und den Marktgepflogenheiten ab. Die Erfahrung zeigt, dass viele Kunden keine besondere Vergütung erwarten und gerne gefragt werden. So ergibt sich der zusätzliche Effekt einer positiven Kundenbindung. Kleinere Präsente oder einen Gutschein zu einem Essen sollten allerdings schon als Dankeschön übergeben werden. Ebenso wichtig ist es, die Teilnehmer (sofern sie dies wünschen), über die weitere Entwicklung zu informieren. Natürlich sind auch klassische Marktforschungsmethoden geeignet, um die Produktspezifikationen zu testen. Allerdings sind die Kosten für Marktforschungs-Projekte in der Regel recht hoch und nur bei sehr aufwändigen und riskanten Entwicklungsvorhaben angemessen. Die Automobilindustrie nutzt sie vor der Auflage von neuen Modellen regelmäßig.

Ein Nachteil der Marktforschung ist der interne Zeitaufwand für die Vorbereitung und Durchführung der Studie.

Mit einem Geschäftsmodell wird beschrieben, wie eine Geschäftsidee in die Praxis umgesetzt werden kann. Bei dem Konzept für ein innovatives Produkt kann das Geschäftsmodell im Verkauf der Konstruktion an ein anderes Unternehmen gegen eine einmalige Vergütung bestehen, der Abgabe der Idee gegen eine Lizenz mit regelmäßigen Zahlungen, aber auch in der Eigenentwicklung und eigenen Vermarktung. Die Entwicklung kann mit eigenen Ressourcen erfolgen, gemeinsam mit Kooperationspartnern oder als Auftragsentwicklung. Das Gleiche gilt für die Produktion bzw. Leistungserbringung. Auch die Vermarktung kann durch einen eigenen Vertrieb, durch Vertriebspartner auf der Basis eines Kooperationsmodells oder durch Abgabe an ein anderes Unternehmen erfolgen. Die grundsätzlichen Möglichkeiten sind somit:

- Verkauf einer Idee oder eines Konzeptes gegen eine einmalige Kaufsumme
- Abschluss von Lizenzvereinbarungen und längerfristige Partizipation am Produkterfolg
- Vereinbarung von Kooperationsverträgen (Partnermanagement)
- Zusammenarbeit mit Outsourcing-Partnern für Entwicklung, Produktion und Vertrieb
- Eigenrealisierung
- Mischmodelle mit teilweise eigener Wertschöpfung

Jede Form der Umsetzung ergibt für das jeweilige Unternehmen andere Randbedingungen. In der Regel sind die Höhe der Investitionen und die

Wertschöpfungstiefe umgekehrt proportional zum möglichen Erlös. Wenn die Mittel für Vorlaufkosten nicht vorhanden sind oder kein Zugang zur Zielgruppe besteht, können alternativ Geschäftsmodelle mit geringerer eigener Wertschöpfung wirtschaftlich sinnvoll sein. Am Beispiel des Angebots der mobilen Kommunikation lassen sich die unterschiedlichen Geschäfte verdeutlichen:

- Die höchste Wertschöpfung erzielt der Netzbetreiber mit Investitionen in Milliarden-Höhe und Payback Zeiten oberhalb von 7 Jahren
- Der virtuelle Netzbetreiber kauft den Zugang über die Funkstrecke beim Mobilfunknetzbetreiber zu und realisiert seinen eigenen Dienst. Die Investitionen liegen im zwei- bis dreistelligen Millionen-Bereich und die Payback-Zeiten bei ca. 3 Jahren
- Der Service Provider kauft den fertigen Mobilfunkdienst zu und veredelt das Vorprodukt mit eigenen Tarifen und Mehrwertdiensten. Die Investitionen liegen im zweistelligen Millionen-Bereich. Der Service Provider ist Vertragspartner des Kunden und übernimmt das Inkasso.
- Der Reseller verkauft ein fertiges Produkt im Namen des Netzbetreibers und erhält eine Marge auf den Umsatz
- Der Vertriebspartner tritt als Vermittler auf und erhält in der Regel eine einmalige Abschlussprovision. Er hat meistens keine Investitionen zu tätigen.

Alle Ausprägungen haben Ihre Berechtigung und bieten dem jeweiligen Anbieter die Möglichkeit zur Existenzsicherung. Es gibt also nicht das produktspezifisch universell gültige optimale Geschäftsmodell, sondern ein für das individuelle Unternehmen und seine Zielgruppen optimiertes Modell. Es darf nicht zu hohe Risiken in sich bergen und eine realistische Chance auf ausreichende Erträge eröffnen.

Marktentwicklung/Zielgruppen

Eigenes Produkt +	direkte Wettbewerber	Umsatz in €:
	indirekte Wettbwerber	Absatz in Tsd.:
Eigenes Produkt +	direkte Wettbewerber	Umsatz in €:
		Absatz in TSD.:

Zielgruppe (aktuelle und potenzielle)	Potenzial		Kundenstamm		Absatz/Umsatz			
					eigenes Produkt + direkter Wettbewerb		eigenes Produkt	
	Absatz in Tsd.	Kunden in Tsd.	Absatz in Tsd.	Kunden in Tsd.	Absatz in Tsd.	Umsatz in €	Absatz in Tsd.	Umsatz in €
Zielgruppe / Branche								
Summe								

Bevor größere Investitionen in Entwicklungsleistungen getätigt werden, empfiehlt sich ein Abgleich mit der Praxis. Hierbei könnte der Stand der Produktplanungen mit den absehbaren Features und den wahrscheinlichen

Preisen Vertretern der Zielgruppe vorgestellt werden. Fokus-Gruppen sind hierfür eine gängige Methodik. Für die Durchführung wird eine Gruppe von Zielgruppen-Vertretern (Kunden und Nicht-Kunden) eingeladen und bzgl. ihrer Meinung zu bestimmten Eigenschaften des neuen Produktes befragt. Damit sich ein intensiver Dialog zwischen den Teilnehmern entwickelt, sollten Fokus-Gruppen aus nicht mehr als ca. 15 Teilnehmer bestehen. Für Produkttests werden den Teilnehmern der Fokus-Gruppen keine offenen Fragen gestellt, sondern fertige Konzepte oder Demonstratoren vorgestellt. Dabei hat es sich bewährt, verschiedene Varianten zu präsentieren, um die Vorlieben im direkten Vergleich zu ermitteln. Die Vertreter des Unternehmens sollten bei der Durchführung nicht zu dominant auftreten, damit die Teilnehmer nicht nur die Meinung der Firmenvertreter wiedergeben.

Die Einbeziehung von bestehenden und potenziellen Kunden kann in verschiedenen Phasen der Produktentwicklung erfolgen. Selbst im Kreativ-Bereich können Kundenvertreter mitwirken. Wenn das neue Produktangebot fast marktreif ist, können Kundenvertreter als Pilotnutzer eingebunden werden. Die gewonnen Erfahrungen helfen bei der Fertigstellung und erlauben, kleinere Fehler bereits vor dem Produktions- und Vermarktungsstart auszumerzen.

Wie die Teilnehmer „vergütet" werden, die sich unterstützend bei der Produktentwicklung engagieren, hängt stark vom jeweiligen Geschäft und den Marktgepflogenheiten ab. Die Erfahrung zeigt, dass viele Kunden keine besondere Vergütung erwarten und gerne gefragt werden. So ergibt sich der zusätzliche Effekt einer positiven Kundenbindung. Kleinere Präsente oder einen Gutschein zu einem Essen sollten allerdings schon als Dankeschön übergeben werden. Ebenso wichtig ist es, die Teilnehmer (sofern sie dies wünschen), über die weitere Entwicklung zu informieren.

Natürlich sind auch klassische Marktforschungsmethoden geeignet, um die Produktspezifikationen zu testen. Allerdings sind die Kosten für

Marktforschungs-Projekte in der Regel recht hoch und nur bei sehr aufwändigen und riskanten Entwicklungsvorhaben angemessen. Die Automobilindustrie nutzt sie vor der Auflage von neuen Modellen regelmäßig. Ein Nachteil der Marktforschung ist der interne Zeitaufwand für die Vorbereitung und Durchführung der Studie.

Mit einem Geschäftsmodell wird beschrieben, wie eine Geschäftsidee in die Praxis umgesetzt werden kann. Bei dem Konzept für ein innovatives Produkt kann das Geschäftsmodell im Verkauf der Konstruktion an ein anderes Unternehmen gegen eine einmalige Vergütung bestehen, der Abgabe der Idee gegen eine Lizenz mit regelmäßigen Zahlungen, aber auch in der Eigenentwicklung und eigenen Vermarktung. Die Entwicklung kann mit eigenen Ressourcen erfolgen, gemeinsam mit Kooperationspartnern oder als Auftragsentwicklung. Das Gleiche gilt für die Produktion bzw. Leistungserbringung. Auch die Vermarktung kann durch einen eigenen Vertrieb, durch Vertriebspartner auf der Basis eines Kooperationsmodells oder durch Abgabe an ein anderes Unternehmen erfolgen. Die grundsätzlichen Möglichkeiten sind somit:

- Verkauf einer Idee oder eines Konzeptes gegen eine einmalige Kaufsumme
- Abschluss von Lizenzvereinbarungen und längerfristige Partizipation am Produkterfolg
- Vereinbarung von Kooperationsverträgen (Partnermanagement)
- Zusammenarbeit mit Outsourcing-Partnern für Entwicklung, Produktion und Vertrieb
- Eigenrealisierung
- Mischmodelle mit teilweise eigener Wertschöpfung

Jede Form der Umsetzung ergibt für das jeweilige Unternehmen andere Randbedingungen. In der Regel sind die Höhe der Investitionen und die Wertschöpfungstiefe umgekehrt proportional zum möglichen Erlös. Wenn die Mittel für Vorlaufkosten nicht vorhanden sind oder kein Zugang zur Zielgruppe besteht, können alternativ Geschäftsmodelle mit geringerer eigener Wertschöpfung wirtschaftlich sinnvoll sein. Am Beispiel des Angebots der mobilen Kommunikation lassen sich die unterschiedlichen Geschäfte verdeutlichen:

- Die höchste Wertschöpfung erzielt der Netzbetreiber mit Investitionen in Milliarden-Höhe und Payback Zeiten oberhalb von 7 Jahren
- Der virtuelle Netzbetreiber kauft den Zugang über die Funkstrecke beim Mobilfunknetzbetreiber zu und realisiert seinen eigenen Dienst. Die Investitionen liegen im zwei- bis dreistelligen Millionen-Bereich und die Payback-Zeiten bei ca. 3 Jahren
- Der Service Provider kauft den fertigen Mobilfunkdienst zu und veredelt das Vorprodukt mit eigenen Tarifen und Mehrwertdiensten. Die Investitionen liegen im zweistelligen Millionen-Bereich. Der Service Provider ist Vertragspartner des Kunden und übernimmt das Inkasso.
- Der Reseller verkauft ein fertiges Produkt im Namen des Netzbetreibers und erhält eine Marge auf den Umsatz
- Der Vertriebspartner tritt als Vermittler auf und erhält in der Regel eine einmalige Abschlussprovision. Er hat meistens keine Investitionen zu tätigen.

Alle Ausprägungen haben Ihre Berechtigung und bieten dem jeweiligen Anbieter die Möglichkeit zur Existenzsicherung. Es gibt also nicht das produktspezifisch universell gültige optimale Geschäftsmodell, sondern ein für das individuelle Unternehmen und seine Zielgruppen optimiertes Modell. Es darf nicht zu hohe Risiken in sich bergen und eine realistische Chance auf ausreichende Erträge eröffnen.

4.1. Partnerschaften mit Unternehmen

Bei vielen Geschäftsmodellen ist die Zusammenarbeit mit anderen Unternehmen im Sinne eines Partnermanagements und einer Aufteilung der Aufgaben unumgänglich. In den meisten Fällen handelt es sich um klassische Lieferanten – Abnehmer Beziehungen, ohne eine engere oder längerfristig angelegte Bindung zwischen den Unternehmen. In der Automobil- und der Elektronikindustrie wurde schon vor längerer Zeit deutlich, dass diese Art der Zusammenarbeit im Wettbewerb nicht ausreicht. Die schnelle Reaktion auf Änderungen im Abnehmermarkt, steigende Qualitätsanforderungen und die Vielfalt neuer Produkte machte eine engere Zusammenarbeit mit den Lieferanten erforderlich. Dies bedingt besondere Sorgfalt im Auswahl- und Qualifizierungsprozess und in der Regel auch neue Systeme zur elektronischen Anbindung. Trotzdem schafft dies noch keine Partnerschaft im eigentlichen Sinne! Im Rahmen der Ausgestaltung des Geschäftsmodells werden die Wertschöpfungsstufen identifiziert, für die ein Partner gebraucht wird, und ein Partnermodell mit den Anforderungen an einen Partner erstellt sowie geeignete Partner identifiziert. Ein wirtschaftlich attraktives Geschäftsmodell, das Partner zur Verwirklichung braucht, die nicht vorhanden sind oder nicht gefunden werden können, ist sinnlos und nicht umsetzbar.

Analyse der Wertschöpfungskette

Die Wertschöpfung beschreibt die Quantifizierung des eigenen Anteils an der Leistungserbringung. Die relative Wertschöpfung hängt dabei von dem Aufwand bei Erstellung, Veredelung, Vermarktung und Kundenbetreuung für ein Produkt ab und wird auf der Basis von Vollkosten berechnet. Wertschöpfung und Preis haben zunächst nichts miteinander zu tun, d.h. im ungünstigsten Fall ist die Wertschöpfung höher als der erzielbare Preis. In diesem Fall macht das betreffende Unternehmen Verluste mit dem Produkt. Wenn man alle mit dem Produkt in Verbindung stehenden Kosten zusammenzählt, so ergeben sich 100 %. Durch die Quantifizierung der Leistungsbeiträge aller Beteiligten, kann die relative Wertschöpfung ermittelt werden. Werden Vorprodukte von anderen Unternehmen bezogen, so sind deren Abgabepreise als Kosten zu der eigenen Wertschöpfung hin zu rechnen. Falls das Produkt über Vertriebspartner vermarktet wird, so sind die Vertriebsprovisionen für diese Partner ebenfalls für die Ermittlung des Gesamtaufwands hinzu zu rechnen. Das Verhältnis der eigenen Wertschöpfung an diesen Gesamtkosten wird als relative Wertschöpfung bezeichnet. Bei der Berücksichtigung von Beiträgen anderer Gesellschaften sind natürlich auch Gewinnanteile enthalten, so dass die Gesamtauflistung des Aufwands nicht nur die reinen Kosten enthält. Daher wird sich nicht nur die Wertschöpfung zwischen Unternehmen mit unterschiedlicher Leistungstiefe deutlich unterscheiden.

Für die Bandbreite der relativen Wertschöpfung gibt es entsprechend der unterschiedlichen Geschäftsmodelle deutliche Unterschiede. Während ein Ingenieurbüro bei einem Planungsvorhaben durchaus einen Wert von 80 % erreichen kann, liegt die Wertschöpfung von Großflächenvermarktern auch schon mal bei 2 %. Eine höhere Wertschöpfung muss aus betriebswirtschaftlicher Sicht nicht zwangsläufig attraktiver sein. Dies ist insbesondere dann kritisch, wenn andere Unternehmen die Leistung kostengünstiger bereitstellen können. Die Optimierung des Geschäftsmodells muss daher immer austariert werden zwischen der optimalen Kosten und der Absicherung der Wettbewerbsfähigkeit. Damit ein Geschäft nachhaltig betrieben werden kann, kann es notwendig sein, Kernfunktionen selber zu erbringen, auch wenn andere Unternehmen dies mit niedrigeren Kosten könnten.

Mit der Wertschöpfungskette werden die verschiedenen Aufgaben zur Leistungserbringung beschrieben. Üblicherweise reicht die Darstellung von der Entwicklung über Beschaffung und Produktion über den Vertrieb bis zu Inkasso und Serviceleistungen. Somit werden alle mit Kostenaufwand verbundenen Aufgaben in der Wertschöpfungskette beschrieben. Auch Dienstleistungsangebote können mithilfe von Wertschöpfungsketten analysiert und optimiert werden. Je nach Geschäftsmodell wird auch die Wertschöpfungskette anders aussehen. Mithilfe der Wertschöpfungskette können die Kostenbeiträge zur Leistungserbringung zugeordnet bzw. ein Aufbruch der Kosten ermittelt werden. Wenn Teile der Wertschöpfung von Kooperationspartnern erbracht werden, so sind deren Abgabepreise einschließlich des einkalkulierten Gewinns als Kosten in der Wertschöpfungskette anzusetzen. Wenn man die fremdbezogenen Komponenten herausrechnet, lassen sich die eigene Wertschöpfung und die hierauf erlöste Gewinnmarge berechnen. Um ein vollständiges Bild zu erhalten, müssen auch die vorlaufenden Kosten wie Entwicklung, Produktionsvorbereitung und Vertriebsmaterialien auf Einzelstücke zugeschlüsselt werden. Genauso gehören aber auch nachlaufende Kosten wie Inkasso, Reklamationen und Garantieleistungen zu den in der Wertschöpfungskette zu berücksichtigenden Elementen.

Eine Optimierung der Wertschöpfungskette kann vorgenommen werden, indem für die einzelnen Wertschöpfungsstufen Alternativ-Szenarien analysiert werden. Dies kann die Fremdvergabe von Teilen der Entwicklung genauso beinhalten wie eine Produktionsverlagerung oder alternative Vertriebsformen. Dabei muss nicht immer das Outsourcing der beste Weg sein. Es gibt immer wieder Geschäftsmodelle, bei denen ein Insourcing, also die Rückholung von bislang fremdvergebenen oder zugekauften Leistungen in die eigene Realisierung. Die Analyse der Wertschöpfungskette ist somit ein Instrument zur Optimierung eines Geschäftsmodells und liefert wichtigen Input zur Unternehmensplanung bzw. zur Erstellung eines Business Plans. Nicht nur Neuprodukte können mithilfe der Wertschöpfungskette analysiert werden, dies ist auch für bestehende Produkte sinnvoll, z.B. wenn über den Produktlebenszyklus neue Wettbewerber oder ein verändertes Kaufverhalten (Produktnutzen, Substitution) Druck auf den erzielbaren Preis ausüben und die Gewinnmargen sinken.

Die eigene Wertschöpfung ist immer im Zusammenhang mit der gesamten Wertschöpfungskette und dem gewählten Geschäftsmodell zu sehen. Eine auf niedrigste Kosten optimierte Wertschöpfungskette kann fatale Folgen haben, wenn die Geschäftspartner nicht verlässlich liefern können oder wenn die Partner wirtschaftlich nicht stabil sind und ein Wechsel zu einem anderen Lieferanten schwierig ist. Die Optimierung der Wertschöpfung innerhalb der gesamten Wertschöpfungsketten muss also immer auch die anderen Aspekte der Stabilität in der Lieferkette, der Einhaltung von Qualität und Terminen und den Schutz vor neuem Wettbewerb (z.B. durch Kopieren) berücksichtigen. Daher ist die Festlegung der eigenen Wertschöpfung z.B. in Verbindung mit der Unternehmensplanung, bei der Konzeption von neuen Produkten (Product Launch), der Ausgestaltung der Marketing-Mix Faktoren und auch für Unternehmensgründungen von hoher Bedeutung. Die in diesem Zusammenhang meist ebenfalls geführten "Make-or-Buy"-Diskussionen sind letztlich nichts anderes als eine andere Umschreibung der Frage nach einer Optimierung der eigenen Wertschöpfung.

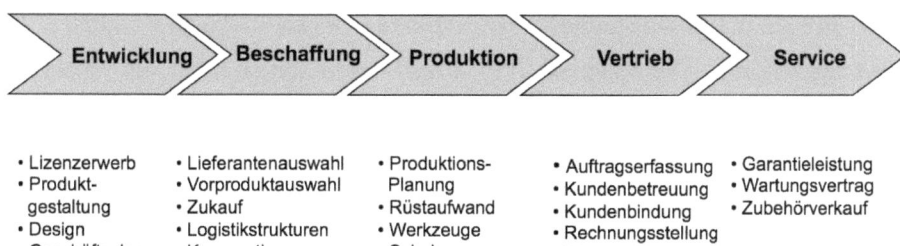

Bereiche für Partnerschaften

Eine Partnerschaft ist auf eine längerfristige Zusammenarbeit ausgelegt und setzt neben der notwendigen wirtschaftlichen und technischen Geschäftsgrundlage einen offenen Informationsaustausch im Hinblick auf den Kern der Zusammenarbeit und einen Zustand des gegenseitigen Vertrauens voraus. Genau wie bei einer Lieferantenbeziehung ist eine Partnerschaft nur sinnvoll und längerfristig stabil, wenn alle betroffenen Partner hieraus einen wirtschaftlichen Vorteil ziehen, der i.d.R. höher ist als derjenige, den die Unternehmen ohne die Partnerschaft erzielen könnten. In diesem Sinne können durchaus auch solche Unternehmen Partnerschaften eingehen, die in anderen Bereichen am Markt als Wettbewerber auftreten. Natürlich zählen nicht-legale Preis- und Wettbewerbsabsprache nicht zu den hier zu diskutierenden Partnerschaftsinhalten.

Grundsätzlich können Partnerschaften über alle Stufen der Wertschöpfung hinweg geschlossen werden. Häufig sind Partnerschaften bei der Entwicklung neuer Produkte vor zu finden, wenn durch den engen Austausch der Ergebnisse und die Aufteilung der Entwicklungsarbeiten die Kosten gesenkt oder die Time-to-market Frist verkürzt werden. Gerade im Entwicklungsbereich kann auf der Basis einer vertrauensvollen Partnerschaft schneller ein Ergebnis erreicht werden als bei einem Zukauf von Entwicklungsdienstleistungen im Sinne eines Werkvertrages. Die weitgehendere Offenheit in der Zusammenarbeit erlaubt es, frühzeitig Sackgassen und Optimierungsmöglichkeiten zu erkennen und zu nutzen. Nach Abschluss der partnerschaftlichen Entwicklung kann entweder eine gemeinsame Verwertung der Ergebnisse erfolgen (nach bereits vorher vertraglich festgelegter Aufteilung) oder im Wettbewerb zueinander.

Andere Bereiche für Partnerschaften können in der gemeinsamen Beschaffung von wichtigen Vorprodukten liegen. Die angestrebten Vorteile können dabei durchaus in Bereichen sein, die vordergründig nichts mit Volumenrabatten zu tun haben. Der durch die Zusammenführung von Bestellvolumina größere Einfluss auf spezielle Anforderungen (Sonderentwicklungen, Anpassungen, Qualität, Flexibilität, Liefertreue, etc.) kann von hoher wirtschaftlicher Bedeutung für die Partner sein. Die Erschließung neuer Vertriebswege oder regionaler Absatzmärkte kann ein Ansatz für eine Kooperation sein. Dies bietet sich natürlich insbesondere bei komplementären Produktangeboten an, aber auch bei Produkten, die im Wettbewerb stehen, können gemeinsame Anstrengungen für eine neue Vertriebsplattform durchaus sinnvoll sein. Dies wird dann der Fall sein, wenn sich der Aufbau einer Vertriebsinfrastruktur für eines der Unternehmen alleine nicht rentiert oder eine zu hohe Ressourcenbindung bedingen würde. Auch der Aufbau und Betrieb einer gemeinsamen Produktionsstätte kann in einem wettbewerbsintensiven Markt rentabler sein als zwei getrennte Produktionsanlagen. Daher sind Produktionspartnerschaften genauso gut an zu treffen wie Partnerschaften im Bereich des Vertriebes oder der

Entwicklung. Es gibt kaum einen Geschäftsbereich, der im Hinblick auf eine Partnerschaft ausgeschlossen ist, bis auf den Bereich der unerlaubten Absprachen und der Wettbewerbsbeschränkung bzw. zur Bildung von Monopol-ähnlichen Marktstrukturen.

Erfolgsfaktoren für Partnerschaften

Die wesentliche Voraussetzung für eine gut funktionierende Partnerschaft ist der nachhaltige gegenseitige wirtschaftliche Vorteil, der aus der engen Zusammenarbeit zu ziehen ist. Ob und in welcher Höhe ein solcher Vorteil zu erzielen ist, hängt vom jeweiligen Geschäftsmodell und den Marktgegebenheiten ab und kann daher nicht pauschaliert werden. Sind die gegenseitigen Vorteile auch ein zeitlich begrenztes gemeinsames Projekt beschränkt, lohnt sich in aller Regel der Aufwand zur Etablierung einer Partnerschaft nicht. Bevor eine Geschäftsbeziehung zu einer Partnerschaft ausgeweitet wird, sollte ein Kriterienkatalog aufgestellt werden, der durch den Partner erfüllt werden sollte. Vor der Auswahl des Partners sollte eine möglichst gründliche Recherche durchgeführt werden, damit spätere Überraschungen ausbleiben. Nicht immer ist der naheliegende Partner auch tatsächliche der Optimale! Bei der Auswahl ist zu berücksichtigen, dass das eigene Unternehmen aus der Sicht des potenziellen Partners ebenfalls eine vorteilhafte Ergänzung darstellt.

Wenn die Auswahl aus der Sicht der potenziellen Partner getroffen wurde, ist zu prüfen, ob neben den objektiven Vorteilen auch eine vertrauensvolle Atmosphäre zwischen den handelnden Personen geschaffen werden kann. Im nächsten Schritt sind die Ziele aus der Zusammenarbeit gemeinsam zu erarbeiten und schriftlich fest zu legen. Nur wenn es eindeutige Zielfestlegungen gibt, kann in der laufenden Zusammenarbeit überprüft werden, ob die Ziele tatsächlich erreicht werden. In den meisten Fällen sollten die Vereinbarungen in einem offiziellen Vertrag festgehalten werden, der die Rechte und Pflichten der Partner dokumentiert. Dies wird umso wichtiger, je mehr der eigene Geschäftserfolg von den rechtzeitigen und richtigen Beiträgen des Partners abhängt. Stehen die Partner mit einzelnen Produkten oder in ausgewählten Märkten im direkten Wettbewerb, so ist der Informationsaustausch und die Zusammenarbeit auf den Inhalt der Partnerschaft zu begrenzen. Dies stellt natürlich deutlich höhere Anforderungen an die Organisation und die Mitarbeiter. Durch eine offene Information und entsprechende Trainigs im eigenen Unternehmen ist die Umsetzung ab zu sichern.

Auch in einer gut funktionierenden Zusammenarbeit ist die laufende Erfolgskontrolle unerlässlich. Nur so kann die Einhaltung der definierten Ziele überprüft oder bei Abweichungen die Einleitung von Gegenmaßnahmen vorgenommen werden. Die beste Bestätigung für eine funktionierende Kooperation ist und bleibt der laufende Nachweis eines quantifizierbaren Effektes! Sollte sich im Laufe der Zeit allerdings ergeben, dass die ursprünglichen Grundlagen für die Partnerschaft nicht erfüllt oder zukünftig nicht mehr gegeben sind, so ist eine rechtzeitige und konsequente Trennung herbei zu führen, bevor einer der Partner möglicherweise einen Nachteil oder gar Schaden erfährt. Bei einer rechtzeitigen und geordneten Beendigung einer Partnerschaft spricht nichts gegen eine weitere Zusammenarbeit, z.B. auf der Basis einer Lieferanten-Abnehmer Beziehung.

In einem dynamischen und offenen Marktumfeld sind Partnerschaften auch für den Mittelständler sinnvoll, um die eigenen Leistungen schneller, besser und effizienter auf den Markt zu bringen. Da Partnerschaften nicht nur mehr Transparenz und Informationsaustausch erfordern als Lieferantenbeziehungen, sollte sorgfältig geprüft und analysiert werden, in welchen Segmenten Partnerschaften Vorteile bringen und welche

Anforderungen an einen Partner zu stellen sind. Daher ist es oft von Vorteil, wenn sich die potenziellen Partner schon aus anderen gemeinsamen Geschäften kennen und die Synergien nicht nur theoretisch vorhanden sind. Zwei Unternehmen mit vergleichbaren Schwächen werden zusammen nicht unbedingt stärker. Wenn Stärken und Schwächen aber komplementär sind, oder besser noch ergänzende Stärken zusammen kommen, dann bestehen gute Chancen auf eine vorteilhafte und stabile Zusammenarbeit.

In den Partnerbeziehungen hat es sich bewährt, wenn beide Unternehmen eine ähnliche Unternehmenskultur haben und die Unternehmensgröße nicht zu sehr abweicht. Die Zusammenarbeit zwischen unterschiedlichen Unternehmen muss gelernt und geübt sein, da eine Partnerschaft nur bei gegenseitigem Geben und Nehmen funktioniert. Aufgrund der Bedeutung von Partnerschaften für die Weiterentwicklung des Unternehmens kann die Einschaltung eines externen Beraters oder Coaches hilfreich sein, um eine objektive und neutrale Bewertung zu ermöglichen. Ein Mediator stellt sicher, dass die Zusammenarbeit in der operativen Umsetzung funktioniert. Eine Partnerschaft kann für die Wettbewerbsfähigkeit hohe Bedeutung haben, der Aufwand bei der Auswahl und dem Aufbau der Zusammenarbeit sollte aber auf keinen Fall unterschätzt werden.

Partner mit dem definierten Wunschprofil müssen gefunden und gewonnen werden. Letzteres wird nur dann erfolgreich sein, wenn beide Parteien aus der Zusammenarbeit einen Vorteil ziehen. Daher kann die Ausgestaltung eines erfolgreichen Geschäftsmodells nicht bei einem der Partner aufhören, vielmehr müssen alle für die vollständige Leistungserbringung erforderlichen Partner mit einbezogen werden. Je nach Bedeutung eines Partners für den Erfolg stellt die Bindung einen entscheidenden Erfolgsfaktor dar. Daher sind in der Ausgestaltung des Geschäftsmodells auch gegenseitige Beteiligungen oder Joint Ventures zu berücksichtigen.

Die sorgfältige Ausgestaltung des Geschäftsmodells unter Beachtung der gesamten Wertschöpfungskette ist eine wichtige Voraussetzung für den späteren unternehmerischen Erfolg. Ist das Geschäftsmodell fertig ausgestaltet, muss ein Business Plan die wirtschaftliche Tragfähigkeit untermauern. Wenn das Ergebnis im ersten Anlauf nicht zufrieden stellend ist, müssen die einzelnen Elemente des Geschäftsmodells so lange variiert und modelliert werden, bis ein Ergebnis erreicht wird, das zu hohe Risiken vermeidet und trotzdem positive Ergebnisse ermöglicht.

Die Unternehmensplanung für ein als tragfähig erkanntes Geschäftsmodell sollte Bottum-up von den Kundenbedürfnissen und dem Produktnutzen ausgehen und braucht für die Ermittlung von Absatzpotenzialen eine zum Geschäftsmodell passende Zielgruppen-Segmentierung und ausreichende Informationen zum Kaufverhalten, Kaufmotivation und anderen Einflussfaktoren (Zielgruppenanalyse). Bei einem Geschäftsmodell, dass Kooperationspartner einbezieht, muss der Deckungsbeitrag oder die Marge für den Partner berücksichtigt werden. Bei einer größeren Anzahl von Partner sinkt in der Regel die eigene Wertschöpfung und die erzielbare Ergebnismarge. Der sorgfältigen Ausgestaltung des Geschäftsmodells kommt eine hohe Bedeutung zu und es kann unnötige Kosten sparen, das Geschäftsmodell vor verbindlichen Festlegungen sorgfältig zu prüfen und Szenarien durchzuspielen. So werden unternehmerische Risiken reduziert und die Erfolgschancen für die Umsetzung erhöht.

4.2. Entwicklung braucht Planung

Der nächste Schritt ist die Erstellung einer detaillierten Entwicklungsplanung mit Meilensteinen und Zeitplan. Dabei ist zu ermitteln, welcher Aufwand für welchen Schritt notwendig ist und wie das Ergebnis des Teilschrittes auszusehen hat. Bei größeren Entwicklungsvorhaben mit einem hohen

Ressourcen-Einsatz sind bei Erreichen der Meilensteine Soll-/Ist-Vergleiche durchzuführen. Dabei sollte auch das Marketing bei der Beurteilung der Ergebnisse mit hinzu gezogen werden. Für große Entwicklungs-Projekte sollten die Meilensteine auch mit „Sollbruchstellen" versehen werden, damit sich ein Entwicklungsvorhaben nicht verselbständigt und entweder beim tatsächlichen Aufwand, der benötigten Zeit und/oder den Entwicklungsergebnissen deutlich von den gesetzten Zielen abweicht.

Nach der Übergabe eines neuen Produktes an den Vertrieb übernimmt das Produktmanagement die weitere Pflege und die später vielleicht notwendigen Anpassungen. Auch Produkte unterliegen einer zeitlichen Entwicklung, von der "Geburt", dem Product Launch über die Wachstums- und Reifephase bis zum Ende des Lebenszyklus, an dem das Produkt ausgelistet wird. Entsprechend der aktuellen Entwicklungsphase des Produktes sind unterschiedliche Maßnahmen im Rahmen des Marketing-Mix erforderlich. Dabei ist die Preissenkung als singuläre Maßnahme zur Steigerung des Absatzes nur selten ausreichend. Funktionale Verbesserungen, Weiterentwicklungen oder die Bündelung mit anderen Produkten können Erfolg versprechende Maßnahmen sein. Gerade zum Ende des Lebenszyklus empfiehlt es sich allerdings, gründlich zu analysieren, ob und in welchem Ausmaß weitere Investitionen wirtschaftlich vertretbar sind. In vielen Fällen ist es aus Unternehmenssicht sinnvoll, dass auslaufende Produkt ohne weitere Investitionen als Cash-Cow zu nutzen und die noch erzielbaren Erlöse in die Entwicklung junger Produkte zu stecken.

Nicht jede technische Entwicklung hat das Potenzial zu einer Innovation. Damit eine Neuentwicklung zur Innovation wird, muss sie Akzeptanz bei einer ausreichenden Zahl von Nutzern finden und der generierte Nutzen muss höher sein als die Kosten für Kauf bzw. Nutzung. Dabei ist es grundsätzlich unerheblich, ob der Nutzen als quantitativer Wert messbar ist oder als emotionaler Nutzen vom Käufer / Anwender so empfunden wird. Allerdings muss die Anzahl der Käufer ausreichen, um in Summe die Vorlaufkosten für die Entwicklung und Markteinführung zu decken einschließlich der Stückkosten für Produktion und Verteilung.

Es gab immer wieder technische Entwicklungen, die ohne systematische Planung zu Innovationen wurden. Ein Beispiel ist die Kurznachricht (SMS) im digitalen Mobilfunk. Den meisten Anbietern war bei der Vorstellung dieses Dienstes nicht bewusst, welches Marktpotenzial SMS einmal erreichen wird. Heute stellt der SMS-Dienst eine wichtige Quelle zur Generierung von zusätzlichen Margen für die Mobilfunkanbieter dar. Der multimediale und konsequent geplante Nachfolgedienst MMS ist dagegen noch weit von einem Markterfolg entfernt. Offensichtlich erzeugt die MMS im Vergleich zu den Kosten bislang keinen signifikanten Nutzen für den Anwender. Ein anderes Beispiel für eine aus einem Forschungsvorhaben beim Fraunhofer Institut entstandene Innovation stellt die MP3-Kodierung dar. Fast hätte der MP3-Standard den Sprung zur Innovation nicht geschafft, da die Unternehmen in Europa kein Interesse an der Verwertung des Verfahrens hatten.

Es ist keineswegs garantiert, dass eine interessante technologische Lösung den Sprung zur Innovation schafft. In der Frühzeit der Videoaufzeichnung gab es drei rivalisierende Systeme, von denen Video 2000 nach Expertenmeinung das technologisch am besten ausgereifte System war. Trotzdem konnte es sich gegen VHS als den bis heute beherrschenden Standard nicht durchsetzen und ist schon wenige Jahre nach der Einführung wieder vom Markt verschwunden. Der Erfolgsfaktor für VHS war eine großzügige Lizenzierung des Systems für alle Geräte-Hersteller. Auch der etwas später auf den Markt gekommenen Bildplatte blieb ein breiter Markt-Erfolg versagt.

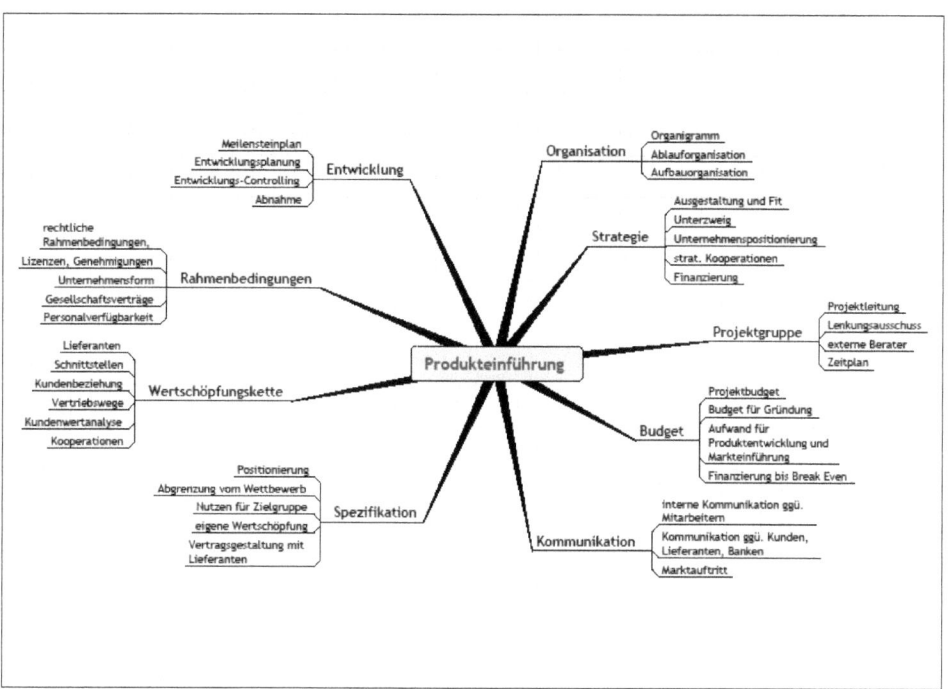

Innovationen sind nicht immer plan- und vorhersehbar. Auch sind nicht immer die technologisch überlegenen Lösungen die nachhaltig erfolgreichen. Neben den rationalen und messbaren Produkteigenschaften spielen auch andere Faktoren eine Rolle. Der vorhandene Nutzen eines neuen Produktes wird nur dann in Form von Verkäufe und Umsätze spürbar, wenn er dem potenziellen Anwender vermittelt wird. Eine Reihe von Faktoren muss zusammenwirken, damit aus einer technischen Neuerung eine Innovation wird:

- die neue Anwendung muss eine Relevanz für die Zielgruppe haben, die aber nicht zwangsläufig den Erwartungen der Entwickler entspricht
- der Nutzen (rational oder empfunden) ist höher als die Kosten

- die Neuerung sollte eine Differenzierung zu bisherigen Problemlösungen aufweisen
- die neue Anwendung und ihr Nutzen müssen an die Zielgruppe kommuniziert werden
- das Produkt muss für den potenziellen Käufer in Vertriebskanäle seines Vertrauens verfügbar sein
- die Nutzen-Generierung ist für den Anwender nachhaltig

Nicht immer können alle Faktoren im Vorfeld vollständig analysiert und bewertet werden. Insbesondere Produkte mit hohem Neuigkeitsgrad für den potenziellen Anwender führen zu erheblichen Unsicherheiten. Trotzdem helfen Analysen im Vorfeld, das Risiko zu begrenzen und zu bewerten. Hilfreich für die Vorfeld-Analysen ist eine intensive Beschäftigung mit den Zielgruppen, die am ehesten als Nutzer in Betracht kommen. Mit dem Instrument der Zielgruppen-Analyse lassen sich viele Informationen beschaffen und zu Einschätzungen über die Erfolgschancen verdichten.

Der Entwickler einer Neuerung ist in der Regel nicht der spätere Verwerter und Vermarkter des fertigen Produktes. Oftmals fehlt dem Entwickler die „Nähe" zu dem potenziellen Käufer und Anwender. Der Vermarktungspartner bringt diese Erfahrungen aber vermutlich mit. Für die Begrenzung des Risikos ist eine Kooperationen beider Parteien sinnvoll. Hierbei können beide Unternehmen ihre jeweiligen Stärken einbringen, um das gemeinsame Projekt erfolgreich zu machen. Ob eine Kooperation in Form einer projektbezogenen und vertraglich geregelten Zusammenarbeit erfolgt oder in Form einer gesellschaftsrechtlichen Verflechtung ist für das Ergebnis nicht entscheidend. Wichtiger ist, dass beide Partner ein gemeinsames Interesse an dem Ergebnis haben und sich schon vor der eigentlichen Entwicklung über die spätere Rollenaufteilung und die jeweiligen Beiträge sowie die Rechte an dem späteren Ergebnis einigen. Es empfiehlt sich, eine solche Vereinbarung in Form eines rechtssicheren Vertrags zu schließen.

Die Nähe zu den Zielgruppen für ein neues Produkt kann helfen, frühzeitig die Spezifikation für die Entwicklung auf Akzeptanz, Nutzerfreundlichkeit und Nutzen zu testen. Neben den Analysen aus vorhandenen Daten können Fokus-Gruppen mit Vertretern der Zielgruppe wichtige neue Erkenntnisse liefern und die Entwicklung in eine Erfolg versprechende Richtung voran bringen. Gerade bei größeren Entwicklungsvorhaben bieten sich an, Meilensteine im Projektplan zu definieren, an denen die Ergebnisse aus Sicht der späteren Anwender überprüft werden. Fallweise können vor dem Abschluss der Entwicklung mit Pilotinstallationen bei begrenztem Aufwand als Praxistest einplanen. Pilotversuche können wichtige Ergebnisse für die weitere Entwicklung liefern, die das Risiko eines Misserfolgs senken. Auch hier hängt es von der Anwendung und der Zielgruppe ab, wie umfangreich ein Pilotversuch sein darf.

5. Marktorientiert Preise gestalten

Die Preisgestaltung ist in wettbewerbsintensiven Märkten eine Möglichkeit zur Differenzierung und „Schaffung" neuer Produkte. Beispiele hierfür sind u.a.:

- Internetdienste, die sich nur in Preisen und Marketingstrategie von den Basisprodukten unterscheiden
- Versicherungspakete
- Call-by-Call-Dienste
- Flat-Rate Angebote ohne Nutzungsbeschränkung
- Vorausbezahlte Mengenpakete der Strom-Anbieter
- Full-Service-Angebote im Fahrzeug-Leasing
- All-inclusive-Angebote von Hotels

Preisgestaltung ist eine unternehmerische Aufgabe. So lassen sich selbst identische Produkte bei abweichenden Unternehmensstrategien erfolgreich mit unterschiedlichen Preisen vermarkten (Beispiel: Designer- und Markenprodukte). Bei der Analyse von Preisen ist zu berücksichtigen, dass es sich in der Regel nicht nur um einen einzelnen Preis handelt, sondern um Preisstrukturen und Konditionsmodelle. Je nach Produkt oder Dienstleistung gehören hierzu:

- Einmalpreise
- Installations- und Einrichtungskonditionen
- Wiederkehrende Preise (Monats-, Quartals-, Jahreszahlungen)
- Nutzungsabhängige Komponenten (Event-, Dauer-, Mengen-, Zeit- und Entfernungs-Berechnungen)
- Bündelung von Produkt- und Leistungskomponenten

- Wartungs- und Servicepauschalen
- Vertriebsprovisionen
- Rabattstrukturen

Dienstleistungen werden grundsätzlich nach den gleichen Regeln berechnet wie Produkte. Gerade im Dienstleistungsbereich können diese Strukturen aber recht kompliziert sein. Flatrates erfreuen sich in vielen Märkten wie z.B. in der Telekommunikation für das Surfen im Internet, für die Telefonie, aber auch in der Versicherungsbranche und im Touristikbereich zunehmender Beliebtheit. Sowohl für Anbieter wie für den Nutzer haben Paketpreise einige offensichtliche Vorteile. Sie sind übersichtlich, geben Sicherheit und Planbarkeit bei den Kosten, sind in der Werbung leicht zu kommunizieren und unkompliziert in der Abrechnung. Eintrittsbarrieren können so abgebaut werden.

Die Gestaltung von Paketpreisen setzt für Dienstleistungen immer eine genaue Kenntnis der Zielgruppe voraus. Bei volumenabhängigen Dienstleistungen, die variable Kosten beim Anbieter zur Folge haben, birgt eine Fehleinschätzung in der Nutzung das Risiko von Verlusten beim Anbieter. Je weiter die Preisgestaltung sich von der reinen Kostenstruktur entfernt, desto sorgfältiger muss die Planung erfolgen. Ein anderes Risiko – und gleichzeitig ein Vorteil der Paketpreise – liegt in der leichten Vergleichbarkeit mit Wettbewerbsangeboten. Insbesondere bei Flatrate-Preisen besteht die Gefahr eines ruinösen Wettbewerbs durch gegenseitiges Unterbieten der Wettbewerber. Eine Differenzierung mit anderen Leistungen und andern Paketinhalten kann einen Ausweg schaffen, funktioniert aber nur, wenn die Zielgruppe die andere Gestaltung als Wettbewerbsvorteil wahrnimmt.

Die Preisgestaltung muss sich in die Gesamtstrategie des Unternehmens einpassen

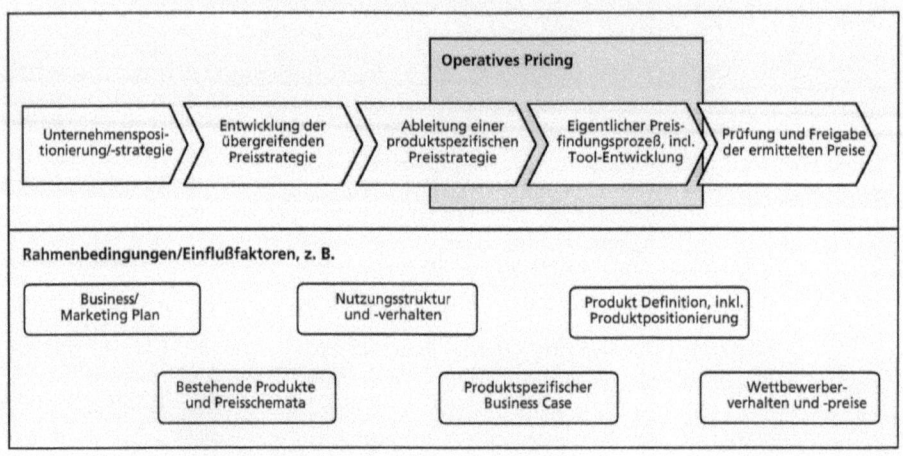

Die „moderne" Form der Preisfindung erfolgt Zielgruppen-orientiert und Marktdaten, Kaufverhalten, Bedarfsentwicklung, Nutzung sowie der Wettbewerb werden ebenso berücksichtigt wie die Strategie und die finanzielle Situation des Unternehmens. Um zu einer systematischen Preisgestaltung zu kommen, führt der Weg von der Unternehmensstrategie über die Marketingstrategie zum operativen Pricing. Aus der grundlegenden Preisstrategie werden Leitlinien für die Preisgestaltung abgeleitet, die bei der Preisgestaltung beachtet werden müssen. Je nach Heterogenität des Leistungsangebotes sollten darüber hinaus produktspezifische Leitlinien aufgestellt werden. Bei einer Änderung der Unternehmens- oder Preisstrategie müssen die Leitlinien für die Preisgestaltung überprüft und gegebenenfalls angepasst werden. Beim operativen Pricing wird die Preisstruktur festgelegt, die konkrete Preishöhe für ein Produkt ermittelt und auch das Konditionsmodell aufgestellt. Die Preissetzung wird nach den jeweiligen Erfordernissen des Geschäftes regelmäßig überprüft oder neu durchgeführt.

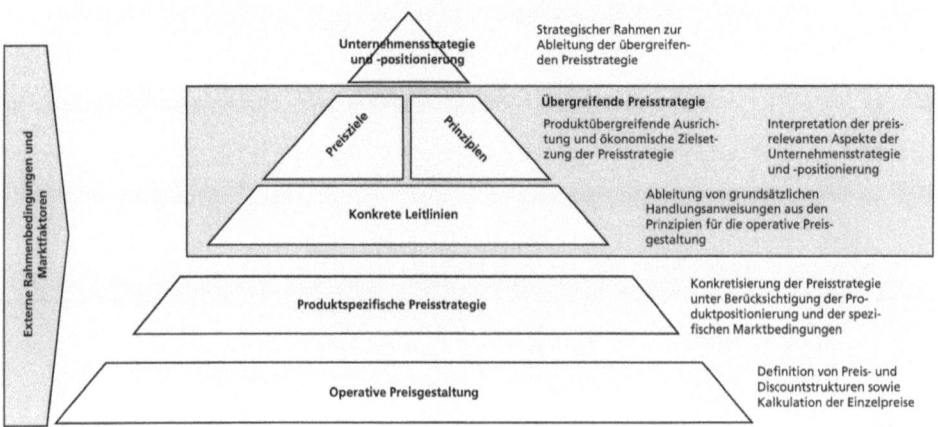

Preise werden systematisch unter Berücksichtigung interner und externer Einflussfaktoren gebildet

Da der Prozess der Preisfindung und die Anzahl der einwirkenden Faktoren umfangreich sind, hilft eine Systematisierung bei der Durchführung. Die erste Aufgabe besteht in der Beschaffung und Aufbereitung aller relevanten Informationen über interne und externe Einflussgrößen. Die einzelnen Daten sind in Gruppen zu strukturieren, auf ihre Glaubwürdigkeit zu beurteilen und schließlich im Hinblick auf die Bedeutung für die Preissetzung ein zu schätzen.

Der gesamte Prozess der Preisgestaltung lässt sich in 4 Hauptschritte unterteilen, deren Ergebnisse sich aus mehreren Teilschritten ergeben. Der vorgestellte Pricing-Prozess bietet den Vorteil, dass alle relevanten Stellgrößen und Einflussparameter systematisch berücksichtigt werden. Eine Bewertung der einzelnen Parameter und die Schlussfolgerungen hieraus kann ein Prozess natürlich nicht liefern. Dies obliegt weiterhin dem zuständigen Marketing-Manager oder dem Geschäftsführer.

Vier Schritte zur Preisgestaltung

Erster Schritt: Analyse des Zielgruppenverhaltens

Bevor das eigentliche Pricing beginnt, sind alle erforderlichen Informationen über die Zielgruppe und den typischen Zielgruppenvertreter zu beschaffen oder abzuschätzen. Wichtig ist dabei insbesondere die Art der Nutzung des angebotenen Produktes oder der Dienstleistung nach Häufigkeit, Dauer, verknüpften Handlungen, Abhängigkeiten und der Relevanz für den Nutzer.

Zweiter Schritt: Ermittlung der marktseitigen Anforderungen

Die Prozess-Schritte, die zur Leistungserbringung einschließlich Produktion und Bereitstellung des Produktes benötigt werden, sind vollständig zu erfassen und zu beschreiben. Die Kosten der einzelnen Schritte in der Leistungserbringung sind auf der Basis einer Vollkostenbetrachtung zu ermitteln. Zu den Leistungselementen gehören alle Funktionen im Unternehmen, Gemeinkosten werden mit einem geeigneten Schlüssel umgelegt. Um Szenarien im Hinblick auf Änderungen bei Stückzahlen (z.B. durch Ausweitung auf neue Zielgruppen oder neue Vertriebskanäle) berechnen zu können, müssen auch die Skaleneffekte auf Einkaufspreise für Zulieferteile und Produktionskosten analysiert werden. Bei Erreichen einer Vollauslastung der Produktionseinrichtung entstehen Sprungfixe Kosten für eine Produktionsausweitung. Für Dienstleistungsprodukte ist eine analoge Betrachtung an zu stellen über den gesamten zu erwartenden zeitlichen Verlauf der Kundenbeziehung.

Aufgrund der unterschiedlichen Voraussetzungen und Ausstattungen werden die Kostenbetrachtungen für identische Produkte bei unterschiedlichen Unternehmen in der Regel zu abweichenden Kosten führen. Das Ergebnis der Betrachtung ist daher keineswegs ein eindeutiges Indiz auf den tatsächlichen Preis, da andere Unternehmen möglicherweise wesentlich bessere Voraussetzungen und damit niedrigere Vollkosten haben. Daher kann sich im weiteren Verlauf des Preisgestaltungs-Prozesses ergeben, dass das betrachtete Produkt nur bei grundlegenden Änderungen im Herstellungsprozess vermarktet werden oder alternativ ganz eingestellt werden sollte.

- **Analyse der Ausgabenbereitschaft der Zielgruppen**

Neben den internen Kosten spielt bei der Preisfindung die Ausgabenbereitschaft der angestrebten Zielgruppen eine entscheidende Rolle. Wenn selbst nach entsprechenden Optimierungen die Vollkosten über der Ausgabenbereitschaft liegen, wird das Produkt vermutlich niemals erfolgreich vermarktet werden können und das Unternehmen in diesem Bereich Verluste erwirtschaften.

Unterschiedliche Zielgruppen haben je nach Höhe des tatsächlichen oder empfundenen Nutzens eine unterschiedliche Ausgabebereitschaft für dasselbe Produkt. Neben dem quantifizierbaren Nutzen gehen qualitative Aspekte wie z.B. Markenbezug oder Image und die Substituierbarkeit des Produktes in die Bewertung mit ein. Für die einzelnen Aspekte, die die Ausgabenhöhe beeinflussen, lassen sich spezifische Indikatoren bilden, die für jedes Produkt und jede Zielgruppe neu zu bestimmen sind. Viele der erforderlichen Informationen zur Ermittlung der Indikatoren, können aus Business-Intelligence (BI) Analysen oder falls diese fehlen, aus „Best-Guess"-Abschätzungen der Experten gewonnen werden.

- **Einfluss der Wettbewerbsangebote**

Wettbewerbsangebote beeinflussen das Kaufverhalten der Zielgruppe und sind daher ebenfalls wichtige Parameter. Neben den direkten sind auch indirekte Wettbewerber zu betrachten, da diese von den potenziellen Käufern als Alternative zum eigenen Produkt angesehen werden. Bei Dienstleistungsprodukten sind das angenommene Nutzungsverhalten und die Preisgestaltung der Wettbewerber für die Ermittlung des Wettbewerbspreises heran zu ziehen. Die Analyse der Wettbewerbspreise führt in der Regel nicht zu einem eindeutigen Wert, sondern zu einer Bandbreite von Angebotspreisen.

Die Analysen der Preisbandbreiten aus der internen Kostensicht, der Betrachtung der Wettbewerbsangebote und der Ausgabebereitschaft sind nur in Ausnahme-Fällen deckungsgleich, sondern ergeben ebenfalls Bandbreiten. Für den Erfolg am Markt sind insbesondere die sich aus der Ausgabebereitschaft der Zielgruppe und den Wettbewerbsangeboten relevant. Der Vergleich der eigenen Kostenposition mit den beiden anderen Parametern ist ein Indikator für die eigene Stärke im Markt. Liegen die Kostenergebnisse unter

Ausgabebereitschaft und Wettbewerbsangeboten, so ist die eigene Position sehr stark und erlaubt eine Marktausweitung oder erhöhte Abschöpfung.

Liegt der Kostenpreis unter den anderen Preisbandbreiten ist zu prüfen, ob Skaleneffekte eine Änderung bringen. Die Analyse einer Ausweitung in neue Zielgruppen ist natürlich nur dann sinnvoll, wenn das Marktvolumen für eine Ausweitung überhaupt vorhanden ist. Ein unter dem Kostenpreis angebotenes Produkt muss aus anderer Sicht besondere Bedeutung für das Unternehmen haben (Einstieg für andere Produkte, Imageträger), oder es sollte eingestellt werden. Eine andere Möglichkeit zur Beseitigung von ungünstigen Kostenpositionen ist eine Neudefinition des Produkts (z.B. durch Bündelung mit anderen Produkten, Veredelung). Das Ergebnis von Schritt 2 ist eine konsolidierte und unter den verschiedenen Parameter abgeglichene Preishöhe für die ausgewählte Zielgruppe.

Dritter Schritt: Ausloten des Differenzierungspotenzials

Nur bei einem „einfachen" Produkt (d.h. z.B. ohne ergänzende Dienstleistungen wie Service- und Wartungsverträge) ist die Preisgestaltung nach Schritt 2 bereits abgeschlossen (eine Ausnahme bilden Produktbündel aus verschiedenen Einzelprodukten). Wenn das Nutzungsverhalten des Kunden, Mengenabnahmen oder zusätzliche Dienstleistungen (z.B. Serviceverträge) angeboten werden, ist die Preisstruktur gemäß der dargestellten unterschiedlichen Möglichkeiten auszugestalten.

Hierbei sind zunächst die möglichen Preiselemente zu identifizieren und im Hinblick auf Präferenzen der Zielgruppe zu prüfen (z.B.

Flatrates im Vergleich zu Einzelpreisen, Einrichtungs- oder Servicepauschalen). Bei Dienstleistungsprodukten kann die Struktur recht komplex ausfallen. Als Indikator für die „richtige" Preisstruktur werden neben den Wettbewerbsangeboten die Vorlieben der potenziellen Kunden berücksichtigt. Das Ergebnis von Schritt 3 ist eine Preisstruktur mit einer Auswahl von Preiskomponenten, deren absolute Höhe im folgenden Schritt 4 festgelegt wird.

Vierter Schritt: Modulation der einzelnen Preiskomponenten

Auf der Basis der ermittelten Preishöhe für ein Produkt in einer Zielgruppe mit einem definierten Nutzungs- und Kaufverhalten und der Auswahl der differenzierenden Preiselemente erfolgt die Festlegung der konkreten Werte. Die sich aus dem unterstellten Nutzungsverhalten ergebenden Umsätze sind mit dem Preismodell zu berechnen und mit der Kostenposition und der internen Planung abzugleichen, um Unverträglichkeiten zu ermitteln und schon im Vorfeld Risiken zu erkennen.

Der Abgleich wird in aufeinander folgenden iterativen Schritten verfeinert, wenn das Ergebnis nicht mit der Planung übereinstimmt oder nicht zur Kostenposition passt. Für Dienstleistungsprodukte empfehlen sich zusätzlich Sensitivitätsanalysen, um zu prüfen, wie sich der Umsatz bei einer Änderung des Nutzungsverhaltens ändert. Gerade bei Paketpreisen und Flatrates, die unabhängig vom Nutzungsverhalten angeboten werden, können ansonsten Ertragsprobleme oder gar Verluste die Folge sein.

Preisfindung mit Hilfe von Conjoint-Analysen

Die Festlegung der Preiskomponenten kann durch Marktforschungsinstrumente wie z.B. Conjoint-Analysen abgesichert werden, wenn Bedenken bzgl. der Qualität der zugrunde liegenden Annahmen bestehen oder zu wenig belastbare externe Informationen vorliegen. Hierzu werden nach dem Zufalls-Prinzip Vertreter aus der Grundgesamtheit der definierten Zielgruppe ausgewählt und bzgl. der relevanten Preiselemente befragt. Dieses Vorgehen kann natürlich auch zur Erhärtung der Annahmen aus Schritt 3 gewählt werden und gibt dann eine höhere Entscheidungssicherheit.

Bei der Conjoint-Analyse wird von den Zielgruppenvertretern für jedes Preiselement ein als zu hoch bzw. zu niedrig empfundener Wert abgefragt. Die Auswertung liefert bei ausreichendem Stichprobenumfang ein gutes Ergebnis zum Verlauf der Preiselastizitätskurve und erlaubt Aussagen über mögliche Mengenverteilungen und Preisschwellen. Damit stellt sie eine hervorragende Ergänzung zum Preisfindungsprozess dar. Der Abgleich des Ergebnisses mit der wirtschaftlichen Planung und der Kostenposition ist genauso erforderlich wie in Schritt 4 beschrieben.

Ein erprobter Preisgestaltungs-Prozess in 4 Schritten

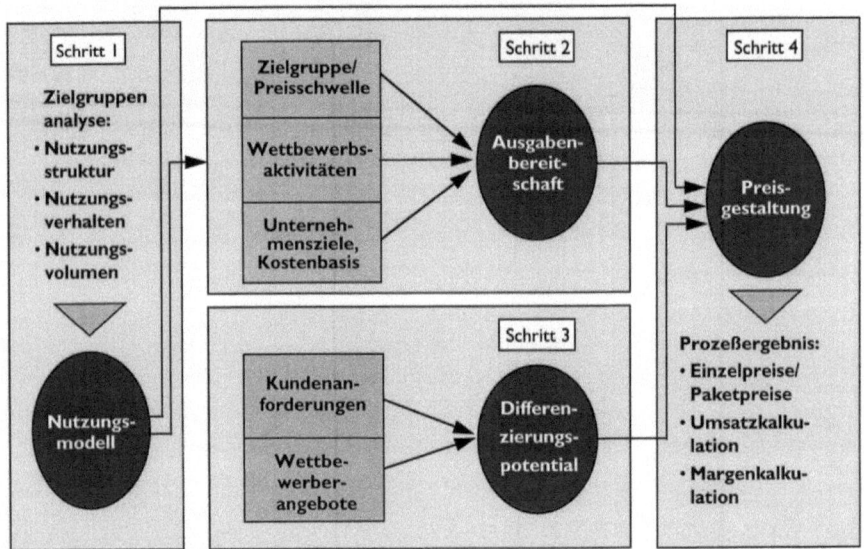

Die Preisgestaltung hat für den Erfolg des Unternehmens einen vergleichbaren Stellenwert wie die Gestaltung der Vertriebsstruktur oder die Werbemaßnahmen. Erfolgt die Preisgestaltung gemäss dem beschriebenen Prozess ist sicher gestellt, dass wesentliche Einflussfaktoren wie Erstellungskosten, Ausgabebereitschaft der Kunden und die vorhandenen Wettbewerbsangebote berücksichtigt werden. Dabei können die vorhandenen Möglichkeiten zur Differenzierung gezielt ausgewählt und eingesetzt werden, um einen Wettbewerbsvorsprung zu erzielen.

Über die Modulation der Preiselemente lässt sich die wirtschaftliche Auswirkung und das erzielbare Absatzpotenzial besser absichern, als dies bei herkömmlicher Preisfestlegung insbesondere nach dem „Cost-plus"-Verfahren möglich ist. Die Analyse des Kauf- und Nutzungsverhaltens für das analysierte Produkt schafft die Grundlage zur eigentlichen Preisfestsetzung. Eine marktorientierte Preisfestlegung unterstützt die Erfüllung der unternehmerischen Ziele des Unternehmens und ist ein wichtiges Element der marktorientierten Unternehmensführung.

6. Vertriebsstrukturen folgen Kundenanforderungen

Das Streben nach Umsätzen und Gewinnen treibt Unternehmer an. Gewinne entstehen allerdings erst dann, wenn Kunden die angebotenen Produkte kaufen und mit den erzielten Umsätzen alle Kosten im Unternehmen gedeckt sind. Die Realisierung von Umsätzen ist also ein Hauptanliegen für jeden Unternehmer und sollte es auch für jeden Mitarbeiter im Unternehmen sein, denn die Sicherung der Arbeitsplätze und die regelmäßige Zahlung von Gehältern sind nur möglich, wenn ausreichende Umsätze vorliegen. Dabei gibt es die nicht unwichtige Zusatzforderung, dass Umsätze höher sind als die zugerechneten Vollkosten. Umsatz um jeden Preis kann somit nicht die Lösung sein! Von dem Zwang zur Umsatzgenerierung sind nur wenige Institutionen „befreit". Polizei, Feuerwehr, Bundeswehr, soziale Einrichtungen, Schulen und andere öffentliche Einrichtungen bestreiten ihre Kosten in der Regel nicht direkt über Umsätze, sondern durch Zuteilungen aus dem Steueraufkommen. Diese Organisationen haben auf ihre Dienstleistung ein Monopol und stehen somit nicht in unmittelbarem Wettbewerb. Kein Wettbewerb bedeutet leider auch keinen Zwang zur Kundenorientierung. Die in den letzten Jahren privatisierten Unternehmen wie Deutsche Telekom, Deutsche Post und viele Krankenhäuser haben erfahren, welche Auswirkung der Zwang zur Schaffung von mehr als kostendeckenden Umsätzen im Wettbewerb haben kann.
Auf den ersten Blick ist für die Umsatzgewinnung im Unternehmen nur der Vertrieb zuständig und je nach dem, wie der Vertrieb organisiert ist, wird Umsatz im direkten Kontakt mit dem Kunden oder über Vertriebspartner, d.h. auf indirektem Wege, erzeugt. Also könnte eine Schlussfolgerung sein, dass der Vertrieb die einzige Organisation im Unternehmen ist, die

kundenorientiert arbeiten muss. Die Forderung nach Kundenorientierung im Vertrieb ist unzweifelhaft richtig und eine notwendige Voraussetzung, aber nur in wenigen Fällen ist dies ausreichend. Fragt man danach, was unter Kundenorientierung zu verstehen ist, so bekommt man vielfältige Antworten:

- „Freundliches Auftreten gegenüber dem Kunden."
- „Kunden persönlich begrüßen und mit Namen ansprechen."
- „Zuhören und Kunden ausreden lassen."
- „Interessenten so lange bearbeiten bis sie kaufen."
- „Stammkunden eine persönliche Weihnachtskarte und Geburtstagsgrüße schicken."
- „Kunden zum Neukauf motivieren."
- …

Die Liste ließe sich noch erheblich verlängern und so richtig einige der Punkte im Einzelfall sind, so wenig reichen sie für sich gesehen aus, um Kundenorientierung zu erzeugen. Falsch eingesetzt können solche Maßnahmen das Gegenteil bewirken. Von einem Autohaus möchte man nicht jeden Monat auf den Kauf eines Fahrzeugs angesprochen werden, wohl aber zu dem Zeitpunkt, an dem man sich ein neues Auto zulegen möchte. In manchen Läden möchte man sich gerne in Ruhe umsehen, ohne einen Verkäufer „im Schlepptau" zu haben. Aber wenn man sich für einen Artikel interessiert, sollte ein Verkäufer verfügbar sein. Beim Kauf neuer Computer kann ein Leasing-Angebot völlig uninteressant sein, aber der Abschluss eines Full-Service-Pakets ist genau das, was für die Kaufentscheidung fehlt. Bei moderner Unterhaltungstechnik kennt man sich vielleicht selber gut aus, aber zu Themen der Sicherheitstechnik werden regelmäßig Informationen über neue Produkte gebraucht.

Wie kann man feststellen, welche Anforderungen ein Kunde tatsächlich hat, wann er bereit ist, einen Abschluss zu tätigen, wie viel er ausgeben kann oder will und ob er zusätzlich Service-Dienstleistungen benötigt? Für jeden einzelnen Interessenten und Kunden lassen sich diese Fragen unmöglich beantworten, wenn man nicht über beliebig viele Ressourcen und unbegrenzt Zeit verfügt. Auch die Methoden der Kundenorientierung können dies nicht im Einzelfall schaffen. Aber es ist sehr wohl möglich, solche Aussagen mit Wahrscheinlichkeiten und für ausgewählte Kundengruppen zu treffen. Damit Umsätze nachhaltig höher als die Vollkosten sind und eine Gewinnmarge enthalten, muss das ganze Unternehmen kundenorientiert handeln und der gesamten Leistungsprozess von der Produktentwicklung über die Produktion, das Marketing und natürlich den Vertrieb bis hin zu Buchhaltung und Kundenservice hierfür ausgerichtet sein.

Das Buying-Center

Es sollte eigentlich kein Problem sein, den Adressaten für Maßnahmen zur Kundenansprache und -betreuung zu finden! Der Käufer ist doch schließlich der Kunde, oder? Der Umsatz-Verantwortliche ist aus Sicht des Anbieters in erster Linie sicher derjenige, der den Auftrag unterschreibt. Bei größeren Unternehmen ist dies ein Einkäufer, bei kleineren der Geschäftsführer und bei Privatkunden kann es jedes Familien-Mitglied im geschäftsfähigen Alter sein. Aus der Sicht einer kundenorientierten Unternehmensführung reicht die Fokussierung auf den Einkäufer keinesfalls aus. Sind **Einkäufer** und Geschäftsführer nicht ein und dieselbe Person, dann gibt es neben dem Einkäufer noch einen **Entscheider**, der den Beschaffungsvorgang freigibt. Für den Anbieter tritt der Entscheider nicht immer erkennbar in Erscheinung. Trotzdem wird die Beschaffung ohne den Entscheider nicht zum Erfolg führen. Im privaten Umfeld gilt dies bekanntermaßen ebenfalls. Nutzen weder

Einkäufer noch Entscheider das gekaufte Produkt, dann kommt noch der **Anwender** ins Spiel, der oft andere Kriterien als die anderen Beteiligten bei einem Beschaffungsvorgang verfolgt. Für den Anwender sind die Praktikabilität und Servicefreundlichkeit des Produktes möglicherweise wichtig, während der Einkäufer auf die Kosten über die Lebensdauer des Produktes achtet und die Absicherung von Garantie und Haftung.

In Bezug auf die Generierung von Umsätzen und Margen lässt sich ein nachhaltiger Erfolg in der Regel nur dann erreichen, wenn die Anforderungen von Anwendern, Entscheidern und Einkäufern gleichermaßen erfüllt werden. Die Kriterien werden sich von Produkt zu Produkt und teilweise auch von Kunde zu Kunde unterscheiden. Wie man hiermit umgehen kann, wird im Zusammenhang mit Zielgruppen näher betrachtet.

Neben dem Anwender oder Nutzer, dem Einkäufer und dem Entscheider gibt es aber noch weitere mögliche Beteiligte an einem Kaufvorgang. Im Marketing-Jargon spricht man hier auch vom **Buying-Center**. Dieser Begriff umschreibt alle Personen, Institutionen und Medien, die im Rahmen des Entscheidungs- und Kaufvorgangs beteiligt sind. So wirken bei einem Kaufvorgang häufig Personen oder Medien ein, die **Empfehlungen** geben. Dies kann der Nachbar genauso gut sein wie ein anderer Unternehmer, ein Branchen-Vertreter, Internet-Portale und Foren oder der Journalist einer Fachzeitschrift. Oft wird der Anstoß zum Kauf eines neuen Produktes erst durch einen Empfehler gegeben. Ist der Kaufwunsch oder das Bedürfnis erst mal geweckt, kommen **Beeinflusser** hinzu. Dann sucht der Interessent aktiv nach Informationen zu dem angebotenen Produkt. Der Kreis der möglicherweise beeinflussend wirkenden Personen und Organisationen ist groß und reicht vom Mitbewerber über Verbände und Handels- oder Handwerkskammern bis zu Messen und Medien. Im privaten Umfeld gilt dies natürlich auch, z.B. wenn der Kauf einer neuen Heizungsanlage für das

Eigenheim ansteht oder eine neue Waschmaschine, ein Fernseher oder auch eine ergänzende Versicherung.

So wie auf Kundenseite gibt es auch beim Anbieter nicht nur einen Mitspieler bei der Schaffung von Kundenorientierung. Alle Unternehmen und die Prozesse im Unternehmen können kundenorientiert ausgestaltet werden. Bei aller Eigeninitiative der Mitarbeiter ist es notwendig, Kundenorientierung von Seiten der Geschäftsführung zum Ziel zu erklären und in der täglichen Arbeit vorzuleben. Der **Unternehmer** ist gefordert, die Richtung vorzugeben und Methoden bereitzustellen. Allerdings nicht nur im Sinne eines gut klingenden Bekenntnisses für das Unternehmensleitbild!

Die regelmäßig mit Kundenorientierung in Verbindung gebrachten Funktionen im Unternehmen sind **Marketing** und **Vertrieb**, die ihre Leistungen tatsächlich nur dann in vollem Umfang erbringen können, wenn sie kundenorientiert arbeiten. Natürlich lässt sich auch in diesen Bereichen immer etwas verbessern und später werden Methoden aus der Praxis vorgestellt, mit denen die Kundenorientierung verbessert werden kann. Weniger selbstverständlich ist, dass auch die **Produktentwicklung** in hohem Maße zur Kundenorientierung beitragen kann. Produkte werden schließlich für Kunden entwickelt und nicht aufgrund vorhandener Technologie oder weil es der Mitbewerber auch macht. Tatsächlich kann der Vertrieb noch so gut aufgestellt sein für eine kundenorientierte Akquisition und trotzdem auf Dauer keinen Erfolg haben, wenn die Produkte nicht von den Kunden angenommen werden. Auf den Prozess einer kundenorientierten Produktentwicklung gehen wir im Rahmen der Prozessdiskussion näher ein.

Die **Buchhaltung** greift mit der Erstellung von Rechnungen und bei nicht fristgerechter Zahlung mit Mahnungen in den Kundenprozess ein. Anfragen zu Rechnungen landen häufig in der Buchhaltung, so dass hier eine unmittelbare Kontaktstelle zum Kunden vorhanden ist. Leider fehlt den

Mitarbeitern in der Buchhaltung oft der Bezug zum Kunden und seinen Bedürfnissen, wenn sie nicht in den Informationsfluss über den Kunden eingebunden sind. Unter dem Gesichtspunkt der Kundenorientierung ist dies ein Problem und behindert die Nutzung dieser Kundenkontakte zur Festigung der Beziehung. Für die Verbesserung der Kundenorientierung ist es notwendig, diese Bereiche der Organisation zu berücksichtigen und einzubinden. Für den **Kundenservice** als vertriebsnahe Einrichtung ist Kundenorientierung schon eher selbstverständlich, da der Service neben Garantieleistungen Zusatzumsätze erzeugen kann – oft sogar mit besseren Margen als der eigentliche Produktverkauf. Kundenorientierung reicht auch in solche Bereiche herein, die typischerweise keinen unmittelbaren Kundenkontakt haben, wie die **Produktion** oder den **Einkauf**. Die Berücksichtigung der Kundeninteressen in der Fertigung kann den Aufwand bei späteren Garantieleistungen deutlich reduzieren. Kundenorientiertes Vorgehen in Ergänzung zu kostenoptimiertem Arbeiten kann sich insgesamt positiv auf das Ergebnis auswirken.

Das Fazit aus diesen Überlegungen ist, dass Kundenorientierung jeden im Unternehmen in der einen oder anderen Weise betrifft und jeder Mitarbeiter kann an seinem Arbeitsplatz zur Steigerung der Kundenorientierung beitragen. Ist es also damit getan, alle Mitarbeiter auf entsprechende Schulungen zu schicken? In den meisten Fällen reicht dies nicht. Auch kann es für das Ergebnis kontraproduktiv sein, wenn jeder Mitarbeiter sein eigenes Verständnis von Kundenorientierung entwickelt. So ist es erforderlich, sich der Kundenorientierung als einem permanenten Prozess anzunehmen und die Ausgestaltung für das eigene Unternehmen passend vorzunehmen. Die permanente Weiterentwicklung der Kundenorientierung im Unternehmen durch Aufklärung, Informationen und Schulung wirkt unterstützend und fördert die Umsetzung.

Positionierung/Ziele

Positionierung

Quantitative Ziele	Planungswerte für das laufende und die zukünftigen Geschäftsjahre					
	2017	2018	2019	2020	2021	2022
Absatz in Stück						
Umsatz in Mio. €						
Marktanteil in %						
Betriebsergebnis						

Übergeordnete Ziele

Wirtschaftlichkeit

Marktposition

Marketing-Mix Ziele

Produkt

Preis

Distribution

Kommunikation

7. Kundenorientierte Kommunikationsmaßnahmen

Nach Abschluss der Produktentwicklung ist die Markteinführung vorzubereiten. Hierfür steht eine Reihe von Kommunikations-Instrumenten zur Verfügung. Je nach Produkt sind folgende Aufgaben zu erledigen:

- Produktbeschreibung erstellen
- Inhalte für Bedienungsanleitungen schreiben
- Produkt-Verpackung gestalten und bereitstellen
- Preisgestaltung und Festlegung von Konditionen für Großkunden und Vertriebspartnern
- Produktschulungen für Vertrieb, Service etc. durchführen
- Fallweise Schulungsprogramme für externe Vertriebspartner (Fachhändler, Handelsvertreter, Kooperationspartner) ausarbeiten
- Werbemaßnahmen und Produkteinführungskampagne gestalten
- Gegebenenfalls Produkt-PR erstellen
- Vorführgeräte für den Vertrieb bereitstellen

Werden die neuen Produkte über eine verteilte Vertriebsorganisation mit vielen Verkaufsstellen vertrieben, so braucht der Vertrieb hierfür Verkaufsfördernde Materialien, kurz „VKF-Material". Dies umfasst Materialien, die der unmittelbaren Verkaufsförderung dienen. Je nach Geschäftsmodell und Produkt kann dies die folgenden Elemente umfassen:

- Werbeprospekte und Broschüren
- Handzettel
- Prospektspender
- Preislisten

- Allgemeine Geschäftsbedingungen (AGB)
- Auftragsformulare
- Poster
- Deckenhänger
- Fenster- und Türkleber
- Anzeigenmatern
- Promotion-Material
- Ausstellungs-Vitrinen, Regale und Shop-in-Shop Systeme
- Give-aways, Werbegeschenke,

VKF (Verkaufs-Förderungs)-Material wird dem Vertrieb, den eigenen Vertriebs-Outlets (Niederlassungen oder Filialen) und den externen Verkaufsstellen (zusammen auch als POS - Points of Sale bezeichnet) zur Verfügung gestellt. Teilweise werden die Kosten anteilig an die Vertriebspartner verrechnet, je nach Provisionsvereinbarung auch mit einem Werbekostenzuschuss. Die Geltendmachung von externen Werbekosten, z.B. für Druckwerbung setzt im Regelfall die Verwendung der bereitgestellten Anzeigenmatern voraus.

Da ein Teil der VKF-Materialien als Verbrauchsmaterialen anzusehen sind, entstehen durch die Produktion und den Versand der Materialen teilweise recht erhebliche Kosten. Damit die Kosten für diese Maßnahmen in einem wirtschaftlich vertretbaren Rahmen bleiben, sind Kennzahlen zu ermitteln und zu überwachen, z.B. Anzahl Prospekte pro Auftrag, Ausstattungspakete je Verkaufsstelle oder Aktion.

Große Vertriebspartner im indirekten Vertrieb erwarten nicht nur die regelmäßige Bereitstellung von VKF-Materialien, sondern darüber hinaus auch ein Merchandising und einen Dekorations-Service. Die Erbringung von Dekorationsservices bedeutet zwar zusätzliche Kosten für das Unternehmen, auf der anderen Seite wird aber nur so sichergestellt, dass die Materialien entsprechendem dem CI und mit optimaler Wirkung zum Einsatz kommen. In anderen Fällen hat es bewährt, VKF-Material durch Außendienst-Betreuer überbringen und einordnen zu lassen, damit das Material tatsächlich in der gewünschten Form genutzt werden. Von den Verkaufsförderungs-Materialien zu unterscheiden sind die Maßnahmen zur übergreifenden Imagebildung:

- Unternehmenspräsentationen
- Sponsoring-Maßnahmen
- Image-Werbung
- PR-Maßnahmen
- ...

Der erste Schritt der Produkteinführung sind Kommunikationsmaßnahmen, mit denen der potenzielle Kunde, aber auch Absatzvermittler und Multiplikatoren auf das neue Produkt aufmerksam gemacht werden. PR kann klassische Werbung bei der Markteinführung neuer Produkte ergänzen, aber nicht völlig ersetzen. So kann mithilfe von PR-Maßnahmen schon vor der Verfügbarkeit des Produktes im Handel die Weckung des Bedürfnisses und eine Kaufmotivation aufgebaut werden. Werbung soll dagegen den unmittelbaren Kaufanreiz stimulieren und konzentriert sich auf das zu vermarktende Produkt und enthält meist eine Preisangabe. Mit PR können eher indirekte Kaufsignale geschaffen werden und der Fokus liegt auf der Vermittlung von sachlichen und allgemein interessierenden Informationen. Daher eignen sich PR-Maßnahmen insbesondere für die Einführung innovativer Produkte. Zwar erfolgt auch der Einsatz von PR nicht zum Selbstzweck, aber die Wirkung ist in der Regel eine andere als bei der Werbung. So schafft PR Bekanntheit und entwickelt das Image.

Welche Botschaften lassen sich mit Hilfe von PR transportieren? In erster Linie Informationen zum Unternehmen und seiner Entwicklung, Informationen über innovative Produkte und Leistungen, Produktionstechnologie, Kooperationen ... Dies allerdings in einer Form, die auf einem allgemeinen Interesse aufbaut. Anstatt auf einzelne Produkteigenschaften und Preise einzugehen, kann über den Nutzen aus der Anwendung am Beispiel eines realen Kunden berichtet werden. Wie bei jeder Kommunikation muss man sich auch beim Einsatz von PR ein klares Ziel setzen: Welche Botschaft soll wen erreichen und welche Aktion auslösen? Voraussetzung für die erfolgreiche Umsetzung ist eine definierte Strategie des Unternehmens, eine nachvollziehbare Positionierung im Wettbewerbsumfeld und ein gutes Verständnis für die Zielgruppen.

Wenn diese Voraussetzungen erfüllt sind, werden die Aktions-Ziele festgelegt. Dabei können über PR-Maßnahmen Image-Aussagen transportiert werden (z.B. bei Forschungsprojekten, verbesserten Maßnahmen zur Qualitätssicherung, Förderung junger Unternehmen), die Bekanntheit von Unternehmen gesteigert und Marken aufgewertet (z.B. durch Sponsoring-Maßnahmen und Promotion), die Kundenbindung verbessert, neue Zielgruppen auf das Produkt und seine Leistungen aufmerksam gemacht (z.B. durch Anwendungs-Beispiele und Nutzendarstellung) oder auch Geschäftspartner unterschiedlicher Art angesprochen werden. Nach der Festlegung der Ziele für die PR-Maßnahmen sind die Inhalte auszuwählen. Dabei ist zu beachten, dass eine wirkungsvolle PR-Strategie nicht auf einer einmaligen Aktion aufbaut, sondern über einen längeren Zeitraum angelegt sein sollte. Daher sind auch die Inhalte entsprechend zu planen. Anders als bei der Werbung ist PR nicht mit Wiederholung identischer Aussagen möglich (zumindest nicht in gleichen Medien und in zeitlicher Nähe).

Planung zum Einsatz klassischer Werbung

Planungsinhalte	Eigenes Produkt	A	B	C
Zielgruppe				
Kommunikationsziel				
Medien				
Aussage / Inhalt				
Schaltfrequenz / Dauer				
Budget in €				

Ebenso wichtig für einen Erfolg ist die Auswahl der richtigen Medien. Nur wenn die angestrebte Zielgruppe die ausgewählten Medien wahrnimmt, kann die Aussage eine Wirkung erreichen. Dies gilt im übrigen auch für die klassische Werbung, ist hier aber wesentlich leichter steuerbar, da der Anzeigenplatz in dem ausgewählten Medium gebucht werden kann. Bei PR ist dies nur bei der Sonderform der bezahlten PR möglich, die nur von wenigen Medien angeboten wird und eher als Sonderform der Werbung an zu sehen ist. Auch für mittelständische Unternehmen gibt es eine Palette unterschiedlicher PR-Maßnahmen, aus der eine oder mehrere ausgewählt werden können:

- Homepage im Internet / spezielle Seite mit eigener URL für das neue Produkt
- Unternehmensbroschüre
- Kundenzeitschrift
- Sponsoring-Kooperationen
- Artikel über aktuelle Inhalte
- Tag der offenen Tür
- Veranstaltungen
- bezahlte PR (Werbung in Artikelform)
- ...

Die Auswahl der „richtigen" Maßnahmen sollte erst am Ende der Überlegungen zu Zielen, Zielgruppen, Inhalten und zeitlichen Ablauf stehen, damit nicht vorschnell teure Fehlentscheidungen getroffen werden. Damit PR nicht nur mit „Scheuklappen" und der Gefahr der Betriebsblindheit eingesetzt wird, empfiehlt sich die Einschaltung eines externen Beraters bei der Vorbereitung und der Erarbeitung einer PR-Strategie ggfs. auch als Teil einer umfassenderen Kommunikationsstrategie. Bei der Umsetzung kann und sollte durchaus der wesentliche Teil aus dem Unternehmen selber kommen (z.B. in der Pflege und Aktualisierung der Homepage oder als Beiträge zu einem Kundenmagazin). Für Artikel, die verschiedenen Medien angeboten werden soll, empfiehlt sich die neutrale Sicht und Unvoreingenommenheit eines externen Beraters. PR wird von mittelständischen Unternehmen noch zu wenig genutzt, um die Bekanntheit des Unternehmens zu steigern. Auch wenn PR und Werbung nicht in unmittelbarem Wettbewerb miteinander stehen, gilt dies nicht für die erforderlichen Budgets! Je nach Geschäftsmodell und Unternehmen sollte PR eine m genauso wichtige Rolle einnehmen wie die klassische Werbung. Die Wirkung ist längerfristig angelegt und mit den Maßnahmen können komplexere Aussagen vermittelt werden, als in der eher plakativen Werbung.

Übersicht zu Kommunikations-Instrumenten
Internet nimmt eine zentrale Bedeutung ein

Obwohl selbst erst gerade 25 Jahre in dieser Form verfügbar, hatte das Internet bzw. das Web weltweit im Jahr 2008 bereits 1,23 Mrd. Nutzer, 2016 waren es mit 3,4 Mrd. mehr als doppelt so viele – und dies mit weiter steigender Tendenz. Das Web entwickelt sich auch heute immer noch weiter. Ein wichtiger Schritt in der weiteren Entwicklung war das Aufkommen von Web-2.0-Funktionalitäten im Jahr 2004. Solche strukturellen Veränderungen in der Gesellschaft beeinflussen auch die Kommunikation nachhaltig. IT-Komponenten sind in den letzten Jahren rasant leistungsfähiger geworden und die lokalen Speicherkapazitäten haben sich erheblich erhöht. Ein IBM-XT-Rechner aus dem Jahr 1983 hatte eine Speicherkapazität von gerade mal 10 MB, eine Festplatte aus dem Jahr 2006 konnte 750 GB speichern – ein Anstieg auf das 75.000-fache, 2016 waren Terabyte nicht mehr ungewöhnlich. Selbst Handys haben heute eine signifikante Speicherkapazität und ein Smartphone kann durchaus über 100 GB an Daten speichern. Ein erheblicher Teil dieser Datenmenge wird nicht nur lokal bearbeitet, sondern auch über das Datennetz verschickt oder bei Cloud-Anbietern gespeichert. So ist es nicht verwunderlich, dass das über das IP-Netz übertragene Datenvolumen durchschnittlich jedes Jahr um über 20 % wächst!

Auch in Deutschland ist natürlich der Siegeszug des Internets zu beobachten, ca. 87 % der Bevölkerung nutzten 2016 das Internet, weitere knapp 3 % planen die Nutzung. In der Altersgruppe der 14- bis 29-Jährigen nutzen nahezu 100 % das Internet. Nur in der Gruppe der über 65-Jährigen ist die Nutzung mit 55 % noch vergleichsweise gering. Im internationalen Vergleich steht Deutschland mit diesen Werten gerade mal im Mittelfeld. In vielen asiatischen Ländern, aber auch in Skandinavien oder den Niederlanden liegt die Durchdringung schon seit Jahren noch höher! Dabei ist gleichzeitig ein ausgeprägter Trend zur Nutzung von Breitbandanschlüssen zu beobachten, zwei Drittel der Internetnutzer in Deutschland nutzen bereits breitbandige Zugangstechniken. Die Bandbreite wächst dabei kontinuierlich, 2008 galt 1 MBit/s noch als völlig ausreichend, mittlerweile sind Anschlüsse mit 16 MBit/s nicht mehr akzeptabel. 75 % der Anschlüsse hätten 2016 mit 50 Mbit/s und mehr genutzt werden. Mittlerweile hat sich die Erkenntnis durchgesetzt, dass nur Glasfaser-Hausanschlüsse nachhaltig und zukunftssicher sind. Mit solchen Anschlüssen können mehr als 1 Gbit/s im Up- und Downstream übertragen werden. Unternehmen haben die Bedeutung des Breitbands bereits seit längerem erkannt. Als Standortfaktor rangiert die Breitbandversorgung gleichauf oder vor Personalkosten und der Straßenanbindung.

Nicht nur für die Informationssuche ist das Internet ein ideales Medium, auch der Markt für die Vermarktung von bezahlten Inhalten (Unterhaltung und Informationen) ist mit weltweit jährlich steigenden Milliarden-Umsätzen ein nicht mehr wegzudenkendes Geschäft. Durch die Mobilisierung des Internets über drahtlose Zugänge nimmt dieser Markt zusätzlich an Bedeutung zu. Die Entwicklung der Breitbandanschlüsse wird getrieben von den hiermit möglichen Anwendungen. Es hat sich im Marktumfeld eine Industrie mit entsprechenden Informations- und Unterhaltungsangeboten herausgebildet, die signifikante Umsätze erzielt. Waren dies weltweit 2003 weniger als 6 Mrd. $, so wurden für 2008 Umsätze in Höhe von fast 16 Mrd. $ erreicht. In Deutschland ist der Markt für bezahlten Internet-Content von € 3,2 Mrd. im Jahr 2009 auf € 9,1 Mrd. im Jahr 2016 angestiegen. Ein zunehmend interessanteres Angebot an entsprechenden Diensten (Informationen, Musik, Videos, Spiele usw.) fördert und bedingt die Nachfrage nach immer höheren Bandbreiten im Anschlussbereich.

In vielen Bereichen des Lebens und in die Geschäftsprozesse der Unternehmen hat das Internet bereits tief greifende Veränderungen gebracht und es gibt kaum einen Bereich des beruflichen und privaten Lebens, der hiervon unberührt geblieben ist. Branchen wie die Musikindustrie, Reisebüros, Einzelhandel und Buchhandel haben durch das Internet erhebliche Einbußen oder Veränderungen erfahren; bei Videotheken ist zu befürchten, dass dieses Geschäftsmodell dank digital und online verfügbarer Filme (Video on Demand, VoD) zukünftig stark an Bedeutung verlieren wird. Auch im privaten Bereich ändern sich Gewohnheiten und die Möglichkeiten zum Aufbau von Kontakten, so dass der Austausch mit anderen Menschen nicht mehr auf die nähere geographische Umgebung begrenzt bleibt. Die Globalisierung ist in der Onlinewelt und dank des Internets weitgehend unbeschränkt möglich. Dies ermöglicht natürlich auch neue Formen von PR und Werbung. Viele Internet-Seiten enthalten mehr Werbung als Inhalte und der Werbeauftritt wird vielfältiger und multimedialer.

Bei Unternehmen ist ein erheblicher Unterschied im Grad der Nutzung von Internet- und Onlinediensten festzustellen. Viele kleinere Unternehmen haben noch keine eigene Internetpräsenz oder sind auf Online-Ausschreibungen noch nicht vorbereitet. Zukünftig wird es bei Aufträgen durch Unternehmen und öffentliche Einrichtungen in zunehmendem Maße nur noch den Weg über Online-Ausschreibungen geben, sodass Kenntnisse und Erfahrungen im eProcurement unerlässlich sind. Es gibt viele Geschäftsprozesse, die vorteilhaft durch Digitalisierung und Internet optimiert werden können! Digitalisierung und Internetnutzung fördern die Kooperation zwischen Unternehmen, um flexibler auf Kundenanforderungen und Wettbewerbsangebote reagieren zu können.

Damit das Internet seine Zielsetzung erreicht, muss der Adressat erreicht werden. Zunächst sollte festgelegt werden, welche Zielsetzung Online erreicht werden soll. Ein Informations-Portal unterscheidet sich von einem Transaktions- oder Interaktions-orientierten Web-Auftritt. Auf jeden Fall ist sicher zu stellen, dass die typischen Suchbegriffe der Zielgruppe schnell erreicht werden. Die Sprache auf der Web-Site muss für die Zielgruppe verständlich und angemessen sein. Für Experten sind vertiefende und technische Informationen erforderlich, für Verbraucher eher allgemeinverständliche Angaben mit Bezug auf die Anwendungen. Generell sollte allerdings ähnlich wie dies bei den Anforderungen an Online-Shops als Vertriebskanal beschrieben wurde, auf eine gute Strukturierung und Transparenz auf der Seite geachtet werden. Aktualität der Informationen sollte ebenfalls eine Selbstverständlichkeit sein. Internet-Auftritt, bei denen die letzte Information mehr als ein halbes Jahr alt ist, wirkt nicht einladend.

Es wird leicht unterschätzt, welche Bedeutung der eigene Internet-Auftritt hat. Mehr noch als Prospekte und Schaufenster-Gestaltung steht der Internet-Auftritt für das Unternehmen. Dies gilt insbesondere für Neukunden und Interessenten, die noch keine Erfahrung mit dem Anbieter haben. Es ist schon fast selbstverständlich geworden, vor einem Kauf einen Blick auf die Internetseite zu werfen. Daher sollte der Internet-Auftritt dem Anspruch und dem Leitbild des Unternehmens gerecht werden. Für technische Produkte sollte der Auftritt in der Regel informativ sein, für Mode-Artikel sollte der Auftritt der gewählten Stilrichtung entsprechen und für Finanz-Produkte haben Seriosität und Transparenz Priorität. Die einzelnen Kriterien können natürlich je nach Unternehmen variieren. Allerdings ist zu bedenken, dass bei einer Google-Suche in der Regel wenige Sekunden ausreichen müssen, um den Interessenten für eine vertiefende Beschäftigung zu gewinnen. „Bleigruben" mit viel Text sind hierfür in der Regel genauso wenig geeignet wie mit Multimedia-Elementen angereicherte Seiten mit zahlreichen Animationen. Auch sollten die Seiten bei unterschiedlichen Display-Größen gut darstellbar sein und selbst bei niedriger Bandbreite nicht zu lange Ladezeiten erfordern.

Interaktiv werben

Seit 2004 bietet Web2.0 neue Möglichkeiten zur Kommunikation mit Interessenten und Kunden. Online-Foren und Blogs sind die am meisten verbreiteten Instrumente. Blogs sind entstanden als Online-Tagebücher mit dem Fokus auf die private Nutzung, sie werden aber zunehmend von Unternehmen genutzt, die über Neuigkeiten informieren wollen und mit Interessenten in Kontakt treten möchten.

Wenn man diesen Weg der Online-Kommunikation gehen will, der insbesondere im US-Wahlkampf intensiv genutzt wurden, muss man beachten, dass

- diese Medien nur dann wirken, wenn sie regelmäßig mit Informationen und Beiträgen gefüllt werden
- Anfragen und Kommentare regelmäßig beachtet und fallweise auch beantwortet werden
- sich hier auch unzufriedene und kritische Kunden äußern werden

Kritische Äußerungen sind keineswegs von vornherein schlecht oder inakzeptabel. Sie können ebenso zur Anreicherung der Interaktion und zur Steigerung des Interesses an dem Medium dienen.

Die Online-Welt bietet viele Möglichkeiten zur Erreichung der Zielgruppe und zur Differenzierung vom Wettbewerb. Unternehmen haben selbst YouTube als international agierendes Portal für selbst generierte Video-Clips für sich entdeckt und informieren über ihre Angebote. Eine Bedienungsanleitung in Form eines Video-Clips ist in vielen Fällen besser verständlich als eine schlecht übersetzte gedruckte Bedienungsanleitung! Video-Podcasts sind auch schon mit recht einfachen technischen Mitteln produzierbar. Ob dieses Medium geeignet ist, muss sorgfältig geprüft werden. Der Anspruch an das eigene Unternehmen sollte sich auch bei Online-Auftritten wieder finden. Generell gilt, dass der Nutzer von Internet-Medien in der Kommunikation Kommentare und Kritiken seiner Leser „aushalten" kann und gerne in einen Dialog mit Interessenten eintritt.

Messeauftritte mit Bedacht auswählen

In den letzten Jahren hat das Angebot der großen Messen deutlich abgenommen und kleinere Spezialmessen liegen im Trend. Wie bei allen Kommunikationsmaßnahmen gilt es ab zu wägen, welche Ziele mit einem Messeauftritt verfolgt werden. Neben den eher auf Image-Wirkung zielenden Messen gibt es auch die Verkaufsmessen, die auf die Erzielung bzw. Steigerung des Umsatzes abheben. Je nach Zielgruppe und Angebot sind einige Messen besser oder weniger gut geeignet. Generell ist eine Messebeteiligung gut, um die Akzeptanz des eigenen Angebots zu prüfen und mit potenziellen Geschäftspartnern ins Gespräch zu kommen. Auch für einen Austausch mit Mitbewerben und anderen Branchenvertretern ist eine Messe in der Regel eine gute Gelegenheit. Da die Besucher einer Messe oft gesprächsbereiter und offener zu einem Austausch bereit sind, sind diese Ziele leichter zu erreichen als bei anderen Gelegenheiten zum Zusammentreffen.

Ob der Aufwand für einen Messebesuch durch solche Zielsetzungen gerechtfertigt wird, muss jedes Unternehmen für sich entscheiden. Der Messestand ist für den Besucher ein Aushängeschild für das Unternehmen und sollte bei der Planung auch so behandelt werden. Für ein Start-up Unternehmen ist ein Auftritt mit einem Faltstand und Klappstühlen unter Umständen ausreichend, für ein etabliertes Unternehmen kann dies aber den falschen Eindruck erzeugen. Wenn die Kosten für einen dem Unternehmensanspruch angemessenen Auftritt mit eigenem Stand zu teuer wird, sollte geprüft werden, ob die Zielsetzung des Messe-Auftritts nicht auch mit anderen Kommunikations-Maßnahmen erreicht werden kann. Man muss keinen Messe-Stand haben, nur weil es in der Branche so üblich ist.

Kosten sparend kann ein Gemeinschaftsstand mit einem Kooperationspartner oder anderen Unternehmen sein. Dabei muss man sich ja nicht unbedingt mit unmittelbaren Mitbewerbern einen Stand teilen. Wenn die Zielsetzung in erster Linie auf der Kontaktpflege mit wenigen Geschäftspartnern liegt, kann man dies durch ein Treffen am Rande der Messe realisieren, ganz ohne eigenen Stand!

Eine andere Möglichkeit zur Nutzung des Instruments der Messe besteht in der Veranstaltung einer Hausmesse. Hierbei werden Kunden und Interessenten aber auch potenzielle Geschäftspartner in das eigene Unternehmen eingeladen, um die angebotenen Produkte vorzustellen. Da der Besuch an einer Hausmesse für die Besucher unverbindlicher ist als ein Vertriebsbesuch, wird bei Interesse auch die Informationsmöglichkeit eher genutzt. Neben der Ausstellung bzw. Vorführung von Produkten können kurze Vorträge über das Unternehmen und seine Leistungen gehalten werden. Dabei gilt es allerdings den Aspekt der selbstgefälligen Überbetonung der eigenen Fähigkeiten zu vermeiden, der Kunde ist in erster Linie an Informationen interessiert! In Abhängigkeit vom verfügbaren Budget können Speisen und Getränke angeboten werden. Obwohl die Hausmesse in erster Linie zur Information genutzt werden soll, besteht natürlich die Möglichkeit mit Interessenten ins Gespräch zu kommen und damit nachfolgende Vertriebskontakte vor zu bereiten.

Referenzen beschaffen und nutzen

Ein Unternehmen ist nicht darauf angewiesen, nur selber zu kommunizieren, es kann auch kommunizieren lassen! Die beste PR ist diejenige durch zufriedene Kunden. Dies funktioniert aber leider auch nicht von alleine. Eine Marketing-Erfahrung besagt, dass sich ein unzufriedener Kunde zehn anderen Personen mitteilt, ein zufriedener aber nur drei Personen! Es müssen also Anreiz-Systeme geschaffen werden, damit gerade der zufriedene Kunde mit möglichst vielen anderen Personen über das Produkt spricht. Ein Weg in diese Richtung führt über das bereits als Vertriebskanal beschriebene virale Marketing – oder Empfehlungsmarketing. Kunden als Vertriebskanal einzusetzen, hat den Vorteil, dass der Kunde aus eigener Erfahrung weiß, worüber er redet. Bei innovativen Produkten ist gelegentlich alleine die Begeisterung für das Produkt ausreichend, um den Nutzer als Multiplikator zu gewinnen.

Tupperware setzt schwerpunktmäßig auf seine Kunden als Vertriebskanal und die Tupperware-Party hat bereits Kult-Status erreicht. Das ist natürlich eher die Ausnahme, zeigt aber, dass Kunden mit der richtigen Motivation und einem Vergütungsmodell, das als Nebenverdienst interessant ist, als Vertriebskanal genutzt werden können. Einen anderen Weg zur Nutzung des Kundenpotenzials gehen Fertighaus-Hersteller. Insbesondere in neuen Vermarktungsregionen werden Kunden gesucht, die sich – gegen Vergünstigungen beim Kauf – bereit erklären, als Referenz zu dienen. Dabei kann das Unternehmen mit diesen Kunden werben und Interessenten zu Besichtigungs-Terminen schicken.

Je komplexer das Produkt ist, umso wichtiger sind Referenzen zur Überzeugung neuer Kunden. Die Auswirkungen von neuen Software-Lösungen im Unternehmen sind im Vorfeld nur schwer einschätzbar. Erfahrungen anderer Unternehmen, die diese Lösung schon länger im Einsatz haben, können die Entscheidung erleichtern. Offene Fragen zum praktischen Einsatz können von einem Referenzkunden authentischer beantwortet werden als vom Vertriebsmitarbeiter des

Software-Herstellers. Da die Gewinnung von Referenzkunden meistens mit finanziellem Aufwand verbunden sind (z.B. in Form von Erlös-Schmälerungen), sollten sie optimal in der Kommunikation eingesetzt werden.

Das Internet schafft mit Web2.0 eigene Referenz-Strukturen. Das Online-Kaufhaus Amazon bietet Käufern wie Nicht-Kunden die Möglichkeit Kommentare und Bewertungen über alle angebotenen Produkte ein zu stellen. Ähnlich wie bei Wikipedia sorgt die Community für eine Korrektur von einseitigen Bewertungen. Allerdings legen solche Bewertungen recht schnell und schonungslos Schwäche in den Produkten auf und ermöglichen einen Vergleich mit Wettbewerbsprodukten. Zu vielen Produkten gibt es eigene Foren, in denen sich Nutzer äußern oder Hilfe bei der Problemlösung finden. Als Anbieter kann man solche Aktivitäten kaum beeinflussen, beobachten und auswerten sollte man sie aber auf jeden Fall. Sie können entweder genutzt werden, um Produktoptimierungen zur Steigerung des Produktnutzens vorzunehmen oder zur Anpassung der Verkaufsargumente. Einen Vorteil sollte man auch in kritischen Rückmeldungen sehen: sie werden für das Unternehmen sichtbar und es lassen sich entsprechende Maßnahmen ableiten. Positive Resonanz dagegen ist ein guter Verstärker für den Interessenten und kann der entscheidende Faktor für die Kaufentscheidung sein.

Werbung gezielt einsetzen

Die Möglichkeit für Kommunikation Geld auszugeben, ist nahezu unbegrenzt. Da die verfügbaren Budgets in der Regel aber recht begrenzt sind, gibt es abzuwägen, für welche Maßnahmen es eingesetzt wird. Traditionell fließt der größte Betrag in die

Printwerbung. Das Geld ist hier auch nicht unbedingt schlecht angelegt, aber nur für wenige Zielgruppen reicht dies aus. Seit Jahren geht das Werbeaufkommen im Printbereich zugunsten anderer Kanäle zurück. Radio- und Fernsehwerbung ist für viele Unternehmen viel zu teuer. Allerdings öffnen sich mit kleineren Regionalsendern und Internet-Radio neue Wege, die deutlich kostengünstiger beschritten werden können. Über die Möglichkeiten zur Nutzung von Online-Medien wurde bereits berichtet und es empfiehlt sich, alle Kommunikationskanäle zu bewerten. Bei der Auswahl steht im Vordergrund, welches Verhalten die Zielgruppen an den Tag legen. Ist die Zielgruppe jünger als 30, dann ist das Internet eigentlich unverzichtbar, da weit über 90 % dieser Altersgruppe das Internet regelmäßig nutzen. Bei der Zielgruppe der über 50-Jährigen nutzen derzeit nur etwa 40 % das Internet. Hier sind also (noch) andere Kommunikationsmittel einzuplanen. Ist die Entscheidung zur Nutzung des Internets getroffen, ist zu entscheiden, welche der verschiedenen Möglichkeiten eingesetzt werden sollen. Allerdings reicht es für kaum ein Unternehmen aus, nur einen Werbekanal zu nutzen. Fast immer werden die folgenden Wege genutzt:

- Firmen-Prospekt (je nach Größe des Unternehmens)
- Produkt-Prospekte
- Internet-Seite
- Einträge in Branchenbücher
- Print-Werbung in der lokalen Presse
- Print-Werbung in der Fachpresse (bei überregionaler Vermarktung)
- Flugblätter
- Werbegeschenke („Give-aways")

Wie viele Werbemittel auch immer eingesetzt werden, so sollte durchgängig die Firmen Identität (Corporate Idenity oder kurz CI) erkennbar sein. Werbung wirkt erst bei häufigerer Verwendung. Eine einmalige Werbeschaltung bringt nur selten einen Effekt. Daher ist bei der Planung ist berücksichtigen, für welche Maßnahmen das vorhandene Budget reicht. Bei kleinerem Budget kann die Beschränkung auf wenige Maßnahmen wirkungsvoller sein als ein breiter Ansatz, der nicht durchzuhalten ist. Bei geringem Budget ist Print- oder Radio-Werbung oft nicht möglich. PR-Maßnahmen können bei richtigem Einsatz eine ähnliche Wirkung haben und kosten in erster Linie Zeit!

Werbung braucht klare Zuständigkeiten im Unternehmen! Es gibt sicher viele Personen innerhalb und außerhalb des Unternehmens, die genau wissen, welche Werbung funktioniert. Daher ist ein Verantwortlicher zu bestimmen, der sich um Werbemaßnahmen kümmert und diese gestaltet. Bei der Nutzung von Online-Medien sollte ebenfalls ein entsprechender Zeitbedarf eingeplant werden, da Online-Medien eine regelmäßige Bearbeitung und Aktualisierung erfordern. Bei der Gestaltung von Werbung lassen sich Kunden im Übrigen in ähnlicher Weise einbeziehen, wie bei der Produktgestaltung. Man kann einen kleinen Kreis von Kunden einladen und ihm verschiedene Entwürfe von Werbe-Layouts oder Werbe-Aussagen vorlegen. Eine solche Fokus-Gruppe ist zwar nicht unbedingt repräsentativ in ihren Aussagen, aber es lassen sich doch Erkenntnisse über die Wirkung ableiten, die bei der endgültigen Auswahl helfen.

Workshops und Kundenbefragungen

Wichtige Elemente der Kundenkommunikation sind Workshops und anderen Kontakten, die keinen primär vertrieblichen Ansatz verfolgen. Workshops können in Verbindung mit Produktgestaltung und der Einführung neuer Werbematerialen durchgeführt werden, aber auch, um Maßnahmen zur Kundenbindung im Vorfeld zu testen. Solche Workshops können in kleinen Gruppen durchgeführt werden und erfordern kein besonderes Budget. Der damit verbundene Aufwand wird sich schnell amortisieren, wenn Produktoptimierungen oder Anpassungen an Werbe-Maßnahmen noch in der Gestaltungsphase möglich sind. Der Vorteil von Workshops bzw. Fokus-Gruppen besteht in der Interaktion bei der Diskussion. So können Argumente untereinander ausgetauscht und konkretisiert werden. Manchmal ist es von Vorteil, einen neutralen Moderator für Workshops hinzu zu ziehen, der unvoreingenommen in die Veranstaltung geht – bei einem Entwicklungs- oder Marketing-Mitarbeiter sollte dies nicht der Fall sein! Es muss kein Berater sein, der einen solchen Workshop leitet, ein befreundeter Unternehmer oder ein Branchenvertreter kommt ebenso in Betracht. Natürlich gilt es zu beachten, dass Fokus-Gruppen keine repräsentative Befragung ersetzen können. Trotzdem reicht in vielen Fällen die erzielbare Genauigkeit aus, da es weniger auf wissenschaftliche Exaktheit als auf den Erfolg am Markt ankommt.

Befragungen können Workshops ergänzen oder ersetzen. Grundsätzlich können sie für die gleichen Ziele eingesetzt werden. Je nach Budget kann eine Befragung von einem professionellen Marktforschungsinstitut durchgeführt werden oder mit „Bordmitteln". Auch hier gilt, dass die statistische Exaktheit nicht zwangsläufig eingehalten werden muss, um valide Ergebnisse zu erhalten. Für die Durchführung von Kundenzufriedenheitsmessungen sind Befragungen nahezu unverzichtbar, da sich im Normalfall nur die unzufriedenen Kunden von alleine melden. Bei einer Befragung gibt es grundsätzliche verschiedene Methoden der Durchführung. Schriftliche Fragebögen können zwar ausführlicher sein als telefonische, sie bergen aber das Risiko nur geringer Rückläufer-Quoten. Es stellt für den Befragten nun mal einen höheren Aufwand dar, den Fragebogen aus zu füllen als am Telefon Auskunft zu geben. Auch hier gibt es Branchen-spezifische Unterschiede und Fragebogen-Aktionen im Hotel werden im Verhältnis besser angenommen.

Individuelle kommunikative Ansprache

Werbung und PR zielen auf speziell ausgewählte Zielgruppen, sind aber nicht auf individuelle Interessenten ausgerichtet. Für den erfolgreichen Vertrieb und die längerfristige Bindung sind diese Maßnahmen aber in der Regel alleine nicht ausreichend. Spätestens nach der Kontaktaufnahme zwischen Interessent und Unternehmen muss die Kommunikation auf einer individuellen Basis erfolgen. Anschreiben und Angebote müssen personalisiert sein. Dabei ist die Berücksichtigung von individuellen Informationen durchaus hilfreich und signalisiert, dass der Kunde in seiner Individualität wahrgenommen wird.

Wie weit eine individuelle Ansprache und Betreuung gehen kann, hängt unter anderem vom erzielbaren Geschäftsvolumen und dem Ergebnisbeitrag für den Anbieter ab. Amerikanische Unternehmen machen vor, wie man auf Kunden zugeht und ihnen das Gefühl vermittelt, dass sie für das Unternehmen wichtig sind. In diesem Bereich können die meisten deutschen Unternehmen noch dazulernen. Bei aller individuellen Behandlung sollte beachtet werden, dass die Maßnahmen nicht aufgesetzt und „unecht" wirken. Es ist oft schwierig, Interessenten individuell anzusprechen. Bei Kunden sollte dies allerdings kein Problem darstellen. Die Voraussetzung hierfür ist allerdings die Erfassung der Kundendaten. Früher haben kleinere Unternehmen dies auf Karteikarten erledigt. Größere Unternehmen setzen hierfür spezielle Softwarelösungen, so genannte Customer Relationship Management (CRM) Programme. Es geht allerdings auch mit Excel-Tabellen. Je nach Geschäftstyp und Intensität der Geschäftsbeziehung sollten folgende Daten erfasst werden:

- Name
- Anschrift
- Telefonnummern und Email-Adresse
- Kontakt-Historie
- Ansprechpartner
- Bezogene Waren
- Kaufdaten
- Vereinbarte Konditionen
- Beschwerden
- Besonderheiten

Manche Kunden freuen sich, wenn sie bei komplexeren Produkten eine Anfrage zur Zufriedenheit und der Nutzbarkeit erhalten. Unter Umständen macht eine Kontaktaufnahme zum Ende von Garantiezeiten oder bei Vorliegen von Neuerungen Sinn.

8. Vertriebsplanung folgt auf Produktplanung

Der Vertrieb ist die Organisationseinheit im Unternehmen, die eine Leistung an Kunden verkauft, kann in unterschiedlicher Form organisiert werden. Bekannte Formen sind der Direktvertrieb und der indirekte Vertrieb. Daneben gibt es auch noch den Multilevel-, sowie den Online-Vertrieb, die Vermarktung über Empfehlungen und schließlich gehören auch Multiplikatoren mit zu den Vertriebsformen. In Verbindung mit Vertriebsaufgaben trifft man gelegentlich solche oder ähnliche Aussagen:

- „Ein gutes Produkt verkauft sich von alleine"
- „Ein guter Vertriebsmann verkauft jedes Produkt"
- „Der Vertrieb geht immer den einfachsten Weg"
- „Vertriebsmitarbeiter sind die Primadonnen im Unternehmen"

Auch wenn diese Aussagen vielleicht auf der Basis von eigenen Erfahrungen einen wahren Kern enthalten, so sind sie doch grundsätzlich falsch. Auch ein noch so gutes Produkt verkauft sich nie alleine und das „Aufdrängen" eines Produktes hat nicht im Entferntesten etwas mit erfolgreichem Vertrieb zu tun. Die Vertriebsorganisation ist die Organisationseinheit im Unternehmen, die für Umsatz sorgt und damit die Voraussetzung bildet zur Deckung der Kosten und zur Erzielung von Unternehmensgewinnen. Durch die Steigerung der Effizienz im Vertriebsprozess kann die Höhe des Ergebnisses nicht unerheblich beeinflusst werden. Allerdings werden im Rahmen von Effizienzsteigerungsprogrammen die entstehenden Vertriebskosten oft zu unrecht außer Acht gelassen.
Bei der hohen Bedeutung, die die Vertriebsorganisation in nahezu jedem Unternehmen hat, erstaunt es immer wieder, dass Organisation und Effizienz

des Vertriebes weit weniger Beachtung finden als z.B. die Entwicklung oder der Produktionsprozess. Dabei muß der Vertriebsprozess in gleicher Weise gestaltet und gesteuert werden wie die anderen Prozesse auch. Vielleicht hat es etwas damit zu tun, dass in Deutschland viele mittelständische Unternehmen von technisch ausgebildeten Unternehmern geführt werden, für die Entwicklung und Produktion einen höheren Stellenwert einnehmen? Tatsächlich sollte der Vertrieb schon bei der Gestaltung neuer Produkte einbezogen werden, da er in der Regel mehr über den Kunden und seine Anforderungen sowie über die Wirkung von Wettbewerbsangeboten weiss als die meisten anderen Mitarbeiter. Diese Erfahrungen sind auf jeden Fall wertvolle Informationen!

Wie in allen anderen Bereichen des Unternehmens gehören zu einem funktionierenden Vertriebsablauf eine Strategie, klare Ziele und eine fundierte Vertriebsplanung. Sie müssen sich in der Organisation wieder spiegeln und für die Mitarbeiter eindeutige Rahmenbedingungen setzen. Ein möglichst exakt beschriebener Prozess und klare Zielvorgaben helfen sowohl dem Vertriebsmitarbeiter als auch dem Unternehmen. Dabei kommt es nicht primär auf die Verwendung einer ausgefeilten Vertriebssteuerungs- oder CRM-Software an. Diese können zu einem späteren Zeitpunkt die tägliche Arbeit mit dem Prozess und insbesondere Dokumentation und Auswertung erleichtern und beschleunigen. Die wesentlichen Optimierungseffekte entstehen aber durch die Strukturierung des Vertriebsprozesses an sich.

Nur eine konsequente Marktpotenzialausschöpfung mit konkreten Maßnahmen vermeidet Vertriebsrisiken

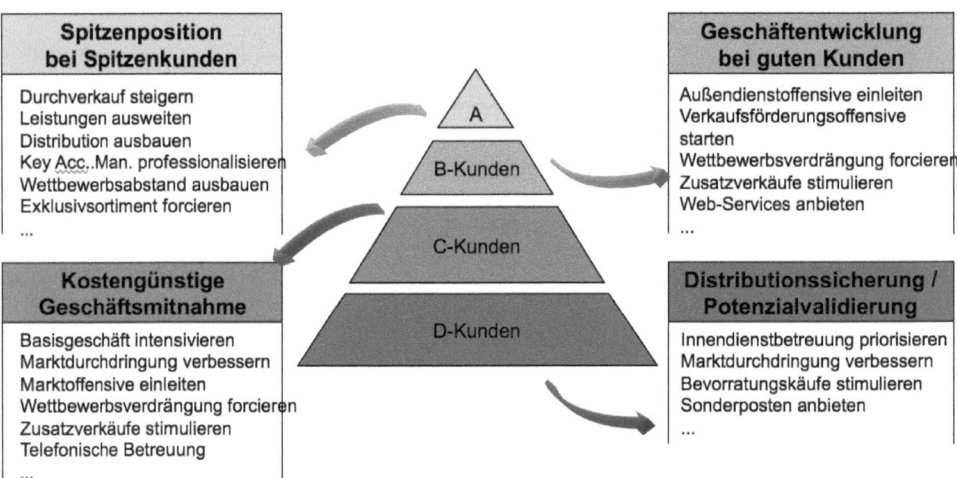

Die im Folgenden beschriebenen Abläufe beziehen sich in erster Linie auf den im Geschäftskundensegment tätigen Vertrieb, der selber neue Leads generieren und bis zum Auftrag bearbeiten muss. Für den eher reaktiven Vertrieb in einem Ladenlokal, der selber aktiv keine Leads generiert und keine schriftlichen Angebote erstellt, gelten entsprechend angepasste Prozesse. Zur Optimierung und Steigerung der Effizienz sollte man sich insbesondere folgende Bereiche näher ansehen:

- Vertriebsplanung und –steuerung
- Auswahl der Vertriebswege
- Strukturierung des eigentlichen Vertriebsablaufes
- Vertriebsaufgaben nach einer Auftragserteilung

- Organisationsaufstellung und Aufgabenteilung in der Vertriebsorganisation
- Führungs- und Bewertungsinstrumente

Keine der möglichen Vertriebsformen ist von Hause aus besonders gut oder besonders ungeeignet. Wohl gibt es aber für ein spezielles Produkt und spezielle Zielgruppen besser oder schlechter geeignete Vertriebsformen. Oft werden mehrere Vertriebsformen parallel genutzt. In diesen Fällen ist die Vertriebskanalsteuerung gefordert, um Kanalkonflikte möglichst zu vermeiden oder im Falle eines Falles zu lösen. Bei der Aufstellung des Vertriebes sollte von vornherein (meistens in Verbindung mit der Ausgestaltung des Geschäftsmodells) festgelegt werden, welche Kriterien für die Beurteilung heran gezogen werden sollen:

- Kosten je Abschluss
- Fixkosten, die auch ohne Kunden anfallen
- Vorlaufzeiten und Rüstkosten
- Aufwand für Schulung und Ausstattung
- Einfluss auf die Vertriebsorganisation
- Reaktionsgeschwindigkeit
- Qualifikation
- Marktdurchdringung
- Kundennähe
- Imagewirkung

Viele Entscheidungen in Verbindung mit dem Vertrieb sind kostenorientiert und dies ist bei Produkten mit niedriger Marge auch kaum anders darstellbar, aber die Kosten dürfen nicht die einzigen Kriterien bleiben. Der „teuerste" Vertrieb ist für jedes Unternehmen der erfolglose Vertrieb!

Übersicht zu Vertriebskanälen
Direktvertrieb ist oft erste Wahl

Mit Direktvertrieb bezeichnet man alle Vertriebsformen, bei denen Produkte auf Namen und Rechnung des Unternehmens verkauft werden. Die Kundenbeziehung ist also eine „direkte" und der Kaufvertrag kommt zwischen dem Unternehmen, zu dem der Vertrieb gehört, und dem Kunden zustande. Der Direktvertrieb kann auf mehrere Weisen organisiert werden:

- Außendienstorganisation
- Telefonverkauf
- Online-Shops
- Eigene Ladengeschäfte
- Katalogverkauf

Der Einfluss auf die Vertriebsorganisation ist beim Direktvertrieb am höchsten und direktesten, da die Vertriebsmitarbeiter über ihren Arbeitsvertrag weisungsgebunden sind. Der Direktvertrieb arbeitet üblicherweise exklusiv, so dass über diesen Kanal keine Wettbewerbsprodukte angeboten werden. Die Erfolgskontrolle ist jederzeit möglich, da unmittelbar erfasst werden kann, wie viele Kundenkontakte gemacht wurden, wie viele Angebote erstellt wurden, wie hoch die Abschlussquote ist und wie viele Reklamationen oder Kündigungen später eingehen.

Da es sich beim Direktvertrieb in der Regel um eigene Mitarbeiter handelt, sind die Fixkosten im Direktvertrieb im Durchschnitt am höchsten. Die Mitarbeiter beziehen ein Gehalt (wenn auch normalerweise mit hohem erfolgsabhängig variablen Anteil), es müssen Sozialabgaben gezahlt werden und die Mitarbeiter müssen gesteuert und qualifiziert werden. Alleine aus diesem Grunde setzen viele Unternehmen neben dem Direktvertrieb auf indirekte Vertriebsformen. In einigen Branchen wird es unabhängig von der Wirtschaftlichkeit gar nicht möglich sein, im erforderlichen Maße Vertriebsmitarbeiter zu finden und einzustellen.

Beim Direktvertrieb ist die Führung und Motivation der Mitarbeiter von besonders hohem Stellenwert. Nur ein motivierter und von seinem Unternehmen und den Produkten überzeugter Vertriebsmitarbeiter kann erfolgreich Kunden überzeugen. Dies erfordert besonderen Einsatz und Aufmerksamkeit der Vorgesetzten. Wenn die Performance eines Vertriebspartners (z.B. Handelsvertreters) nachlässt, kann ihm auf relativ einfachem Wege gekündigt werden, allerdings in der Regel in Verbindung mit einer Abfindungszahlung. Bei einem angestellten Mitarbeiter ist dies nicht so einfach und außerdem investiert das Unternehmen in seine Mitarbeiter. Also wird man versuchen, den Mitarbeiter wieder auf Erfolgskurs zu bringen.

Ein wichtiges Instrument zur Motivation ist Transparenz über Ziele und Abläufe im Unternehmen. Ein Außendienst-Mitarbeiter ist viel unterwegs und nur selten im Unternehmen. Um die notwendige Einbindung sicher zu stellen, sind regelmäßige Vertriebsmeetings und andere Formen des Feedbacks wichtige Kommunikationsinstrumente. Es sollte eigentlich selbstverständlich sein, dass auch ein Vertriebsmitarbeiter regelmäßig ein Feedback zu seiner Arbeitsleistung braucht. Neben konstruktiver Kritik darf es durchaus auch Lob sein. Neben Erfolgsprämien gehört das Lob eines Vorgesetzten immer noch zu den wichtigsten Motivationsfaktoren!

Die Erfahrung von eigenen Vertriebsmitarbeitern kommt nicht nur bei der Akquisition zum Tragen. Da die Außendienstmitarbeiter ihre Kunden meist langjährig kennen, wissen sie auch um Kundenbedürfnisse, Kaufgewohnheiten, Nutzungsverhalten, Anforderungen und Wünsche. Diese Erfahrungen können gewinnbringend im Rahmen der Produktgestaltung eingesetzt werden. Es ist daher durchaus hilfreich, Vertriebsmitarbeiter zeitweise in die Arbeitsteams zur Produktgestaltung mit ein zu beziehen.

Indirekter Vertrieb verbreitert den Vertriebszugang

Beim indirekten Vertrieb erfolgt der Kontakt zwischen dem Verkäufer einer Ware oder Leistung und dem Käufer über Dritte, die nicht Teil des eigenen Unternehmens sind, also indirekt. Die Vertriebsorganisation agiert als Vermittler und sucht für das Unternehmen passende Kunden. Der Kaufvertrag kommt dann zwischen Kunde und dem Eigentümer der Ware zustande. Für den Vermittler ist das Geschäft und der Kontakt mit dem Kunden mit dem Abschluss des Kaufvertrages in der Regel beendet. Der indirekte Vertrieb erhält seine Vergütung – meist in Form einer Provision – vom Verkäufer. Da der indirekte Vertrieb nicht zu dem Unternehmen gehört, das die Ware oder Dienstleistung verkauft, sind die Mitarbeiter keine Angestellten, so dass die Fixkosten in der Regel niedriger sind als beim Direktvertrieb. Durch die Suche nach geeigneten indirekten Vertriebsorganisationen kann die Distribution schnell in der Fläche ausgebaut werden. Typische indirekte Vertriebsorganisationen sind:

- Handelsvertreter
- Unabhängige Vertriebsorganisationen
- Andere Unternehmen mit komplementären Produktangebot

Im Gegensatz zum Direktvertrieb ist ein Vertriebspartner nicht weisungsgebunden und daher nur über Anreizsysteme steuerbar. Da der indirekte Vertrieb in der Regel mehrere Produkte parallel vertreibt, hängt die Prioritätssetzung manchmal von nicht durch das Unternehmen steuerbaren Einflüssen ab. Auch die Qualifikation der Vertriebsorganisation kann durch Schulungen nur begrenzt beeinflusst werden. Je enger eine vertragliche Bindung gestaltet wird, desto größer wird die Gefahr, dass es zur Arbeitnehmer-Überlassung kommt. Auf diesem Wege könnte ein Unternehmen ganz ungewollt zu neuen Mitarbeitern kommen.

Obwohl die Vertriebspartner zunächst mal unabhängig vom Unternehmen arbeiten und nur über einen Vertriebspartner-Vertrag gebunden werden, kann eine Beendigung der Zusammenarbeit für das Unternehmen teuer werden. Jeder Vertriebspartner, der einen Status als Handelsvertreter hat, hat bei Kündigung durch das Unternehmen einen Anspruch auf eine Abfindung, die sich aus dem Durchschnitt der gezahlten Provisionen in den vorangegangenen Jahren und der Dauer der Zusammenarbeit bemisst. Die Basis der Zusammenarbeit mit Vertriebspartnern sollte in jedem Fall ein sorgfältig ausgestalteter Vertriebspartner-Vertrag sein, der die gegenseitigen Rechte und Pflichten präzise regelt. Hierzu gehören z.B. die folgenden Punkte:

- Genaue Beschreibung der zu vertreibenden Produkte oder Leistungen
- Aufgaben beider Parteien
- Einschaltung von Erfüllungsgehilfen
- Schulungsmaßnahmen
- Rechte zur Bewerbung
- Vorgehen bei der Akquisition
- Gestaltung der Kundenverträge
- Modalitäten der Abrechnung
- Grundlagen für die Provisionsabrechnung
- Zahlungsfristen
- Zustimmungspflichtige Vorgänge
- Regelung von Konfliktfällen
- Einsatz von Verkaufsfördernden Materialien
- Laufzeiten und Kündigung

Natürlich ist auch für den indirekten Vertrieb eine Vertriebssteuerung und Betreuung erforderlich. Der indirekte Vertrieb ist somit insgesamt nicht die „billige" Alternative zum Direktvertrieb. Trotzdem ist der Einsatz von Vertriebspartnern in vielen Fällen sinnvoll und sogar notwendig, um den geplanten Vertriebserfolg zu erzielen. Der indirekte Vertrieb muss nicht nur die "Beimischung" zum Direktvertrieb sein. Manche Unternehmen setzen ganz auf den indirekten Vertrieb und haben nur eine Vertriebsorganisation zur Betreuung von Vertriebspartnern.

Multiplikatoren erleichtern den Vertriebsprozess

Multiplikatoren sind eine Sonderform des indirekten Vertriebs. Häufig führen Multiplikatoren selber keine Kundenakquisitionen durch und wirken durch Beeinflussung von Mitgliedern des Buying-Centers, in dem alle an einem Beschaffungsvorgang eingebundenen Stellen zusammengefasst werden. Multiplikatoren können Türöffner für den eigentlichen Vertrieb sein, indem sie auf die Produkte und Leistungen des Unternehmens hinweisen.

In anderen Fällen geben Multiplikatoren dem Vertrieb des Unternehmens Hinweise auf anstehende Beschaffungsvorgänge beim potenziellen Kunden. Die Motivation der Multiplikatoren kann von der Nutzung des fremden Produktes für die eigene Akquisition, der Nutzung zu Imagezwecken bis zum erhalt von Tipp-Provisionen reichen. In den eigentlichen Akquisitionsvorgang greifen Multiplikatoren, wenn überhaupt, nur indirekt ein. In der Regel vermitteln sie nicht einmal ein Geschäft. Multiplikatoren sind aus diesem Grunde noch schwerer zu steuern als Vertriebspartner. Trotzdem können sie eine wichtige Funktion haben, insbesondere bei Produkten, die in Systemlösungen eingehen und die nur in einem komplexen Vertriebsprozess ab zu setzen sind. Es handelt sich in der Regel um höherwertige und teure Leistungen. Mögliche Multiplikatoren sind:

- Beratungsunternehmen
- Ingenieurbüros
- Systemhäuser
- Verbände

Sonderfall Multilevel-Vertrieb

Der Multilevel-Vertrieb (auch Strukturvertrieb) bedient sich einer über verschiedene Organisationsebenen geführten Organisation, die am Ende häufig Privatpersonen als Verkäufer oder Vermittler einschaltet. Typische Produkte richten sich an Privatkunden und werden über „Verkäufer" aus dem Freundeskreis oder aus der Nachbarschaft vermarktet. Diese „Verkäufer" am Ende der Organisationskette sind meistens keine professionellen Vertriebsmitarbeiter, sondern eher nebenberuflich tätig. Die Verkäufer werden über meist regional tätige Führungskräfte gesteuert, die wiederum von Managern für größere Regionen geführt werden. Die in der Regel sehr große Organisation ist auf anderem Wege kaum steuerbar.

Der eigentliche Verkäufer in einem Multilevel-Vertrieb ist aufgrund seines Status meist nur über einen begrenzten Zeitraum für die Vertriebsorganisation von Interesse. Wenn der unmittelbare Kontaktkreis „abgegrast" ist, ist der Wert dieser Verkäufer für die Organisation häufig erschöpft. Die Vergütung erfolgt meist rein auf Erfolgsbasis, lediglich die Führungskräfte zur Organisation und Gewinnung neuer Verkäufer sind oft Angestellte, die eine Vergütung mit fixen und variablen Bestandteilen beziehen. Dabei verdienen die Manager auf der mittleren Ebene anteilig mit an den Provisionen der in der Hierarchie folgenden Mitarbeiter. Auf diesem Wege wird sichergestellt, dass eine durchgängige Abschlussorientierung vorherrscht.

Bekannt geworden ist das Multilevel-Marketing mit Organisationen wie z.B. Tupperware oder Avon, aber auch andere Produkte bis hin zu Versicherungen werden über solche Strukturen vertrieben. Für bestimmte Produkte ist Multilevel-Marketing durchaus geeignet, wie auch der Erfolg von Tupperware beweist. Die vermarkteten Produkte sollten möglichst ohne großen Erklärungsaufwand vermarktbar und nicht zu teuer sein.

Empfehlungen erleichtern den Vertriebsprozess

Freundschaftswerbung ist eine im Privatkundengeschäft relativ häufig eingesetzte Form der Kundengewinnung z.B. bei Produkten aus dem Printbereich (Zeitungen, Zeitschriften und Magazinen) sowie im Bereich des Versandhandels. Erfolgreich eingesetzt wird das virale Marketing z.B. auch von Skype und Xing. Bestehende Kunden werden dabei mittels mehr oder weniger attraktiver Prämien dazu animiert, neue Kunden zu werben, d.h. selber eine aktive Vertriebsfunktion wahrzunehmen. Teilweise wird auch ganz auf Prämien verzichtet, wenn es für den Kunden aus anderen Gründen interessant erscheint. Erfolgreiche Freundschaftswerbung bzw. Empfehlungsmarketing verfolgt zwei Effekte: zum einen werden Neukunden gewonnen, zum anderen macht man Stammkunden zu aktiven Verkäufern, die sich intensiv mit dem Produkt und seinen Vorteilen beschäftigen und sich damit gegenüber Freunden und Bekannten mit dem Produkt und seinem Anbieter identifizieren. Eine wichtige Voraussetzung für erfolgreiche Freundschaftswerbung ist ähnlich wie für das Multilevel-Marketing, dass das Produkt einfach verständlich ist und einen breiten Interessentenkreis findet, wie z.B. ein Zeitungsabonnement oder die Produkte von Tupperware. Darüber hinaus müssen die Abschluss-Prämien auf die Bedürfnisse und speziellen Interessen der Stammkunden zugeschnitten sein und für sie eine echte Motivation für die Kundenwerbung darstellen. Mit effektiver Freundschaftswerbung können sehr positive Ergebnisse erzielt werden, die Weiterempfehlung durch Stammkunden kann die kundenbezogene Marge für den Anbieter um bis zu 20% steigern.

Im Geschäftskundenbereich gibt es die klassische Freundschaftswerbung nicht. Aber hier spielt die Schaffung von Referenzkunden eine zunehmend wichtige Rolle. Auch Empfehlungen sind ein wichtiges Element in der Neukundengewinnung. Dies trifft in besonderem Maße auf Dienstleistungsangebote zu, da diese nur schwer im Vorfeld beurteilt werden können. Wenn von anderen Unternehmen Empfehlungen ausgesprochen werden, gibt dies auf jeden Fall zusätzliche Sicherheit. Besonders wichtig ist dieses Vertriebsinstrument z.B. für Beratungsunternehmen, Finanzdienstleister und Versicherungen. Ein bei anderen vergleichbaren Unternehmen zur vollen Zufriedenheit eingesetzte Produkte schaffen höhere Chancen für die erfolgreiche Vermarktung als Produkte, für die keine Referenzen bekannt sind. Im Gegenzug erhalten Referenzkunden besondere Vergünstigungen bis hin zur kostenlosen Nutzung des Produktes oder der Leistung.

Online-Vertrieb ist unverzichtbar

Das Einkaufen im Internet wird immer beliebter und die Zuwachsraten für den eCommerce, d.h. den elektronischen Handel mit Produkten und Dienstleistungen liegen auf hohem Niveau. Da die Nutzung des Internets eine Änderung in den Lebensgewohnheiten widerspiegelt, wächst dieser Bereich auch in den nächsten Jahren weiter trotz drohender Rezession oder anderer Krisen. Allerdings wächst der Online-Handel zu Lasten des stationären Handels. Es führt für kaum ein Unternehmen ein Weg vorbei an der Beschäftigung mit oder der Teilnahme am Internet-Geschäft!

Der Online-Vertrieb umschreibt den Vertrieb unter Nutzung des Internets zur Kundenansprache und in der Regel auch für die Durchführung der Transaktion an sich. In den meisten Fällen bildet der Online-Vertrieb einen ergänzenden Vertriebskanal neben Direktvertrieb, Shops, Handelsvertretern etc., aber es gibt auch Geschäftsmodelle, die ganz auf andere Vertriebskanäle verzichten. Der Vorteil des Online-Vertriebes liegt in der Erschließung zusätzlicher Zielgruppen sowie der regionalen Ausweitung der Vertriebsregion. Ein anderer positiver Effekt, der auch von Fachhändlern mit Ladengeschäft genutzt wird, liegt in der Möglichkeit Mengenrabatte bei den Lieferanten wahrnehmen zu können, weil der Absatz durch den zusätzlichen Vertriebskanal steigt. Das Risiko beim Online-Handel besteht in zunehmenden Betrugsfällen, gefälschten oder vorgetäuschten Identitäten und Zahlungsausfällen. Trotzdem ist der Online-Vertrieb für kaum ein Geschäftsmodell weg zu denken. In einigen Bereichen verlagert sich der Vertriebsprozess immer stärker in den Bereich des Online-Vertriebs (z.B. bei Banken, Versicherungen, Reisebuchungen, Touristik, Buchhandel, Musik). Es ist auch für kleine Unternehmen kein Problem mehr, am Online-Geschäft teilzunehmen. Online-Shops als Anwendung werden von verschiedenen Anbietern zu durchaus niedrigen Kosten angeboten und die Einrichtung erfordert keinen Informatiker. Trotzdem sollten ein paar Regeln beachtet werden, bevor das Angebot auch Online vertrieben wird:

- Die Aufbereitung der Seiten muss der Zielgruppe gerecht werden

- Transparenz und schnelles Finden von Inhalten sind wichtige Erfolgskriterien, klare Strukturen und einfache Navigation die Voraussetzung
- Pop-up Fenster und Animationen stören oft mehr als sie nutzen
- Angebote müssen aktuell sein. Dies gilt auch für Preise und Verfügbarkeitsangaben
- Das Internet ist schnell und Anfragen sollten innerhalb eines Tages beantwortet werden
- Die Logistik für den Versand von Produkten muss geregelt sein
- Konzept für die Abwicklung von Gewährleistungen und Garantie-Leistungen
- Das Impressum muss den Vorschriften entsprechen (u.a. genaue Firmenbezeichnung, Anschrift, Telefonnummer, Kontaktmöglichkeit, Verantwortlicher)

Die oben kurz erwähnten Risiken der Anonymität im Internet sollten auf jeden Fall beachtet werden. So sind gute und sichere Bezahl-Systeme eine Voraussetzung für erfolgreiche Geschäfte. Hier gilt es den richtigen Anbieter aus zu wählen und Zahlungseingänge regelmäßig zu überwachen. Eine Möglichkeit zur Vermeidung von vorgetäuschten Identitäten ist die Schaffung einer Möglichkeit zur Registrierung. So erhält der Anbieter zusätzliche Informationen über den Interessenten und es lassen sich Vergleiche mit Adress-Datenbanken durchführen. Eindeutige Identitäten erreicht man über das Post-Ident-Verfahren. Das Problem aller Registrierungs-Verfahren liegt in der Bereitschaft der Nutzer, seine Daten preis zu geben! Dies wird er nur dann tun, wenn er hieraus einen Vorteil für sich ziehen kann. Dies können aktuelle Informationen über Ihr Angebot sein oder z.B. Rabatt-Angebote. Diese Möglichkeiten werden in Verbindung mit den Kundenbindungsverfahren näher beschrieben. Generell gilt, dass ein Besucher einer Internet-Seite umso eher einer Registrierung zustimmt, je häufiger er die Angebote nutzt.

Unternehmen, die keine eigene Internetpräsenz aufbauen wollen, oder erst Erfahrungen sammeln wollen, können zunächst Tests mit bestehenden Internet-Shops machen. Nicht von ungefähr finden sich bei ebay viele Angebote von Händlern. Aber auch der Online-Portal Amazon bietet Händlern die Möglichkeit, eigene Produkte an zu bieten. Dem Nachteil, dass auf diesem Weg eine eigene Präsenz zur Darstellung des Unternehmens nur eingeschränkt oder gar nicht möglich ist, steht der Vorteil gegenüber, dass die Identitätsprüfung und die Zahlungsabwicklung durch den Portalbetreiber erfolgen. Natürlich kostet dieser Vertriebsweg etwas, in der Regel ist die Gebühr abhängig vom erzielten Umsatz.

Der Betrieb eines eigenen Online-Shops erzeugt Kosten und somit auch der Online-Weg zum Kunden. Im Vergleich zu anderen Vertriebsformen liegen diese aber in den meisten Fällen wesentlich niedriger. Ein Online-Vertriebsmitarbeiter kann mit standardisierten Abläufen wesentlich mehr Anfragen bearbeiten als ein Außendienstmitarbeiter. Im Wettbewerb drückt sich dieser Kostenvorteil oft durch niedrigere Preise als im Ladengeschäft aus. Allerdings gilt dies nicht immer, manchmal wird der Kunde für die Bequemlichkeit des Online-Einkaufens zusätzlich zur Kasse gebeten. Wenn es der Nutzen für den Kunden rechtfertigt, dann kann dies auch nachhaltig geschehen.

Wie bei Haustür-Geschäften hat der Käufer auch bei Internet-Geschäft ein Rücktritts-Recht und natürlich hat er Anspruch auf die üblichen Garantie-Leistungen. Dies ist zu berücksichtigen, bevor man seine Leistungen online feilbietet. Trotz aller Hindernisse ist die Nutzung des Online-Vertriebes für viele Unternehmen ohne Alternative. Die Schnelligkeit des Internets kann für den Anbieter Vor- und Nachteil sein. Neue Produkte können über das Internet in kürzester Zeit einem breiten Kundenkreis angeboten werden, aber Änderungen im Kundenverhalten und neue Trends wirken sich auf der anderen Seite auch sehr kurzfristig aus. Als kritischer Aspekt wird die Vergleichbarkeit im Internet angeführt. Dies ist teilweise richtig, denn Preissuchmaschinen geben einen schnellen Überblick. Damit erhöht sich die Transparenz im Markt. Allerdings wird auch für den Verbraucher zunehmend wichtiger, wie der Anbieter von anderen bewertet wird. Betrug geht auch im Internet grundsätzlich in beide Richtungen. Durch eine transparente Darstellung und einen guten Service kann man sich also auch im Internet von der Konkurrenz abheben. Andere Möglichkeiten, einen direkten Preisvergleich zu erschweren sind die Bildung von Paketangeboten zusammen mit Zubehör-Produkten und Finanzierungs-Angebote.

Die Kombination von Online-Angeboten und im Geschäft erbrachten Dienstleistungen kann für Fachhändler eine interessante Option für zusätzliche Umsätze bieten und den im Internet gewonnen Kunden in das eigene Ladengeschäft zu bringen. Eine weitere Option ist die Nutzung von mobilen Datenlösungen, z.B. auf der Basis von Location-Based-Services (LBS), die dem an einem speziellen Thema interessierten und angemeldeten Passanten für ihn passende Angebote in der näheren Umgebung aufzeigt. auf diesme Wege können zudem zeitlich befristete Sonderangebote bekanntgemacht werden. Auch für diese Varianten sollte im Vorfeld der Nutzen für den Kunden bedacht werden.

Zu einer fundierten Vertriebsplanung gehört die adäquate Vertriebskanalwahl. Nur in Ausnahmefällen werden die im Markt vorhandenen Möglichkeiten tatsächlich ausgeschöpft. Direktvertrieb, die Vermarktung über Shops und indirekter Vertrieb über Handelsvertreter oder Vertriebspartner sind die "gängigen" Vertriebskanäle. Andere Möglichkeit zur Kundenansprache nutzen Vertriebskooperationen, realisieren Systemangebote, bieten die Teilnahme an Kundenclubs und die Ansprache mit Angeboten z.B. über SMS und Messaging-Dienste. Dies setzt allerdings die Einhaltung des Datenschutzes voraus und der Kunde muss vorher der Zusendung solcher Werbeangebote zustimmen.

Die Vermarktung über Vertriebspartnerschaften mit Unternehmen aus "fremden" Branchen wird noch recht selten genutzt. Eine Voraussetzung für erfolgreiche Vertriebspartnerschaften ist, dass der Kooperationspartner einen guten eigenen Zugang zur angestrebten Kernzielgruppe hat und dass sich die beidseitig angebotenen Produkte nicht gegenseitig negativ beeinflussen. Wie bei allen Partnerschaften sollten auch bei Vertriebspartnerschaften gemeinsame Ziele vereinbart werden, die über einen längeren Zeitraum Bestand haben. Die erfolgreiche Ausgestaltung einer Vertriebskooperation setzt eine laufende Steuerung im Sinne eines Partnermanagements voraus.

Systematik in der Vertriebskanalauswahl

Die richtige Ausgestaltung der eingesetzten Vertriebskanäle setzt eine sorgfältige Planung voraus. Im Zentrum stehen der potenzielle Kunde und sein Kaufverhalten. Als Anbieter sollte man in den Kanälen präsent sein, bei denen der Kunde die höchste Kaufbereitschaft hat. Die ausgewählten Vertriebswege müssen untereinander „verträglich" sein und nicht in einem unmittelbaren Wettbewerb zueinander. Ein Vertriebspartner, egal welcher Art, wird nur dann ein Interesse an einer längerfristigen Zusammenarbeit haben, wenn er selber einen ausreichenden Erfolg erzielen kann. Die Überbesetzung von Marktsegmenten kann also durchaus kontraproduktiv sein.

Ein anderes Kriterium bei der Auswahl und Steuerung der Vertriebskanäle ist die Kalkulation der realen Vertriebskosten je gewonnenen Kunden. Das hierzu erforderliche Vertriebscontrolling wird häufig nur eingeschränkt betrieben. Dabei müssen alle Kosten erfasst werden, nicht nur Provisionen oder Einkaufsrabatte, sondern auch Rückläufer, Kommissionen, Werbematerialien, Aufwand für Schulungen und vertriebliche Betreuung. Diese Vollkostenbetrachtung ergibt über die verschiedenen Vertriebskanäle hinweg häufig interessante und unerwartete Ergebnisse.

Werden die Erfahrungen mit Eigenvertrieb und indirektem Vertrieb in regelmäßigen Abständen erfasst und auswertet, so können Trends frühzeitig erkannt werden. Bislang ungenutzte Vertriebskanäle sollten zunächst in begrenztem Umfang geprüft und Tests zur Bestätigung durchgeführt werden. Die Bewertung der unterschiedlichen Vertriebskanäle kann z.B. nach den folgenden Kriterien erfolgen:

- Zugang zu wichtigen Zielgruppen
- Schnelligkeit in der erreichbaren Durchdringung
- Kannibalisierungseffekte mit anderen Kanälen
- Synergieeffekte mit anderen Produkten analysieren
- Zeitliche Entwicklung der Kosten je Auftrag
- Wettbewerbsprobleme klären
- Planbarkeit und Steuerungsmöglichkeiten
- Schulungsaufwand und –bedarf bei Mitarbeitern neuer Vertriebskanäle

Die Erweiterung der Vertriebskanäle setzt in der Regel die Umsetzung einer Reihe von Maßnahmen voraus, z.B. Marketing-Maßnahmen zur Unterstützung der Vertriebsaktivitäten. Auch für die Erschließung neuer Vertriebskanäle ist die Erstellung eines Projekt- und Zeitplans hilfreich, in dem die Vorbereitungsarbeiten, die Festlegung der Zuständigkeiten, eine Auswahl von Partnerunternehmen, die Anforderungen an die Testphase und auch die anschließende Auswertung festgelegt werden.

Ziele/Strategien

Übergeordnete Ziele	Übergeordnete Strategien
Absatzziel Umsatzziel	
Marketing-Mix-Ziele	**Strategien**
Produkt Distribution Preis/Konditionen Kommunikation	

9. Neukundenpotenziale heben – der Vertriebsprozess

Der Vertrieb ist eine Organisationseinheit im Unternehmen wie alle anderen auch. Aufgrund der „Sondersituation" der häufigen Kontakte mit wechselnden Ansprechpartnern an unterschiedlichen Orten – meist außerhalb des Unternehmens – erfordert die Führung des Vertriebes besondere Steuerungsinstrumente. Der Vertriebsprozess muss in allen Elementen sorgfältig geplant und organisiert werden, damit Vertriebserfolge nicht dem Zufall überlassen bleiben. Schon vor der Ansprache neuer Kunden fallen Vertriebsaufgaben an. Gute Kenntnisse über die Zielgruppen und eine sorgfältige Vertriebsplanung unter Auswahl der optimalen Vertriebskanäle schafft die Voraussetzung für einen beständigen Erfolg. Aufgrund der hohen Bedeutung der Vertriebsaktivitäten für jedes Unternehmen und die in der Regel hohen Kosten für den Vertrieb ist eine laufende Überwachung und Kontrolle unabdingbar. Genauso wichtig sind die Aufrechterhaltung der Motivation und die Weiterentwicklung der Qualifikation. Nur ein gut geschulter, motivierter Vertriebsmitarbeiter, der in einer eindeutigen Aufgabenteilung, mit den notwendigen Informationen ausgerüstet und mit klaren Zuständigkeiten versehen, kann den notwendigen Erfolg erzielen.

Der Vertriebsprozess gleicht bei vielen Unternehmen eher einem künstlerischen Akt als einem analytisch aufgebauten Prozess. Nur mit klarer Strukturierung der Abläufe und Leitlinien für die Umsetzung wird ein Erfolg nicht zum Zufallsprodukt. Erfolgreiche Vorgehensweisen müssen zielgerichtet multipliziert und nicht-erfolgreiche Methoden vermieden werden. Zu den Prozessschritten gehören das Vorgehen zur Terminvereinbarung, die Vorbereitung und eigentliche Durchführung der Kundenbesuche, die Dokumentation der Gesprächsinhalte und die Festlegung des weiteren

Vorgehens (z.B. noch zu beschaffende Informationen) und nicht zu letzt die eigentliche Angebotserstellung. Es muss ebenso festgelegt werden, nach welcher Zeit und in welcher Form das Nachfassen erfolgt. Für die sich häufig anschließende Phase der Verhandlung sind Regeln und Spielräume fest zu legen. Schließlich sollte am Ende eines erfolgreichen Vertriebsprozesses der Vertragsabschluss stehen.

Bevor – oder parallel zu einer Zielgruppenausweitung – sollte sicher gestellt sein, dass das in der bisherigen Kernzielgruppe vorhandene Potenzial bereits vollständig ausgeschöpft wird. Wenn zu den Zielgruppen Geschäftskunden gehören, können Kontaktdaten über weitere Zielgruppenvertreter beschafft werden, die noch nicht zum Kundenkreis gehören. Dazu gibt es verschiedene Möglichkeiten. Eine eigene Recherche über Internet und Telefonbuch kann weiterhelfen und kostet nicht viel, allerdings ist die Effizienz nicht die Beste, insbesondere wenn keine „Experten" für solche Recherchen greifbar sind. Eine andere Möglichkeit ist der Kauf von Adressdaten aus verfügbaren Datenbanken, wobei diese Verzeichnisse oft den Nachteil der fehlenden Aktualität und mangelnder Qualität haben. Dabei kann es durchaus vorkommen, dass Unternehmen, deren Daten in der gekauften Datenbank sind, schon seit Jahren nicht mehr existieren oder längst verzogen sind. Gleichen Schwankungen unterliegen die Qualität der Telefonnummern oder Ansprechpartner. Trotzdem wird man nicht ganz umhin kommen, Adressmaterial von einem der professionellen Anbieter zu erwerben. Der Handel mit Adressen ist ein attraktives Geschäft und so gibt es eine Reihe von Anbietern mit entsprechenden, teilweise allerdings sehr teuren Angeboten. Hierzu gehören z.B. Schober, Bertelsmann, Creditreform, Markus, viele Branchenverbände verfügen ebenfalls über verwertbare Informationen. Die Qualität der Einträge ist dabei recht unterschiedlich und hängt von dem Aufwand ab, den der Datenbankanbieter selber in die laufende Aktualisierung und Pflege steckt. Die Qualität der Daten spiegelt sich allerdings in der Regel im Preis wider!

Es gibt unterschiedliche Preismodelle, vom einmaligen Kauf der Daten über einen Preis, der sich nach einem Punktesystem an der Anzahl der Zugriffe und der abgefragten Merkmale in der Datenbank richtet (z.B. Adresse, Ansprechpartner, Branche, Mitarbeiterzahl, Umsatz, ...) und auch Abonnement-Modelle mit regelmäßigen Nachlieferungen und Updates. Es lohnt sich auf jeden Fall, mehrere Angebote ein zu holen und die Angebote im Detail zu vergleichen. Die schlechte wirtschaftliche Lage der letzten Jahre hat auch den Datenbankanbietern bei der Aktualisierung Probleme bereitet. Hier sind gegebenenfalls solche Anbieter im Vorteil, die an die großen Auskunfteien wie z.B. Creditreform oder Bürgel angebunden sind.

Auch die verschiedenen Industrie-Verbände und die Industrie- und Handelskammern (IHK) verfügen über branchenbezogene oder regionale Datenbank-Informationen, die sie teilweise Dritten zur Nutzung anbieten. Diese Daten sind meist nicht schlechter als die der anderen Anbieter und teilweise deutlich preisgünstiger. Da die Daten der IHK beispielsweise auf den Angaben der in der Region angemeldeten Unternehmen basieren, sind die Daten auch relativ aktuell. Wenn die Quelle für neue Adressen ausgewählt ist, sollten die Daten aus dem Kundenstamm und die Daten aus dem Vertriebsinformationssystem (oder auch aus einem CRM – „Customer-Relationship Management" System) hiermit abgeglichen werden, so dass sich die noch nicht bearbeiteten Potenziale in den Zielgruppen ergeben. Der nächste Schritt ist die Festlegung der Methode zur Ansprache, die wiederum stark vom jeweiligen Geschäftsmodell abhängt. Wenn die Produktmarge einen Außendienstbesuch durch den Direktvertrieb nicht zulässt, müssen andere Wege der Ansprache gesucht werden, z.B. eine zielgruppengerechte Gestaltung der Werbung mit Response-Elementen, die Nutzung des Online-Vertriebs oder ein Telefonverkauf. Obwohl nach dem schon länger bestehenden Verbot der telefonischen Ansprache von Privatpersonen, die keine Kunden sind oder keine Einwilligung gegeben haben, auch die telefonische Erstansprache von Geschäftskunden gesetzlich erschwert wurde, bleibt die telefonische Ansprache und der Verkauf am Telefon für bestimmte Produkte die effizienteste Vertriebsform.

Der Weg über Directmailings ist nur in wenigen Fällen wirtschaftlich attraktiv, da mit der Menge an Werbepost die nicht unberechtigte Gefahr besteht, dass die Werbung den Entscheider entweder gar nicht erreicht oder von ihm nicht wahrgenommen wird. Für diese Form der Werbung eignen sich Produkte, die bei dem potenziellen Käufer entweder einen besonders hohen Produktnutzen, hohe Begehrlichkeit oder einen hohen Innovationsgrad aufweisen. Response-Quoten von mehr als 2 % sind aber auf diesem Wege fast nie zu erreichen.

Terminvorbereitung

Werden Kunden üblicherweise über Außendienstbesuche akquiriert, können die ermittelten neuen Adressen zur Bearbeitung den Außendienstmitarbeitern zugeteilt werden. In vielen Fällen ist es aber effizienter, wenn die Vertriebsmitarbeiter sich auf die eigentliche Vertriebsarbeit konzentrieren, d.h. Besuche und Präsentationen durchführen, Angebote erstellen und Aufträge verhandeln. Daher kann es sinnvoll sein, über eine externe Telemarketing-Agentur die noch nicht bearbeiteten Kontaktdaten zu überprüfen, den richtigen Ansprechpartner zu ermitteln und die telefonische Erstansprache durch zu führen mit dem Ziel, einen Termin für einen Außendienstbesuch zu vereinbaren. Da die Agenten für diese Aufgabe am Telefon speziell geschult sind, zeigen Erfahrungen, dass die Erfolgsquote fast immer über derjenigen von Außendienstmitarbeitern liegt! Während die eigenen Mitarbeiter in den meisten Fällen neben einer variablen Erfolgsprämie ein nicht unerhebliches

Festgehalt beziehen, lassen sich mit den meisten Telemarketing-Anbietern eine überwiegend erfolgsabhängige Vergütung vereinbaren. Wenn sich das spezifische Produkt für einen Verkauf am Telefon eignet, sollte dies ebenfalls einen Versuch mit einer Telemarketing-Agentur wert sein. Unter Umständen eröffnet sich so ein ergänzender Vertriebskanal. Der Einsatz von Telemarketing für die Gewinnung von Terminen für den Außendienst oder den Telefonverkauf sollte unter Beachtung der engen Regeln des Datenschutzes erfolgen. Danach dürfen keine Personen „kalt" angerufen werden, mit denen noch keine Geschäftsbeziehung besteht und die selber keinen Wunsch nach Kontaktaufnahme geäußert haben. Dies kann z.B. als Resonanz auf eine Anzeigen-Kampagne oder bei entsprechender Formulierung bei Teilnahme an einem Gewinnspiel erfolgen. Durch diese aus Sicht des Verbrauchers sehr sinnvolle und wünschenswerte Regel behält der Verbraucher die Kontrolle und wird nicht mir unerwünschten Werbe-Anrufen belästigt.

Obwohl die meisten Vertriebsmitarbeiter effizienter arbeiten, wenn sie sich auf die Phase ab dem ersten Termin konzentrieren, ist es durchaus hilfreich, wenn sie einen Bruchteil ihrer Kontakte nach wie vor selber akquirieren. Dies kann neben der telefonischen Ansprache auch durch eine klassische Kaltakquisition erfolgen, z.B. in Verbindung mit einem Außendiensttermin und zum Ausfüllen von Zeiten zwischen Terminen. Beim beschriebenen Vorgehen zur Beschaffung von Adressmaterial, der Terminvereinbarung über Telemarketing-Dienstleistern und den Versuch des Telefonverkaufs wird in der Regel eine erhebliche Steigerung der Neukunden-Kontaktquote erreicht und wenn auch die anderen Elemente im Vertriebsprozess gut organisiert sind, sollte sich in kurzer Zeit eine Umsatzsteigerung erzielen lassen.

Auch Vertriebsmitarbeiter brauchen von Zeit zu Zeit Weiterbildung und Schulungen. Hierfür gibt es gute Programme für Telefontrainings, Argumentationshilfen zur Gesprächsführung und zur Stärkung der

Abschlussstärke. Das für ein Training der Vertriebsmitarbeiter eingesetzte Geld ist in aller Regel gut angelegt, zumindest dann, wenn der Trainer gut ist! Ergänzend wurden auch mit einer Online-Beratung bzw. einem Online-Coaching vor einem wichtigen Ersttermin Ergebnisverbesserungen erreichen. Wie in vielen anderen Bereichen auch sind klare Vorgaben von zu bearbeitenden Quantitäten und Quoten durch die Vertriebsleitung oder die Geschäftsführung notwendig. Dabei muss die Zuständigkeit für die Bearbeitung der einzelnen Kunden und Vertriebskanäle klar geregelt sein. Von ähnlicher Bedeutung ist die Definition von Reporting-Inhalten und Intervallen. Zur weiteren Verbesserung sollte eine regelmäßige Auswertung der Erfolgsquoten (Anzahl der Anrufe bis zum Gespräch; Anzahl Gespräche bis zu einem Termin; Qualität der Termine; Anzahl von Abschlüssen aus den Terminen) selbstverständlich sein.

Vor der Vereinbarung eines Termins stehen die Analyse des Buying-Centers beim Kunden und die Identifikation des Entscheidungsträgers für einen Auftrag. Die Festlegung der Art der Ansprache und die Anpassung der Vertriebsargumentation sind wichtige Schritte im Vorfeld. Die Ansprache neuer Kontakte ist nicht jedermanns Sache und selbst im Vertrieb haben nur wenige Mitarbeiter eine natürliche Begabung. Daher sind Schulungsmaßnahmen für die Vereinbarung von Terminen in vielen Fällen sinnvoll.

Was Kunden von Verkäufern erwarten

Methoden-kompetenz: Vorteils-/Nutzenargumentation, Fristen und Zusagen einhalten, Service-Partner sein

Fach- kompetenz: Den Wettbewerb und Markt kennen, Das Produkt kennen, Produktvergleich

Persönliche Kompetenzen: Ehrlich sein, Sympathie wecken, Vertrauen aufbauen

Zu einem erfolgreichen Kundenbesuch gehört eine gute Besuchsvorbereitung. Die Einhaltung der vereinbarten Termine ist zwar bei weiterer Entfernung nicht immer einfach, sollte aber trotzdem ein Grundprinzip sein. Eine gute Gesprächsführung kann man im Zweifelsfall üben. Dabei ist auf ein klares Ergebnis mit der Festlegung der nächsten Schritte (Angebot, Informationsbeschaffung, Wiedervorlage) hin zu arbeiten. Zu einem Vertriebsbesuch gehören die Eintragung in einem Kundeninformations- bzw. Customer-Relationship-Management (CRM)-System sowie eine Dokumentation der besprochenen Inhalte und Ergebnisse. Auch im Hinblick auf die Vertriebsbesuche empfiehlt es sich eine regelmäßige Auswertung der Ergebnisquoten (abgesagte oder nicht wahrgenommene Termine, Anzahl Angebote pro Termin, Anzahl der Termine mit Nachbearbeitungsbedarf) vorzunehmen.

Angebotserstellung und Kundenbetreuung nach Vertragsabschluss

Erstellt ein Unternehmen regelmäßig Angebote durch unterschiedliche Vertriebsmitarbeiter, so empfiehlt es sich Angebotsmuster festzulegen. In vielen Fällen sollten Randbedingungen für eine vor der Angebotsabgabe notwendige Bonitätsprüfung definiert werden, um spätere Forderungsausfälle zu vermeiden. Intern sind die Verantwortlichkeiten für die Angebotserstellung und Freigaben bei Sonderkonditionen klären und fest zu halten. Andernfalls braucht sich niemand im Unternehmen über zu hohe Rabatte und „ungewöhnliche" Konditionsmodelle wundern.

Die Definition von „strategisch" wichtigen Referenzkunden (z.B. für Sonderkonditionen) kann bereits im Vorfeld die Konditionsregelung erleichtern. Dabei sollte selbstverständlich sein, dass der Status des Referenzkunden auf wenige Einzelfälle beschränkt bleibt. Bei der Angebotserstellung selber muss sichergestellt sein, dass die notwendigen Schritte wie z. B. Bonitätsauskunft, Machbarkeitsprüfung bei Sonderwünschen, Wirtschaftlichkeit bei Sonderkonditionen etc. eingehalten werden. Die Schaffung einer Kontrollfunktion z.B. zur Sicherstellung der gleichbleibenden Qualität der Angebote und der Einhaltung der Corporate Identity kann sinnvoll sein. Die Eintragung der Angebotseckpunkte in ein CRM-System gehört genauso mit zur Erstellung eines Angebotes wie die Festlegung von Zuständigkeiten und Zeitplänen für die weitere Nachverfolgung.

Eine Nachfassaktion nach Übergabe des Angebots nach einem definierten Zeitplan erhöht die Erfolgswahrscheinlichkeit. Dabei ist das Erfordernis von Nachverhandlungen einzukalkulieren. Gegebenenfalls kann bereits im Vorfeld ein Rahmen für mögliche Zugeständnisse definiert werden. Die Abschluss-

Orientierung der Vertriebsmitarbeiter kann durch automatische Anforderungen aus einem Vertriebssteuerungssystem gefördert werden. Die Zufriedenheit des Kunden mit dem Vertriebsprozess und dem Vertriebsmitarbeiter kann am besten zeitnah nach dem Abschluss erfragt werden. Das Erfassen der Aufträge mit nachfolgender Kündigung und Beschwerde über falsche Beratung erfordern auf jeden Fall eine besondere Aufmerksamkeit. Über die Auswertung der Erfolgsquoten pro Angebot im Vergleich der verschiedenen Außendienstmitarbeiter und Auswertung des relativen Anteils von Angeboten mit Nachverhandlung als Kontrollfunktion für Abschlusssicherheit der Mitarbeiter kann eine laufende Verbesserung der Performance erreicht und Qualifizierungsbedarf aufgedeckt werden.

Nach Eingang eines Auftrages ist der Eintrag in der Auftragsbearbeitung sicher zu stellen und eine Auftragsbestätigung für den Kunden zu erstellen, die je nach Geschäftsmodell mehr oder weniger aufwändig sein kann. Bei besonders wichtigen Kunden ist die Bestätigung zur Nennung als Referenzkunden ein zu holen. Für den weiteren Aufbau einer Beziehung zum Kunden muss die Betreuungszuständigkeit nach der Akquisition festgelegt werden. In manchen Fällen sind Kundenbindungsmaßnahmen (Welcome-Letter, regelmäßige Informationsschreiben, Rechnungsbeilagen, Kundenzufriedenheitsanalysen, Besuche durch Betreuer, Nutzungsauswertung) ein zu leiten. Regelmäßige Information über neue Angebote oder Vertragsverlängerungen im Abonnementgeschäft sind oft eine sinnvolle Möglichkeit zur Festigung einer Kundenbeziehung. Gelingt es beim Kunden eine bewusste Wahrnehmung seines Anbieters zu erzielen, so sind die Chancen für Folgegeschäfte recht gut.

Mit dem Vertragsabschluss oder dem Verlust eines Auftrages ist der eigentliche Vertriebsprozess zwar beendet, aber über Auswertungen lernt man aus möglichen Fehlern. Mit einer weitergehenden Betreuung kann der Kunde für weitere Geschäfte interessiert bzw. der verlorene Kunde für zukünftige Geschäfte doch noch gewonnen werden. Die Auswertung von Erfolg und Misserfolg ist in jedem Fall eine wichtige Quelle für Informationen. Bei der laufenden Kundenbetreuung werden die Zufriedenheit mit dem gekauften Produkt absichert und sich zukünftig ergebende neue Potenziale identifiziert. Dabei muss die Betreuung dem Produkt und seiner Nutzung angemessen sein und darf vom Kunden nicht als lästig oder überzogen empfunden werden. Eine andere Aufgabe in dieser Phase ist die aktive Kundenrückgewinnung (Retention-Marketing) bei verlorenen Kunden. Aufgrund der speziellen Anforderungen ist der typische Vertriebsmitarbeiter hierfür nur eingeschränkt geeignet. Für die Ausgestaltung der Kundenorientierung gibt es als weiteres wichtiges Unterscheidungskriterium die Intensität der Kundenbeziehung in den Stufen:

- Stammkunden
- Neukunden
- Interessenten
- verlorene Kunden

Für die meisten Unternehmen sind Stammkunden besonders wichtig, da Geschäfte mit Stammkunden niedrigere Kosten und höhere Margen versprechen. Neukunden helfen dagegen, den Kundenkreis zu erweitern und sind somit notwendig zur Umsatzausweitung. Interessenten sind natürlich wichtig, da sie das Potential für weitere Neukunden schaffen. Anders als Stamm- oder Neukunden haben sie sich aber noch nicht für einen Anbieter entschieden. Der entscheidende Schritt ist hier also noch zu schaffen, um aus dem Interessenten tatsächlich einen Kunden zu machen. Andere Anbieter und andere Produkte stehen mit dem eigenen Angebot im Wettbewerb. Hier sind ganz offensichtlich andere Maßnahmen zur Überzeugung erforderlich als bei einem Stammkunden, der weitere Produkte und Dienstleistungen seines bevorzugten Anbieters nachfragt.

Warum sind verlorene Kunden unter dem Gesichtspunkt der Kundenorientierung interessant? Sie generieren keinen weiteren Umsatz und keine Gewinnmargen, sind also nicht hilfreich bei der Erfüllung der unternehmerischen Ziele. In mancher Hinsicht sind verlorene Kunden sogar wichtiger als Neukunden – natürlich nur wenn die Zahl der verlorenen Kunden nicht zu hoch wird und solange das Unternehmen weiterhin Gewinne realisiert. Verlorene Kunden haben sich bewusst für einen anderen Anbieter und gegen das eigene Angebot entschieden. Zunächst mal gab es auch bei den „verlorenen" Kunden ein Bedürfnis, das zu einem Kauf geführt hat. Dann ist allerdings irgendetwas schief gegangen. Hierfür gibt es Gründe, die man in Erfahrung bringen sollte, um für die Zukunft zu lernen. Vielleicht hat die Beratung während des Vertriebsprozesses in die falsche Richtung geführt, vielleicht erfüllt das Produkt nicht die zugesagten Eigenschaften, vielleicht war der Kundenservice nicht zufrieden stellend. Dabei kann es durchaus sein, dass ein eigentlich gutes Produkt nicht zu den speziellen Anforderungen passt. In diesem Fall ist es notwendig, Zielgruppen für das Angebot zu definieren. Gegen falsche Beratung im Vertrieb lassen sich Schulungen und Vertriebsvorgaben erstellen. Bevor man allerdings nach einem Kundenverlust in Aktionismus verfällt, sollte geprüft werden, ob die Gründe vielleicht beim Kunden liegen oder es sich um einen Einzelfall handelt. Auf jeden Fall ist die Gruppe der verlorenen Kunden eine wichtige Quelle für Informationen zum Stand der Kundenorientierung.

Als Gradmesser für den Erfolg eines Unternehmens werden zunächst der Vertriebserfolg und die Anzahl der gewonnenen Neukunden herangezogen.

Für viele Geschäftsmodelle ist es aber mindestens ebenso wichtig, dass aus einem Neukunden ein Stammkunde wird. Der Weg zu diesem Ziel führt auf der Grundlage der Zufriedenheit mit dem erworbenen Produkt zu einer bewusst gestalteten Kundenbeziehung. Hierfür können z.B. unterschiedliche Kundenbindungsprogramme zum Einsatz kommen. Eine langfristige Kundenbeziehung entsteht erst nach mehreren Kundenkontakten und nicht gleich beim Erstkauf. Mit jedem zusätzlichen Kundenkontakt besteht die Chance, die Kundenbeziehung um einen weiteren Schritt aufzubauen. Dabei kommt es insbesondere auf die richtige Ansprache an, d.h. den Kunden dort abzuholen, wo er in der Beziehung steht. Der Prozess einer solchen Kundenbeziehung vom Erstkontakt bis zur Kundenbindung lässt sich idealtypisch in drei Phasen unterteilen: zunächst die Kontaktaufnahme und der Erstkauf, dann die Nachkaufphase und schließlich die Wiederkaufphase. In jeder Phase bestehen jeweils spezielle Anforderungen an die Kommunikation zwischen Anbieter und Kunde. In der ersten Phase geht es um die Gewinnung von Erstkäufern. Hier gibt es eine ganze Reihe von Möglichkeiten zur Kontaktaufnahme mit dem Kunden: über Werbung, Verkaufsförderungsaktionen, Streetpromotions etc. „Was jedoch passiert nach dem Verkauf?" Hier laufen die Informations-Bedürfnisse des Kunden und das tatsächliche Informationsangebot des Unternehmens meist deutlich auseinander. Dies gilt insbesondere in der direkten Nachkaufphase, die häufig von Unsicherheitsgefühlen oder kognitiven Dissonanzen auf Seiten des Kunden geprägt ist, weil Zweifel aufkommen, ob die Kaufentscheidung richtig getroffen wurde. Allgemein kann man sagen, dass diese Zweifel umso größer sind, je höher der Preis des Produktes ist. Zur Beseitigung dieser Unsicherheitsgefühle bemüht sich der Kunde dann, Informationen zu finden, die seine Wahl nachträglich bestätigen. Je besser es in dieser Situation gelingt, das Informationsbedürfnis des Kunden zu treffen, desto eher wird der Erstkäufer zum Wiederkäufer und Stammkunden.

Insbesondere vor dem Hintergrund des in Deutschland in den letzten Jahren verstärkt zu beobachtenden Trends, die Vermarktung auf Rabatten auf zu bauen, ist dieser Schritt einerseits umso wichtiger und notwendiger, damit das Geschäft auch zukünftig wirtschaftlich betrieben werden kann und andererseits auch umso schwieriger. Es muss hierzu gelingen, den Fokus des Käufers von der Suche nach weiteren und noch günstigeren Angeboten ab zu lenken. Es wird kaum einem Anbieter gelingen, über einen längeren Zeitraum der günstigste zu bleiben! Daher müssen andere Instrumente gefunden werden, die für den Kunden relevant sind und ihm einen objektiven oder zumindest subjektiv wahrgenommenen Nutzen geben, damit der Schritt vom Erstkäufer zum Stammkunden sicher gelingt. Wichtig ist dabei, den Nutzenaspekt in keiner Phase aus dem Fokus zu verlieren, da eine Kundenbindung nur dann gelingen kann, wenn der Kunde den Nutzen für sich erkennt. Die phasenbezogene Strukturierung beim Aufbau einer Kundenbeziehung verdeutlicht den Charakter von Kundenbindung. Maßnahmen zur Kundenbindung erfordern ein Denken in Prozessen und keinen Fokus auf einmalige Aktionen. Es ist erforderlich, sich kontinuierlich mit den einzelnen Phasen der Kundenbeziehung auseinander zu setzen, denn jede Stufe bietet generell potenzielle Ansatzpunkte für konkrete Kundenbindungsmaßnahmen. Der erste Kontakt mit einem Neukunden bietet auch die erste Möglichkeit bzw. die Voraussetzung, ihn an das Unternehmen zu binden. Viele Kunden werden die dritte Stufe (Wiederkauf) gar nicht erst erreichen, weil das Unternehmen es nicht geschafft hat, die Unsicherheit des Kunden nach dem Erstkauf für sich zu nutzen und durch gewünschte Informationen zu überzeugen.

Die „Dimensionen" der Kundenbeziehung und einzelne Kriterien

- Affinität
- persönliche Nähe
- „Chemie" der Partner

- Sachliche Unterstützung
- Erfahrungen
- Sonderleistungen

Sympathie — Anerkennung
Kompetenz — Mensch — Intensität — Gegenseitigkeit

- Persönliche Akzeptanz
- Bestätigung
- Anerkennung als Partner

- Interaktionshäufigkeit
- Interaktionsintensität

- Gemeinsame Interessen
- Engagement beider Partner

Wirksame Kundenbindungsmaßnahmen müssen über die reine Zufriedenstellung des Kunden mit Informationen hinausgehen. Vertrauen aufzubauen und eine feste Beziehung zu den Kunden zu schaffen ist mehr, als die offensichtlichen Bedürfnisse der Kunden durch eine Marktleistung zu befriedigen. Die Verminderung der durch den Kunden wahrgenommenen Unsicherheiten und Risiken gelingt am ehesten in einer offenen, dialogbereiten Kundenbeziehung. Dabei müssen eine Vielzahl von Kontaktpunkten initiiert werden, die dazu beitragen, eine vertrauensvolle Basis zum Kunden zu schaffen und darüber hinaus echte Begeisterung für das Unternehmen und seine Produkte zu wecken.

Kundenbeziehungen müssen entwickelt werden

Strategische Ziele
- Erreichung von übergeordneten Marketing- und Vertriebszielen
- Margenziele absichern
- Positionierung im Markt und gegenüber Wettbewerbern ausbauen

Operative Ziele
- Neukundenpotenziale entwickeln und absichern
- Bestehende Kunden an das Unternehmen binden
- Wertschöpfung steigern durch Folgegeschäfte oder Cross-Selling
- Langfristige Gestaltung der Geschäftsbeziehung

Qualitative Ziele
- Frühwarn-Systeme schaffen und Trends analysieren
- Produkteinführung und Innovationen ermöglichen
- Beziehungsnetze gestalten
- Effizienz in der Zusammenarbeit steigern
- Kunden-Abwanderung vorbeugen

Vertriebscontrolling liefert Kennzahlen

Da die Betrachtung von Umsatzentwicklungen und Margen eine retrospektive Sichtweise ist, sollte sich das Vertriebscontrolling mit den Kennzahlen beschäftigen, die solche Vorgänge beschreiben, die zu Umsatz führen sollen, d.h. Angebote, Präsentationen, Kundenbesuche, Informationsversand, Erstkontakte. Je nach Vertriebsform gibt es hierfür weitere Kennzahlen. Neben dem Angebotsvorlauf sind die Verhältnisse von Angeboten je Auftrag, Präsentationen je Angebot, Kundenbesuche je Erstkontakt, Erstkontakte je Werbemaßnahme etc. als Frühindikatoren interessant. Dabei interessiert sich das Vertriebscontrolling nicht nur für die statischen Werte, die auch Markt- oder Geschäftstyp-spezifisch sein können, sondern für die zeitliche Entwicklung. Verschlechtert sich das Verhältnis von Angeboten je Auftrag, so bedeutet dies, dass mehr Angebote erstellt werden müssen, um den Umsatz zu halten. Mehr Umsatz bedeutet dann mehr Kundenbesuche und somit möglicherweise die Neueinstellung von Vertriebsmitarbeitern. Es kann auch bedeuten, dass mehr Werbung geschaltet werden muss, um zu einer größeren Zahl von Erstkontakten zu kommen. Die gerade beschriebene Kette von Auswirkungen führt zu steigenden Kosten bei gleich bleibenden Umsätzen. In der Regel ist spätestens zu diesem Zeitpunkt eine gründliche Vertriebsanalyse durch zu führen. Die beschriebenen Abläufe sprechen möglicherweise für Änderungen in der Produktakzeptanz aufgrund einer veränderten Positionierung im Markt, einem abnehmenden Produktnutzen oder Änderungen im Zielgruppenverhalten. Diese Ursachen lassen sich natürlich nur in Ausnahmefällen mit Instrumenten des Vertriebscontrollings finden. Es ist aber die Aufgabe des Vertriebscontrollings solche Entwicklung, die in vielen Fällen schleichend entsteht, frühzeitig zu erkennen. Dann können Gegenmaßnahmen wie z.B. eine Vertriebsoptimierung auf der Basis einer unvoreingenommen durchgeführten Vertriebsanalyse rechtzeitig eingeleitet und wirtschaftlicher Schaden minimiert werden. Da der Vertriebsprozess dem Produkt, dem bearbeiteten Markt und den potenziellen Kunden, aber auch dem eigenen Unternehmen und seinen Zielen angepasst sein muss, gibt es keinen Standard-Vertriebsprozess für eine Branche oder eine Zielgruppe. Ob die Kriterien aus einer allgemeinen Checklisten für das eigene Unternehmen zutreffen oder nicht bzw. welchen Stellenwert sie haben, ist nur für das individuelle Unternehmen zu beantworten. Wichtig ist, dass der Vertrieb als Produktionsfaktor im Unternehmen wahrgenommen wird, der in seinen Abläufen und Verantwortlichkeiten optimiert und auf einen maximalen Markterfolg ausgesteuert wird.

Primär ist es Aufgabe der Vertriebsorganisation den Kontakt zu potenziellen Kunden aufzubauen und bis zum Kauf zu gestalten. Aber es gibt Fälle, bei denen ein Interessent sich direkt an einen Mitarbeiter im Unternehmen wendet. Wenn alle Mitarbeiter um die Bedeutung der Kunden wissen, dann können sie einiges beitragen, um aus einem Kontakt ein erfolgreiches Geschäft zu machen. Dies gilt in besonderem Maße für bestehende Kunden. Hier kann ein Mitarbeiter außerhalb des Vertriebs einen Auftrag erzeugen und abwickeln. Dabei ist allerdings zu beachten, dass die Vorgehensweise abgestimmt ist. Bei Standardleistungen sollte dies kein Problem sein. Eigentlich sollte es selbstverständlich sein, dass die Mitarbeiter die besten Botschafter für ihr Unternehmen sind. Die besten „Mitarbeiter" des Vertriebes sind zufriedene Kunden, die über Produkt und Unternehmen in ihrem Bekanntenkreis positiv berichten. Im Kapitel zum Empfehlungsmarketing wurde über die Möglichkeit zur vertrieblichen Einbindung von Kunden berichtet. Positive Kommunikation hat aber auch ohne Aufbau eines Vertriebs über Empfehlungsmarketing eine positive Wirkung. Es empfiehlt sich, Interessenten, die sich ohne Mitwirkung des Vertriebes beim Unternehmen melden, darüber zu befragen, woher sie über das Unternehmen wissen. Dies kann bei der aktiven Gestaltung des Kontaktmanagements helfen. Ein weiterer Weg zur Ausweitung der Marktaktivitäten führt über Vertriebskooperationen. Hierbei wird eine Zusammenarbeit mit anderen Unternehmen, z.B. bestehenden Geschäftspartnern, vereinbart, bei der eine gegenseitige Empfehlung erfolgt oder sogar ein Verkauf der Produkt des Partners. Um eine solche Zusammenarbeit Erfolg versprechend zu gestalten, sollten die Partner keine unmittelbaren Wettbewerber im Markt sein, aber im Vertrieb ähnliche Zielgruppe adressieren. Ob für den erfolgreichen Verkauf wie beim indirekten Vertrieb eine Provision gezahlt wird, hängt von den gegenseitigen Interessen ab. Auf jeden Fall ist auch dies eine Möglichkeit zur Ausweitung des Kundenpotenzials.

9.1. Vertriebsoptimierung nach Analyse

Das Vertriebscontrolling sichert bei richtiger Umsetzung die wirtschaftliche Stärke eines Unternehmens und liefert Frühwarnindikatoren zu einem Zeitpunkt, an dem noch Reaktionen möglich sind. Insbesondere zeitlich über einen längeren Zeitpunkt eintretende „schleichende" Veränderungen lassen sich mithilfe des Vertriebscontrollings aufdecken. Daher ist das Vertriebscontrolling keine zusätzliche bürokratische Funktion, die Kosten reduzieren soll, sondern eine auf die Zukunftssicherung des Unternehmens ausgerichtete Funktion. Am wirkungsvollsten funktioniert das Vertriebscontrolling, wenn sich eine offene und vertrauensvolle Zusammenarbeit zwischen Vertrieb, Controlling und Geschäftsführung aufbauen lässt. Letztlich haben alle drei Funktionen das gleiche Ziel und ergänzen sich gegenseitig.

Wie der Name schon nahelegt, sollte das Vertriebscontrolling im Controlling-Bereich angesiedelt sein. Natürlich sind einige der angesprochenen Kennzahlen und Auswertungen originäre Aufgaben des Vertriebsleiters und auch der Vertrieb sollte selber bemüht sein, die Performance und Effizienz im Vertriebsprozess laufend zu verbessern. Trotzdem ist eine unabhängige Instanz zur Durchführung der Auswertungen sinnvoll. Die regelmäßigen Analysen des Vertriebscontrollings sind typischerweise als Informationsinput für den Risikomanagement-Prozess zu nutzen, da Vertriebsprobleme oder gar absehbar rückläufige Umsätze für die meisten Unternehmen ein erhebliches Risikopotenzial ergeben. Dies gilt natürlich nicht nur für die Überwachung der relevanten Vertriebskennzahlen, sondern auch für die Freigabe-Prozesse für Sonderkonditionen. Diese können Großkunden gewährt werden oder Vertriebspartnern, sie kommen allerdings auch in Verbindung mit Vertriebsaktionen im Breitenvertrieb vor. Mit den richtigen Vorkehrungen sollte eindeutig festgelegt (und kommuniziert) werden, wer welche Befugnisse in Verbindung mit Sonderkonditionen hat. Hierzu sind Schwellenwerte und Informationswege festzulegen und dann innerhalb der Stufen die Zuständigkeiten. Bereits bei mittleren Stufen sollte die Freigabe durch Vertriebsleiter und Controlling verbindlich geregelt sein! Bei größeren Zugeständnissen sollte der Geschäftsführer in den Entscheidungsprozess einbezogen werden. Natürlich müssen die notwendigen Freigaben eingeholt werden, bevor verbindliche Zusagen gegeben werden. Je nach Vertriebsstruktur gibt es recht unterschiedliche Kennzahlen für das Monitoring. Welche hiervon für das einzelne Unternehmen passen, lässt sich nur schwer verallgemeinern. Typische Kennzahlen sind:

- Kosten je Abschluss (einschließlich von Rabatten und Sonderkonditionen und den Kosten in der Vertriebsorganisation)
- Umsatz je Vertriebsmitarbeiter je Monat (alternativ kommt die Marge als für das wirtschaftliche Ergebnis relevantere Größe in Betracht)
- Verhältnis der Kunden-Beschwerden zu erzielten Aufträgen (alternativ im Verhältnis zum erzielten Umsatz) im Monat (oder im Jhr)
- Anzahl der Angebote je Außendienstmitarbeiter und Monat
- Anzahl der Angebote je Auftrag
- Anzahl der Kundentermine je gewonnenem Auftrag
- Anzahl der Kundenkontakte pro Tag
- Anzahl der Erstkontakte je vereinbartem Kundentermin

Ein wichtiges Kriterium bei der Auswahl und Steuerung der Vertriebskanäle (direkter und indirekter Vertrieb) ist die Kalkulation der realen Vertriebskosten je gewonnenen Kunden. Das hierzu erforderliche Vertriebscontrolling wird häufig nur eingeschränkt betrieben. Die Kosten müssen vollständig erfasst werden, nicht nur Provisionen oder Einkaufsrabatte, sondern auch Kosten durch Rückläufer, Kommissionen, Werbematerialien, Aufwand für Schulungen und vertriebliche Betreuung. Diese Vollkostenbetrachtung ergibt über die verschiedenen Vertriebskanäle hinweg häufig interessante und unerwartete Ergebnisse. In die Ermittlung der Akquisitionskosten fließen die folgenden Kostenpositionen ein:

- Werbekosten, z. B. für Anzeigen
- Kosten für Verkaufsförderungsmaterialien (Prospekte, Poster, Displays, Aufkleber etc.)
- Kosten für Verkaufsförderungsaktionen (z.B. Promotions, Werbegeschenke, Messen, Events, Mailings)
- Vertriebskosten (Personalkosten, Reisekosten, Werbekostenzuschüsse, Provisionen, Boni etc.)
- Kosten für Kundeninformation (Newsletter, Mailings, Kunden-Magazine etc.)
- Kosten für Kundenbindungsprogramme (Kundenkarte, Garantie- und Reparatur-Service, Kunden-Club etc.)
- Kosten für das Beschwerdemanagement (Personal, Abschreibungen auf Call-Center, Training etc.)

Effizienz Vertriebslinien

Handel	eigenes Produkt	Wettbewerber		
		A	B	C
Absatz Umsatz Anzahl Vertriebs-Mitarbeiter % Zeit Umsatz/Mitarbeiter Organisation				

Direktvertrieb	eigenes Produkt	Wettbewerber		
		A	B	C
Absatz Umsatz Anzahl Vertriebs-Mitarbeiter % Zeit Umsatz/Mitarbeiter Organisation				

Großhandel	eigenes Produkt	Wettbewerber		
		A	B	C
Absatz Umsatz Anzahl Vertriebs-Mitarbeiter % Zeit Umsatz/Mitarbeiter Organisation				

Oft ist es für die Bewertung sinnvoll, zwischen Neukunden und Kundenstamm zu differenzieren. Als Neukunden wird die Summe aller Erstkäufer in einem betrachteten Zeitraum (in der Regel ein Geschäftsjahr) bezeichnet. Der Kundenstamm besteht aus Neukunden und Altkunden (Wiederkäufer und Stammkunden). Zur Vereinfachung werden im ersten Schritt alle primär akquisitorischen Kosten (Werbung, VKF-Material und Aktionen,

Vertriebskosten und Werbekostenzuschüsse) nur den Neukunden zugerechnet. Die verbleibenden Kosten für Kundeninformationsschreiben, Kundenbindung und Beschwerdemanagement werden dagegen in Relation zum Kundenstamm betrachtet. So ergeben sich die Kosten der Kundengewinnung pro Kunde.

Da nicht alle Kosten von den Vertriebsmitarbeitern direkt beeinflusst werden können, wird in der variablen Vergütung meist nur Absatz oder Umsatz als Messgrößen angesetzt. Der Vorteil dieser reduzierten Vorgehensweise liegt in seiner Einfachheit. Auf der anderen Seite verführt dieses Vorgehen dazu, den „schnellen" Umsatz durch hohe Sonderkonditionen oder Werbekostenzuschüsse zu fördern. Aus diesem Grund ist eine interne Freigabeprozedur ein zu richten, die überprüft, welche Konditionen gewährt werden können. Wird für die variable Vergütung anstatt des Umsatzes die erzielte Vertriebsmarge gewählt, so ist der Fokus des Vertriebsmitarbeiters stärker auf margenstarke Geschäfte gerichtet. Trotzdem lassen sich natürlich Nachlässe, Mengenrabatte oder Werbekostenzuschüsse hierdurch nicht vermeiden, da das Unternehmen im Wettbewerb zu anderen Anbietern steht.

Falls der Eindruck entsteht, dass die Vertriebsorganisation keinen optimalen Output generiert, ist eine Analyse und Bewertung der Vertriebsarbeit erforderlich. Hierfür kann es sinnvoll sein, externe Hilfe in Anspruch zu nehmen, um Betriebsblindheit und Vorurteile zu vermeiden. Fehlende Erfolge im Vertrieb können sehr unterschiedliche Ursachen haben. Motivation und Qualifizierung der Vertriebsmitarbeiter können ein Problem darstellen, dem mit Schulung und Anreizsystemen, sowie mithilfe von modernen Führungsinstrumenten entgegen gewirkt werden kann. Eine vergleichende Bewertung der Vertriebskanäle zeigt in manchen Fällen überraschende Ergebnisse, insbesondere wenn erfolgversprechende Kanäle bislang nicht oder nicht mit ausreichender Priorität bearbeitet werden. Schwächen in einer

Vertriebsorganisation zeigen sich auch gelegentlich durch Analysen der Vertriebsplanung und des Controllings, so dass hier Gegenmaßnahmen eingeleitet werden können. Schließlich ist auch die Organisationsstruktur an sich zu hinterfragen. Strukturen, die vor zehn Jahren optimal auf die damaligen Marktbedingungen ausgerichtet waren, müssen dies heute nicht mehr sein.

Die Optimierung sollte der Unternehmer regelmäßig durchführen, z.B. anhand einer Checkliste. Da der Vertriebsprozess dem Produkt, dem bearbeiteten Markt, aber auch dem eigenen Unternehmen und seinen Zielen angepasst sein muss, gibt es keinen Standard-Vertriebsprozess für eine Branche oder eine Zielgruppe. Ob die Kriterien aus einer allgemeinen Checklisten für das eigene Unternehmen zutreffen oder nicht bzw. welchen Stellenwert sie haben, ist nur für das individuelle Unternehmen zu beantworten. Wichtig ist, dass der Vertrieb als Produktionsfaktor im Unternehmen wahrgenommen wird, der in seinen Abläufen und Verantwortlichkeiten optimiert und auf einen maximalen Markterfolg ausgesteuert wird. Die Effizenz im Vertrieb kann durch eine regelmäßige und systematische Überprüfung zur Vertriebsoptimierung gesteigert werden. Die Checkliste listet die wesentlichen Aspekte auf.

Checkliste zur Vertriebsoptimierung

Erarbeitung einer Vertriebsplanung

Detailanalyse der Zielgruppenpotenziale

- Abgrenzung des relevanten Marktes für das Produkt
- Wettbewerbssituation im relevanten Markt-Segment
- Beschaffung von vertiefenden Informationen über die Zielkundensegmente
- Potenzialabschätzungen auf Basis des gegebenen Nutzens
- Marktanalysen auswerten für eine Verkaufsargumentation
- Setzen von Zielen in den Segmenten und Priorisierung
- Verantwortlichkeiten für die Auswahl der an zu sprechenden Kunden

Vertriebskanalauswahl

- Kalkulation der Vertriebskosten in den verschiedenen Zielsegmenten
- Vergleich der Kosten der Vertriebskanäle
- Bewertung der Kapazitäten und Ressourcen in den Vertriebskanälen
- Zugang der einzelnen Kanäle zu den Zielsegmenten
- Erstellung einer Zielplanung in den verschiedenen Zielsegmenten
- Bewertung der zusätzlich notwendigen Maßnahmen zur erfolgreichen Akquisition (Werbung, Prospekte, Schulungen, ...)
- Information der Vertriebskanäle über Ziele und Maßnahmen
- Verbindliche Einigung über die Akquisitionsziele
- Vereinbarung eines regelmäßigen Reportings

Schritte im Vertriebsprozess bis zum Vertrag

Terminvereinbarung

- Analyse des Buying Centers und Identifikation des Entscheiders
- Festlegung der Ansprache und Entwicklung der Vertriebsargumentation
- Schulung für die Erzielung einer Terminvereinbarung, die auch wahrgenommen wird und das Interesse für den Besuch weckt
- Vorgabe von zu bearbeitenden Quantitäten und Quoten
- Verantwortung für die Aufteilung der Potenziale zwischen den Kanälen
- Definition von Reporting-Inhalten und Intervallen
- Regelmäßige Auswertung der Erfolgsquoten (Anzahl Anrufe bis zum Gespräch; Anzahl Gespräche bis zu einem Termin; Qualität der Termine; Anzahl von Abschlüssen aus den Terminen)

Vertriebsbesuche

- Besuchsvorbereitung
- Zuordnung der Termine auf den Außendienst
- Einhaltung der Termine
- Gesprächsführung
- Ergebnisdokumentation
- Festlegung der nächsten Schritte (Angebot, Informationsbeschaffung, Wiedervorlage)
- Eintragung und Pflege in einem Kundeninformations- bzw. Customer Relationship Management (CRM)-System

- Auswertung der Ergebnisquoten (abgesagte oder nicht-wahrgenommene Termine, Anzahl Angebote pro Termin, Anzahl der Termine mit Nachbearbeitungsbedarf)

Dokumentation
- Festlegung der Inhalte für die Dokumentation und der Zugriffsrechte
- Kommunikation der Informationsinhalte
- Managementreports
- Informationen über Folgeaktivitäten und Status
- Automatische Terminverfolgung und -erinnerung
- Auswertung bei Misserfolgen (Quoten im Vergleich zu anderen Mitarbeitern, Ursachen)

Angebotserstellung
- Angebotsmuster festlegen
- Randbedingungen für eine vor der Angebotsabgabe notwendige Bonitätsprüfung festlegen
- Verantwortlichkeiten für Angebotserstellung und Freigaben bei Sonderkonditionen klären und festhalten
- Definition von „strategisch" wichtigen Referenzkunden (z.B. für Sonderkonditionen)
- Sicherstellen der Einhaltung notwendiger Schritte wie z. B. Bonitätsauskunft, Machbarkeit bei Sonderwünschen, Wirtschaftlichkeit bei Sonderkonditionen
- Kontrollfunktionen einrichten, z.B. zur Sicherstellung der gleichbleibenden Qualität der Angebot und der Einhaltung der CI
- Eintragung in CRM-System sicherstellen

- Nachverfolgung der Angebote festlegen mit Zuständigkeiten und Zeitplänen
- Auswertung der Erfolgsquoten je Vertriebsmitarbeiter

Nachfassen
- Automatische Nachfassaktionen gemäß dem definiertem Zeitraum
- Erfordernis von Nachverhandlungen prüfen
- Rahmen schaffen für mögliche Zugeständnisse
- Auswertung der Erfolgsquoten pro Angebot im Vergleich der verschiedenen Außendienstmitarbeiter und Auswertung des relativen Anteils von Angeboten mit Nachverhandlung
- Kontrollfunktion für Abschlusssicherheit der Mitarbeiter

Vertragsabschluss
- Abschluss-Orientierung verbessern durch automatische Anforderung im Vertriebssteuerungssystem
- Zufriedenheit des Kunden mit dem Abschluss erfragen
- Erfassen der Aufträge mit nachfolgender Kündigung und Beschwerde über falsche Beratung
- Sicherstellen des Eintrags des neuen Auftrags in Auftragesbearbeitung
- Auftragsbestätigung für Kunden erstellen
- Bestätigung für Nennung von Referenzkunden einholen

Aufgaben nach Abschluss der Angebotsphase

Auswertung von Erfolg und Misserfolg

- Auswertung in jedem Schritt individuell zur Ermittlung von Kennzahlen, z.B. für Vorgaben und zur Erfolgsmessung, aber auch zur Schwachstellenermittlung
- Querschnittliche Auswertung von allgemeinen Kennzahlen zur Verbesserung der Planung und Ermittlung der Wirtschaftlichkeit (z.B. relative Werte von Kontakten, Besuchen, Angeboten, Nachverhandlungen, Rabatten pro Auftrag)
- Ermittlung der Akquisitionskosten pro Kunde nach Vertriebslinie

Kundenbetreuung nach Abschluss der Akquisitionsphase

- Festlegung der Betreuungszuständigkeit nach der Akquisition
- Definition von Kundenbindungsmaßnahmen (Welcome-letter, regelmäßige Information, Rechnungsbeilagen, Kundenzufriedenheitsanalysen, Besuche durch Betreuer, Nutzungsauswertung)
- Regelmäßige Information über neue Angebote oder Vertragsverlängerungen im Abonnementgeschäft
- Schaffung von Bewusstsein beim Kunden über seinen Anbieter
- Ermittlung eines Kundenwertes aus Umsatz, Rabatten sowie Vertriebs- und Betreuungskosten

Kundenrückgewinnung

- Festlegung der Zuständigkeit für die Kundenrückgewinnung
- Aus dem Kundenwert Angebote für die Rückgewinnung erarbeiten

- Information aus der Kundendatenbank erzeugen und festlegen einer
  Reaktionszeit
- Ansprache des Kunden und Ermittlung der Kündigungsgründe durch den zuständigen Bearbeiter
- Rückgewinnungsangebot verhandeln und bei entsprechendem Potenzial Außendienstmitarbeiter zum Abschluss schicken
- Auswertung der Kündigungsgründe und Festlegung von Kategorien

Maßnahmen zur Effizienzsteigerung

Bewertung der Vertriebsmitarbeiter
- Beurteilung der Vertriebsmitarbeiter nach dem Prinzip des höheren Beitrages zur Wirtschaftlichkeit z.B. aus dem Kundenwert ermitteln
- Hierzu Ableitung geeigneter Kenngrößen (Vertriebskosten im Verhältnis zum Deckungsbeitrag, Vertragslaufzeit, durchschnittlicher Betreuungsaufwand)

Motivation und Qualifizierung
- Selbstverständnis der Vertriebsmitarbeiter auf die Unternehmensziele ausrichten
- Vergütungssysteme auf die wesentlichen Punkte orientieren
- Klare Kommunikation der Vertriebs- und Unternehmensziele
- Regelmäßiges Feedback und transparente Auswertung des Erfolgs

- Erzeugen von Wettbewerb zwischen den Mitarbeitern und Vertriebslinien (nicht bei Kunden sondern bei Kennzahlen)
- Ausbildungsstand prüfen und gezielt weiterentwickeln
- Bildung von Teams bei der Bearbeitung gleicher Kunden (z.B. aus Telemarketing, Außendienst, Vertriebsinnendienst)

Vergleichende Bewertung der Vertriebskanäle
- Erfahrungen mit Eigenvertrieb und indirektem Vertrieb in regelmäßigen
    Abständen erfassen und auswerten
- Bislang ungenutzte Vertriebskanäle prüfen und Tests durchführen
- Vor- und Nachteile der einzelnen Kanäle auswerten
    - Zugang zur Zielgruppe
    - Schnelligkeit in der erreichbaren Durchdringung
    - Kannibalisierungs-Effekte bewerten (nicht prinzipiell negativ)
    - Synergieeffekte mit anderen Produkten suchen
    - Zeitliche Entwicklung der Kosten je Auftrag überwachen
    - Wettbewerbsprobleme klären
    - Planbarkeit und Steuerungsmöglichkeiten
    - Schulungsaufwand und –bedarf
- Maßnahmen zur Erweiterung der Vertriebskanäle
- Marketing-Maßnahmen zur Unterstützung der Vertriebsaktivitäten erfassen
- Zeitplan für eine Umsetzung aufstellen
    - Vorbereitung
    - Festlegung der Zuständigkeiten

- o Auswahl von Partnerunternehmen
- o Testphase
- o Auswertung
- Entscheidung zur Umsetzung und Festlegung eines Maßnahmenplans

Vertriebsplanung und Controlling
- Bisherige Instrumente für Planung und Steuerung
- Erfahrungen aus dem operativen Betrieb
- Zeitnähe der Maßnahmen
- Aufwand bei der Anwendung
- Transparenz über Vertriebsprozess für die verschiedenen Stufen im Unternehmen (Sachbearbeiter, Teams, Abteilungsleiter, Geschäftsführung)
- Einbindung und Rückmeldung an Mitarbeiter, Konsequenz bei der Durchführung und Nutzung
- Fokussierung der Kriterien auf wenige und für die Mitarbeiter nachvollziehbare Kriterien, die folgenden Ansprüchen genügen sollen:
  - o Vom Mitarbeiter in seiner Funktion beeinflussbar
  - o Für den Erfolg im Vertriebsprozess entscheidend
  - o Für die Unternehmensentwicklung relevant
  - o Im Ergebnis auswertbar und transparent
  - o Für kurzfristige Aktionen nutzbar
- Installierte Steuerungssysteme und vorhandenes Erweiterungspotenzial bewerten

- Zusätzliche Planungs- und Steuerungsinstrumente identifizieren und den Aufwand der Einführung mit dem erzielbaren Nutzen abgleichen
- Notwendige Maßnahmen zur Einführung

Organisationsstruktur
- Heutige Organisation mit Stellenbeschreibung und Kompetenzen
- Führungsspanne auf den verschiedenen Ebenen
- Häufigkeit von Organisationsänderungen
- Einhaltung der Berichts-, Informations- und Entscheidungswege (Sonderregelungen)
- Kommunikation der Organisationsstruktur an die Mitarbeiter
- Zuständigkeit für die Einhaltung
- Übereinstimmung von Organisationsstruktur und Prozessabläufen
- Notwendige Entscheidungsbefugnis in der Organisation vorhanden
- Motivationselemente für die Nutzung der Entscheidungsfreiräume
- Messung des Beitrages jeden Mitarbeiters
- Erfahrungen mit der Organisation
    - Bekanntheit beim Mitarbeiter
    - Akzeptanz bei den Mitarbeitern
    - Notwendigkeiten zur Änderungen
    - Fehlende Regelungen identifizieren
    - Informationsflüsse prüfen
    - Qualifikation der Mitarbeiter

Mitarbeiterverträge und Führungsinstrumente

- Variable Elemente in den Verträge
- Messkriterien für den Erfolg
- Häufigkeit des Feedback-Gespräches
- Transparenz für Teamerfolge
- Interne Wettbewerbe
- Nachvollziehbarkeit und Beeinflussbarkeit der Messkriterien
- Nichtfinanzielle Anreizmodelle (Schulungen, „Titel", Prämierung, etc.)
- Schulung und Weiterbildung
- Vertriebsmeetings
    - Häufigkeit und Inhalte von Vertriebsmeetings
    - Einbeziehung der Mitarbeiter in die Vorbereitung
    - Dokumentation und Verbindlichkeit von Ergebnisse
- Erfahrungen mit den Vertragsstrukturen und Führungsinstrumenten
Änderungsbedarf feststellen

Überprüfung von Produktnutzen, Zielgruppensegmentierung und Vertriebskonzept

Manchmal reicht es, wenn man eine Potenzialanalyse mit den Vertriebsmitarbeitern durchführt und dann Qualifizierungsmaßnahmen wie z.B. Vertriebstrainings, Vertriebsbegleitungen oder Vertriebscoachings durchführt. In den meisten Fällen greift diese Art der Vertriebsanalyse zu kurz. Eine gründliche Vertriebsanalyse setzt bei den Kunden an und beschäftigt sich mit den Kundenbedürfnissen und dem Produktnutzen. Hiervon ausgehend ist die Zielgruppenanalyse zu überprüfen und die Wettbewerbssituation zu prüfen. Mithilfe dieser Analysefelder ergibt sich ein besseres Bild über die Positionierung des Produktes im Markt. Da sich diese über den Produktlebenszyklus verändern kann, z.B. durch neue Produkte des Wettbewerbs, technologische Neuerung oder veränderte Preisniveaus kann eine vor Jahren starke Marktposition in der Zwischenzeit verloren gegangen sein. In diesem Fall wird sich alleine mit Vertriebstrainings kaum etwas an einer verschlechterten Absatzsituation ändern lassen. Trotzdem gibt es meist Möglichkeiten zur Um-Positionierung des Produktes oder sogar die Rückgewinnung der ursprünglichen Marktposition, indem Verbesserungen an dem Produkt vorgenommen werden, Preise angepasst oder eine Bündelung mit anderen Angeboten vorgenommen wird, so dass der ursprüngliche Nutzen für den Kunden wieder erreicht wird.

Zur Wahrnehmung des Produktes durch die Kunden sind Auswertungen von Reklamationen eine gute Informationsquelle. Neben Funktions- und Materialfehlern sind Inkonsistenzen und Abweichungen zwischen Erwartungen und Wahrnehmung des Produktes häufige Ursache von Beschwerden. Ein funktionierendes Beschwerdemanagement ist somit ein guter Frühindikator für mögliche Absatzprobleme. In vielen Fällen lassen sich frühzeitig Gegenmaßnahmen einleiten, die helfen, Umsatzeinbrüche ab zu federn.

Wenn die Analyse des Produktes auf Positionierung und Produktnutzen keine Erkenntnisse bringt, die einen Umsatzrückgang begründen können, muss der Analysebereich erweitert werden. Der eigentliche Generator von Umsätzen ist natürlich der Kunde und ihm sollte ausreichende Aufmerksamkeit gewidmet werden. Daher ist zunächst zu überprüfen, ob die früher gewählte Zielgruppensegmentierung heute noch gültig ist. Ähnlich wie sich die Positionierung eines Produktes über den Produktlebenszyklus verändern kann, sind auch Änderungen in der Zielgruppen-Segmentierung möglich. Möglicherweise sind die Kriterien zur Wahl der Segmentierung nicht mehr gültig. Potenzielle Käufer können jünger oder älter geworden sein, das Produkt kann aus einer elitär aufgestellten Nische in den Massenmarkt rutschen, Kaufgewohnheiten können sich ändern. Nach der Überprüfung der Segmentierung sind die Informationen über die durchschnittlichen Zielgruppenvertreter zu überprüfen oder neu zu beschaffen. Die Zielgruppenanalyse kann unter Einbeziehung des Vertriebes, der üblicherweise gute Kenntnisse über die Kunden hat, allgemein verfügbaren Informationen aus Fachzeitschriften und von Branchenverbänden meist ohne großen Aufwand erfolgen. Natürlich können auch über Fokusgruppen und Marktforschung Vertiefungen vorgenommen werden.

Hat die Analyse zu Änderungen in der Zielgruppensegmentierung oder bei der Zielgruppenanalyse geführt, sollte überprüft werden, ob das bislang verfolgte Vertriebskonzept noch optimal ist. Andere Zielgruppenanforderungen können auch andere Vertriebsformen erfordern. Der indirekte Vertrieb kann sinnvoller bzw. wirtschaftlicher sein als der Direktvertrieb und virales Marketing eine mögliche Ergänzung. Bei Änderungen in der Produktpositionierung oder bei den Zielgruppen werden die bisherigen Vertriebsformen nicht grundsätzlich untauglich, aber eine optimale Ausschöpfung ist vielleicht nicht mehr möglich. Ein erklärungsbedürftiges Elektronikprodukt ist vermutlich auch längere Zeit nach der Markteinführung immer noch über den Fachhandel vermarktbar, aber vermutlich sind in der Zwischenzeit mit dem Online-Vertrieb oder dem Versandhandel weitere Vertriebskanäle hinzu gekommen, die mit bedient werden müssen, wenn die Erreichbarkeit der Zielgruppe auf einem vergleichbaren Niveau gehalten werden soll.

Wenn die bisherigen Analysen zu Produkt, Zielgruppen und Vertriebsform keine Besonderheiten gezeigt haben, kann die Analyse des eigentlichen Vertriebsprozesses aufschlussreich sein. Falls sich ein Anpassungsbedarf aufgrund der gewonnenen Ergebnisse ergeben hat, muss der Vertriebsprozess den neuen Vertriebskonzepten angepasst werden. Zum Vertriebsprozess gehören alle Aufgaben beginnend bei der Identifikation von neuen Kundenpotenzialen über die Erstansprache über die Angebotserstellung und die Verhandlung bis zum Abschluss eines Auftrags, darüber hinaus auch die Funktionen der Auftragserfassung und –bearbeitung. Im weiteren Sinne endet der Vertriebsprozess erst mit der Fertigstellung oder dem Versand und der Rechnungsstellung. Die Pflege der Kundendatenbanken oder CRM (Customer Relationship-Management) Systeme ist selbstverständlich eine wichtige begleitende Aufgabe. Ohne die Erfassung und Auswertung der einzelnen Schritte, Anforderungen und Zugeständnisse können Veränderungen nur schwer diagnostiziert werden.

Bei der Ausgestaltung oder Optimierung des Vertriebsprozesses gibt es ein weites Spektrum möglicher Umsetzungen. Bei manchen Geschäftsmodellen, insbesondere bei solchen mit niedrigen Margen und hohen Stückzahlen, sollte der Vertriebsprozess so weit wie möglich standardisiert und automatisiert werden. Die Umsetzung in einen elektronischen Workflow ist bei geringem Änderungsbedarf über die Zeit die beste Umsetzung. Erfordern die einzelnen Schritte im Vertriebsprozess eine flexiblere Handhabung, wie es z.B. im Geschäftskunden- und Systemgeschäft der Fall ist, dann sind Verfahrensbeschreibungen und Beschreibung typischer Abläufe eine geeignetere Form der Umsetzung. Im Geschäftskundensegment ist dem Prozess der Neukundengewinnung besondere Aufmerksamkeit zu widmen. In diesem Bereich werden am ehesten Fehler im Vorgehen gemacht und damit Umsatz-Potenziale verschenkt. Je komplizierter und erklärungsbedürftiger das zu vermarktende Produkt ist, desto mehr Vorarbeit ist zu leisten. Dabei sind die Ausgangslage bei dem Unternehmen und die quantifizierbaren Vorteile durch den Einsatz des eigenen Produktes im Vorfeld zu klären. Da der Salescycle im Geschäfts- und Großkundenbereich oft viele Monate dauert, sollte sich ein Anbieter in diesem Prozess möglichst wenig Fehler erlauben.

9.2. Vertriebsorganisation und Vertriebskonzept müssen passen

Vertriebsform und Vertriebsorganisation sollten zusammenpassen, sonst kann eine effiziente Vertriebsarbeit nicht erfolgen. In manchen Fällen ist eine dezentrale Vertriebsorganisation erforderlich, in anderen Fällen reicht eine kostengünstigere zentrale Vertriebsorganisation, die vielleicht unterstützt wird durch freie Mitarbeiter. Bei der Zusammenarbeit mit Vertriebspartnern kann neben der vertrieblichen Betreuung der Partner die Schaffung einer Trainingsabteilung erforderlich sein, die die Mitarbeiter vor Ort für das eigene Produkt qualifiziert. Handelt es sich bei den Vertriebspartnern um Unternehmen mit Ladengeschäften ist u.U. eine Merchandising Gruppe sinnvoll oder eine Unterstützung bei der Ladendekoration. Promotionsteams können die Vermarktung von Consumer-Produkten fördern.

Je nach erforderlichen Organisationseinheiten wird ein angepasster Führungsstil erforderlich, der von Zielvorgabe und konsequenter Kontrolle der Umsetzung bis zu einem partnerschaftlichen Führungsstil und hoher Transparenz in der Kommunikation reicht. Gerade in Vertriebsorganisationen gibt es nicht den guten oder schlechten Führungsstil, wohl aber einen passenden oder eher unpassenden. Unabhängig hiervon sind aber auch im Vertrieb die eindeutige Zielvorgabe und die laufende Überprüfung des Fortschrittes unerlässlich. Da sich ein wesentlicher Teil der Vertriebsarbeit außerhalb des Unternehmens abspielt, ist die Überprüfung der Vorgehensweise und der erzielten Ergebnisse nicht einfach und fordert den Vorgesetzten in höherem Maße als bei unternehmensinternen Aufgaben. Gleichzeitig sind manche Vertriebsprozesse langwierig, z.B. bei Projektgeschäften mit Ausschreibungen und der Verhandlung von Angeboten. Hierdurch wird die Führungsaufgabe im Vertrieb in den meisten Fällen besonders anspruchsvoll und erfordert ein hohes Maß an Erfahrung.

Auch eine Vertriebs-Organisation braucht eine dokumentierte Struktur mit Stellenbeschreibung und festgelegten Kompetenzen. Die Führungsspanne auf den verschiedenen Ebenen ist zu definieren, um Klarheit zu schaffen. Allerdings darf die Entscheidungsbefugnis nicht nur in der Organisation beschrieben, sondern tatsächlich vorhanden und ausgeübt werden. Eine nur auf dem Papier stehende Struktur führt bei den Mitarbeitern meist zu Frustration und zu fehlendem Mut zur eigenen Entscheidung! Grundsätzlich sollte die Übereinstimmung von Organisationsstruktur und Prozessabläufen geprüft werden und bei Abweichungen entsprechend angepasst werden. Hierzu gehört auch die Einhaltung der Berichts-, Informations- und Entscheidungswege in der täglichen Praxis. Motivationselemente für die Nutzung der Entscheidungsfreiräume helfen dabei, die Selbständigkeit der Mitarbeiter im definierten Rahmen zu steigern. Sonderregelungen sollten soweit wie möglich ausgeschaltet, und eben auf tatsächliche Sonderfälle reduziert werden.

Die Häufigkeit von Organisationsänderungen sollte auf das absolut notwenige Maß reduziert werden. Häufige Änderungen verunsichern eher und sorgen dafür, dass sich kaum einer der Mitarbeiter wirklich mit der aktuellen Struktur beschäftigt. Auf jeden Fall ist eine intensive Kommunikation der Organisationsstruktur an die Mitarbeiter notwendig, damit sichergestellt wird, dass die Organisation nicht nur ein Dokument für die Ablage ist. Die Erfahrungen mit der Organisation sollten trotzdem regelmäßig überprüft werden, auch ohne dies gleich in Organisationsänderungen um zu setzen. Dabei sind relevante Beobachtungsbereiche:

- Bekanntheit beim Mitarbeiter
- Akzeptanz bei den Mitarbeitern
- Problemfälle und Notwendigkeiten zur Änderungen
- Fehlende Regelungen
- Informationsflüsse

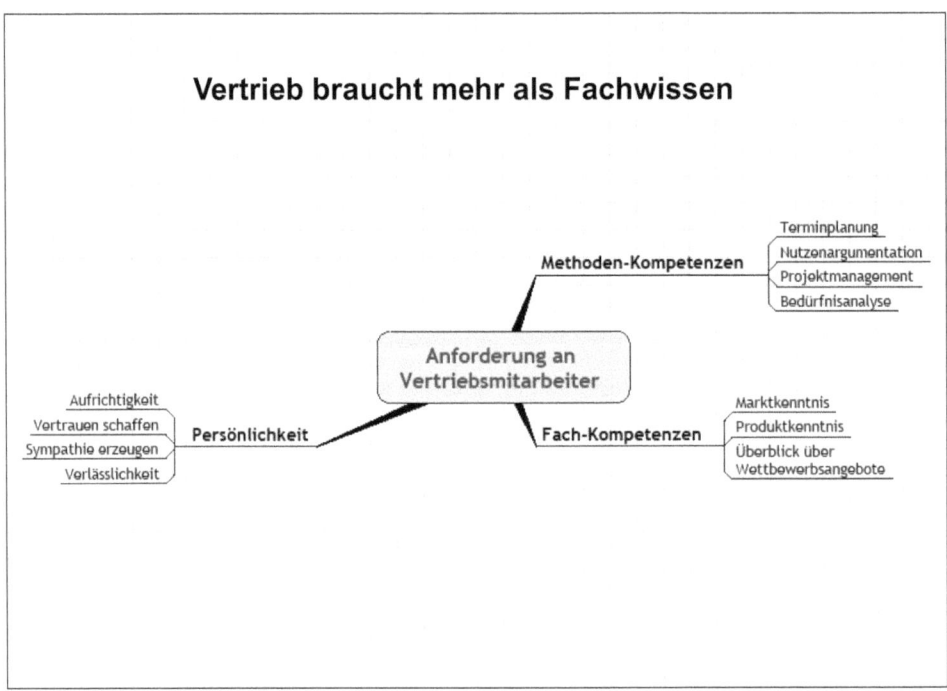

Generell sind variable Elemente in den Verträge der Vertriebsmitarbeiter üblich und sinnvoll. Die Vergütungssysteme sollten sich an den wesentlichen Punkten für das Unternehmen orientieren. Durch die Fokussierung der Kriterien auf wenige und für die Mitarbeiter nachvollziehbare Kriterien wird die Wirksamkeit dieses Steuerungsinstrumentes in der Praxis gefördert. Kriterien für die Bemessung der variablen Gehaltsbestandteile sollten den folgenden Ansprüchen genügen:

- vom Mitarbeiter in seiner Funktion beeinflussbar
- für den Erfolg im Vertriebsprozess entscheidend
- Für die Unternehmensentwicklung relevant
- im Ergebnis auswertbar und transparent

Vorteilhaft ist es, wenn die Systematik auch für kurzfristige Aktionen wie z.B. Sonderverkäufe oder Produktneueinführungen nutzbar ist. Ein wichtiges Führungsinstrument ist das Feedback-Gespräch, das in nicht zu langen Abständen geführt werden sollte und auf Erfolgen und Misserfolgen aufbauend den individuellen Beitrag und die persönliche Entwicklung würdigt, aber auch Defizite aufzeigt. Ein Feedback-Gespräch sollte immer mit der Festlegung von überprüfbaren Zielen enden, die schriftlich festgehalten und im nächsten Gespräch überprüft werden. Das Feedback-Gespräch ist eine passende Gelegenheit, um nichtfinanzielle Anreize (Schulungen, „Titel", Prämierung, etc.) zu gewähren.

Bei einer Teamorganisation ist die Transparenz des Teamerfolgs ein wichtiges Motivationselement für die einzelnen Mitarbeiter und unterstützt die Erfolgschancen für das Team und das Unternehmen! In manchen Fällen sind interne Wettbewerbe ein zusätzliches Motivationselement. Die Vergleiche müssen dabei transparent und fair erfolgen. Wenn Ziele für zeitlich befristete Wettbewerbe vorgegeben werden, so dürfen diese zwar ambitioniert sein, aber sie müssen unter realistischen Bedingungen erreichbar sein.

Entspricht die Vertriebsleistung nicht den angesetzten Zielen sollte erst nach einer systematischen Vertriebsanalyse die Vielfach gleich als erstes eingesetzte Potenzialanalyse durchgeführt werden. Mit diesem Instrument soll ermittelt werden, in wie weit die einzelnen Mitarbeiter die sich aus dem Vertriebsprozess ergebenden Anforderungen erfüllen. Aus der bisherigen Darstellung wird deutlich, dass erst dann eine ergebnisorientierte Potenzialanalyse durchgeführt werden kann, wenn das Vertriebskonzept und der zugeordnete Prozess ausgestaltet sind. Bei diesem Punkt im Analyseablauf ist die Potenzialanalyse allerdings sehr hilfreich, da sich hiermit ermitteln lässt, ob der Vertriebsmitarbeiter die gesetzten Anforderungen überhaupt erfüllen kann. Da das Ergebnis in den meisten

Fällen nicht zu einer vollständigen Deckung von Anforderungen und Potenzialen führt, sind in der Folge Entscheidungen zur Optimierung zu treffen. Es ist offensichtlich, dass der „Beratertyp" im Vertrieb von Konsumartikeln wenig geeignet ist, genauso wenig ist der gute „Erstkontakter" ein geeigneter Betreuer und Entwickler von Vertriebspartnern. Weicht das Ergebnis der Potenzialanalyse zu weit von dem Anforderungsprofil ab, dann bleibt fallweise nichts anderes übrig, als sich von dem Mitarbeiter zu trennen. In den meisten Fällen wird die Abweichung aber nicht so signifikant sein, dass weitere Qualifizierungsmaßnahmen nicht zu einer Verbesserung führen.

Die eigentliche Potenzialanalyse kann in Form eines Assessments in einer Gruppe durchgeführt werden oder in Form von Einzelgesprächen. Auch Vertriebsbegleitungen können als Element der Potenzialanalyse wichtige Erkenntnisse liefern. Auch für die Potenzialanalyse gilt, dass die Analysemethode dem Geschäftsmodell und dem Vertriebskonzept angepasst sein muss. Da die Führungskräfte im Vertrieb eine herausragend wichtige Rolle einnehmen, sollten sie in eine Potenzialanalyse mit einbezogen werden. Die Führungskraft im Vertrieb muss gleichzeitig Vordenker, Richtungsweiser und Vorbild sein, dabei eindeutige Ziele festlegen, den Fortschritt prüfen, helfend eingreifen und den Gesamtprozess unter Kontrolle halten. Entsprechend sind bei der Führungsebene neben den fachlichen Befähigungen insbesondere Führungs- und Kommunikationsfähigkeiten zu prüfen und gegebenenfalls zu verbessern. Die Beurteilung der Vertriebsmitarbeiter kann u.a. nach dem Prinzip des erzielten Beitrages zur Wirtschaftlichkeit z.B. aus dem Kundenwert erfolgen. Hierzu sind geeignete Kenngrößen (Vertriebskosten im Verhältnis zum Deckungsbeitrag, Kundenlebensdauer bzw. Vertragslaufzeit, durchschnittlicher Betreuungsaufwand etc.) ab zu leiten.

Um das Selbstverständnis der Vertriebsmitarbeiter auf die Unternehmensziele aus zu richten, ist die klare Kommunikation der Vertriebs- und Unternehmensziele eine wichtige Voraussetzung. Diese simple Erkenntnis wird leider nur allzu oft nicht berücksichtigt. Der Vertriebsmitarbeiter ist das „Aushängeschild" bzw. der Vertreter des Unternehmens beim Kunden und um diese Rolle aus zu füllen, müssen neben den notwendigen Qualifikationen auch die erforderlichen Informationen vorhanden sein! Außer der Kenntnis über die übergeordneten Ziele ist die Transparenz über den Vertriebsprozess für die verschiedenen Stufen im Unternehmen (Sachbearbeiter, Teams, Abteilungsleiter, Geschäftsführung) nicht nur wünschenswert, sondern eine absolute Notwendigkeit. Ein oft genutztes Instrument zum Informationsaustausch sind Vertriebsmeetings, die im Sinne einer effizienten Durchführung gut geplant und strukturiert durchgeführt werden müssen. Einige Aspekte dieser Vorbereitung sind:

- Häufigkeit und Inhalte von Vertriebsmeetings
- Einbeziehung der Mitarbeiter in die Vorbereitung
- Dokumentation und Verbindlichkeit von Ergebnisse

Ein regelmäßiges Feedback an die einzelnen Mitarbeiter und eine transparente Auswertung des Erfolgs schaffen auch beim Vertriebsmitarbeiter mehr Verständnis für vielleicht noch vorhandene Defizite. Beliebt ist in vielen Unternehmen das Erzeugen von Wettbewerb zwischen den Mitarbeitern und Vertriebslinien (nicht nach neugewonnen Kunden, sondern auch nach relevanten Kennzahlen). Dies kann durchaus zu einer Steigerung der Effizienz führen, wenn Erfolge entsprechend anerkannt und auf der anderen Seite Schulungen und Weiterbildungsmaßnahmen zur Verbesserung der Qualifikation angeboten werden. Ein notwendiger Schritt ist hierbei die Prüfung und Weiterentwicklung des individuellen Ausbildungsstandes.

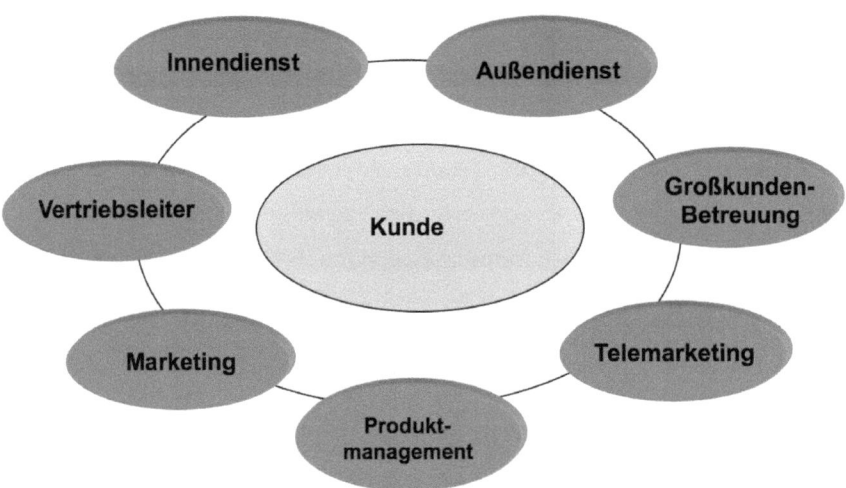

Die Bildung von Teams bei der Bearbeitung wichtiger Kunden (z.B. aus Telemarketing, Außendienst, Vertriebsinnendienst) ist ein Instrument, das sich in vielen Fällen bewährt hat und die Erfolgschancen für einen Abschluss deutlich steigert. Solche Vertriebsteams bilden sich aber in der Regel nicht von alleine und sie müssen gesteuert werden. Dabei sind die Beiträge der einzelnen Teammitglieder zu erfassen und bei der Verteilung von Erfolgsprämien in gerechter Weise zu berücksichtigen

Bei Umstellungen im Vertriebsprozess ist es vielfach sinnvoll, die gesamte Vertriebsmannschaft in Form von Vertriebstrainings auf die Veränderungen ein zu stellen und neue Vorgehensweisen zu üben. Auch bei einem übergreifenden Qualifizierungsbedarf als Folge der Potenzialanalyse ist das

Vertriebstraining eine hilfreiche Maßnahme in Ergänzung zu speziellen Qualifizierungsmaßnahmen für einzelne Mitarbeiter. Das Vertriebstraining kann als ergänzende Wirkung den Teambuilding-Prozess fördern. Da viele Vertriebsmitarbeiter häufig unterwegs sind, kann dieser Nebeneffekt sich positiv auf die interne Zusammenarbeit auswirken.

Das Angebot an Vertriebstrainings ist recht umfangreich und deckt die verschiedenen Facetten der Vertriebsarbeit ab. Neben Standardprogrammen werden auch speziell auf die Anforderungen des jeweiligen Unternehmens zugeschnittene Trainingsprogramme angeboten. Hier ist im Einzelfall zu entscheiden, welche Art des Trainings am sinnvollsten zur Erzielung des gewünschten Wirkung ist. Die individuelle Vertriebsbegleitung ist nicht nur ein Instrument der Potenzialanalyse, sondern kann auch als Qualifizierungsmaßnahme eingesetzt werden, bei der der einzelne Mitarbeiter bestimmte Vorgehensweisen üben und verbessern kann. Mithilfe von Coachings können individuelle Probleme von einzelnen Vertriebsmitarbeitern, z.B. vor einem wichtigen Kundentermin oder bei der Bewältigung von Problemsituationen gelöst werden. Beide Instrumente sind als Ergänzung und zur Festigung von anderen Qualifizierungsmaßnahmen geeignet. Da Vertriebstrainings die Inhalte in kompakter Form vermitteln, lassen sich einzelne Elemente gut in dieser Form vertiefen. Der Vertriebsmitarbeiter erhält auf diesem Wege nicht nur Anregungen zur weiteren Verbesserung sondern auch die notwendige Sicherheit.

10. Kundenwert schafft Unternehmenswert

Zur Ermittlung des Unternehmenswertes gibt es eine Vielzahl unterschiedlicher Ansätze. Früher stand das vorhandene Anlagenvermögen und Immobilienbesitz hierbei im Mittelpunkt. Die Mehrzahl der Unternehmen besitzt heute überhaupt keine Immobilien mehr und der Wert des Anlagevermögens kann schnell nach der Anschaffung fallen. In IT- und Telekommunikations-Unternehmen ist ein besonders hoher Wertverlust zu verzeichnen. Neben technologischen Entwicklungen können Marktänderungen den Wert von Produktivvermögen massiv beeinträchtigen.

Eine gängige Methode der Unternehmenswertermittlung basiert auf der Hochrechnung der Ertragswerte (oder des Cash Flows) in die Zukunft. Schnelle Marktänderungen und der Ansatz von Zinssätzen und Risikoabschlägen erlaubt die Darstellung nahezu jeden Wertes. So kommt die Kundenwertanalyse ins Spiel, da es letztlich in jedem Geschäft die Kunden sind, die Umsatz und Ergebnis garantieren. Bei einigen spektakulären Unternehmensübernahmen im Telekommunikations- und Internetmarkt, z.B. die Übernahme von Mannesmann D2 durch Vodafone oder die Übernahme von Voicestream durch T-Mobile wurden Kaufpreise gezahlt, die pro Kunden einen Wert von deutlich über € 1.000 ergaben! Bei einer Betrachtung der durchschnittlichen Mobilfunkrechnungen in Höhe von deutlich unter € 50 pro Monat und einer typischen Kundenlebensdauer von 2,5 Jahren basieren diese Werte wohl nur zum Teil auf dem unmittelbaren Wert des Kundenstamms! Aber für jedes Unternehmen lassen sich Kundenwerte abseits von überzogenen und vom Finanzmarkt getriebenen Überlegungen errechnen. Es ist eine sinnvolle Ergänzung, den Wert des Unternehmens als Summe aller Kundenwerte darzustellen. In dem Kapitel zur Kundenwert-Berechnung wird aufgezeigt, dass in den Kundenwert neben

Umsätzen und Kosten auch die Kunden-Lebensdauer eingeht, d.h. die Zeitdauer, über die Geschäfte mit dem Kunden realisiert werden können.

Bei einer Hochrechnung auf die zukünftige Entwicklung des Unternehmenswertes ist also auch zu berücksichtigen, wie sich die Quote des Kundenverlustes entwickeln wird und ob Kundenbindungsmaßnahmen erforderlich sind, um die Quote zu senken. Ebenso gehen in diese Betrachtungen Überlegung zur Entwicklung des Umsatzes und der Kosten zur Leistungserbringung ein. So lassen sich mit dieser Methode verschiedene Alternativen für eine Marktausweitung auf die wirtschaftliche Auswirkung hin prüfen. Dies gilt ebenso für Modernisierungs-Maßnahmen und Erweiterungen im Angebot. Wenn die erforderlichen Investitionen höher sind als die Zuwächse im Unternehmenswert, dann sollte dies zu erneutem Nachdenken führen. Im Zweifelsfall werden die Kapitalgeber diese Fragen stellen!

Der Kundenwert im Wettbewerbsvergleich stellte eine wichtige Größe dar, nicht nur im Hinblick auf eine Unternehmensbewertung sondern insbesondere zur Steuerung von Budgets und Ressourcen. Beim Neuabschluss eines Zeitungs- oder Zeitschriften-Abonnements ist es üblich, dass teils recht hochwertige Prämien vergeben werden, die nicht auf den ersten Blick in einem gerechtfertigten Verhältnis zu den Preisen einer einzelnen Zeitschrift stehen. Zwar werden diese Angebote häufig als Prämie für die Vermittlung eines Neuabonnenten durch eine bestehenden Kunden dargestellt, aber auch in diesem Fall müssen die Kosten für die Prämien in einem wirtschaftlichen Verhältnis zu dem Wert des neu geworbenen Kunden stehen. Im Mobilfunkmarkt ist es üblich, dass ein Handy bei einem neuen Vertragsabschluss kaum mehr als € 1,00 kostet, während ein vergleichbares Handy ohne Mobilfunkvertrag durchschnittlich € 150,00 kostet. Da die angebotenen Verträge unterschiedliche monatliche Grundpreise und mittlerweile fast alle eine Laufzeit von 24 Monaten haben, lässt sich der eingesetzte Aufwand für die Abgabe eines quasi kostenfreien

Mobilfunkgerätes gegen die zu erwartenden Erträge aus dem Vertrag leicht rechnen.

Die Beispiele zeigen, dass es im Wettbewerb sinnvoll sein kann, für die Akquisition mehr aus zu geben, als über das Erstgeschäft wieder realisiert wird. Allerdings ist dies nur dann ein sinnvolles Marketing-Instrument, wenn die Kalkulation auf einer gut fundierten Basis erfolgt und sich auf diesem Wege tatsächlich eine nachhaltig bessere Position des Unternehmens erzielen lässt. Neben dem Aspekt der laufenden Überwachung der Wirtschaftlichkeit ergibt sich u.U. das Problem der Finanzierung der vorgezogenen Kosten, wie in dem Beispiel der Prämien für Zeitschriften-Abonnements ab zu lesen ist. Der Werber möchte mit Sicherheit nicht auf seine Prämie warten, bis der Verlag seine Kosten über den Zeitschriftenverkauf amortisiert hat! Insbesondere in starken Wachstumsphasen kann durch ein solches Geschäftsmodell ein mit dem Wachstum ansteigender Liquiditätsbedarf entstehen. Dabei ist für eine Kundenwert-Analyse natürlich auch die Zinsbelastung als Kostenposition zu berücksichtigen. Nicht in allen Branchen lassen sich die Vertriebskosten so schnell decken wie im Versicherungsbereich. Der Versicherungskunde zahlt typischerweise mit den ersten Prämien bevorzugt die Vertriebskosten!

Die Berechnung der Kundenwerte findet auch Anwendung, wenn im Vorfeld keine zusätzliche Kosten für die Akquisition anfallen. Eine systematisch abgeleitete Kundenwert-Analyse ermöglicht einen ersten Überblick über die zu erwartende wirtschaftliche Entwicklung eines Unternehmens in der nahen Zukunft. Dies haben auch Banken erkannt und nehmen den Kundenwert als einen Indikator zur Beurteilung der wirtschaftlichen Kraft eines Unternehmens hinzu. Insbesondere in solchen Fällen, in denen über Investitionen neue Produkte entwickelt werden sollen, ergibt die rechnerisch erwartete Änderung im Kundenwert einen Indikator für die Amortisation und die Risiken der Investition.

Die Beiträge der Kundenbindungsmaßnahmen steigern den Kundenwert

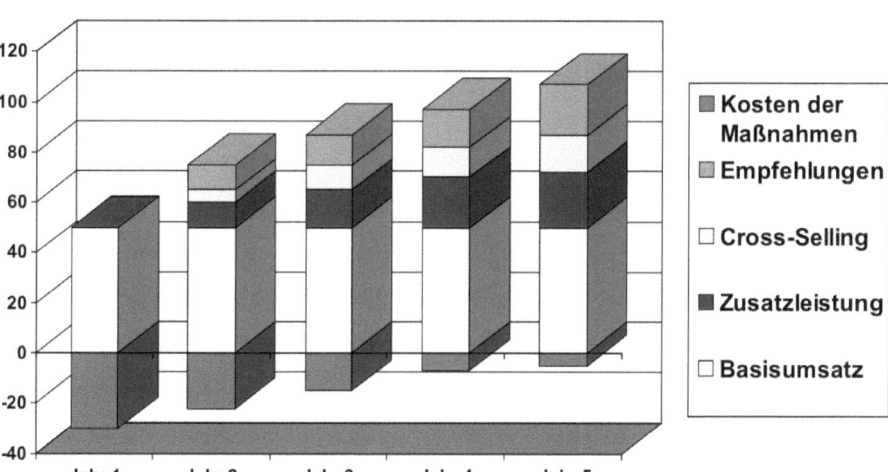

Bei dem Kundenwert gilt natürlich grundsätzlich das Gleiche wie für alle wirtschaftlichen Kennzahlen, erst die Entwicklung über die Zeit erlaubt eine wirkliche Aussage über Tendenzen und Risiken. Wenn der Kundenwert über einen längeren Zeitraum stärker fällt als die Kosten, ist besondere Vorsicht angesagt. Es lohnt sich in jedem Fall, Kundenwerte zu analysieren und die Entwicklung zu verfolgen.

Allerdings sei gewarnt vor einer großzügigen Verwendung des Kundenwertes, um mehr Geld für Werbung oder Vertrieb zu stecken. Vielleicht werden Reserven in einer späteren Phase der Kundenbeziehung für Maßnahmen zur Verlängerung der Lebensdauer benötigt. Die Einführung eines professionellen Kundenbindungssystems verursacht in der Regel einen nicht unerheblichen finanziellen Aufwand. Viele Unternehmen stellen daher immer noch die Notwendigkeit einer solchen Maßnahme in Frage oder verfolgen sie nur halbherzig. Ob ein Unternehmen es sich leisten kann, Kunden zu verlieren, kann leichter entschieden werden, wenn der Wert eines Kunden quantifiziert wird. Dann lassen sich Wirtschaftlichkeitsrechnungen erstellen, die die Rentabilität einer Investition in Kundenbindungsmaßnahmen sichtbar machen.

Zur Ermittlung des Wertes, den ein Kunde für ein Unternehmen darstellt, ist es erforderlich, ihn als eine langfristige „Vermögensanlage" zu betrachten, deren Wert im Lauf der Zeit zunimmt. Dieser Wert kann aus sehr unterschiedlichen Quellen entstehen, wie obige Abbildung veranschaulicht. Die Werte sind für den konkreten Einzelfall zu ermitteln. Die Berechnung des Kundenwertes über den Lebenszyklus, d. h. die Gesamtdauer der Kundenbeziehung, wird im Folgenden erläutert. Zunächst benötigt man Informationen über das durchschnittliche Auftragsvolumen pro Kunde und multipliziert diese mit dem Durchschnittspreis, so dass man das durchschnittliche Bestellvolumen erhält. Dem Umsatz gegenübergestellt werden die Kosten pro Auftrag, um die Marge pro Kundenauftrag zu ermitteln. Multipliziert mit der durchschnittlichen Anzahl von Bestellungen pro Jahr, ergibt sich daraus die Jahresmarge pro Kunde. Diese Größe hochgerechnet über die durchschnittliche Dauer der Kundenbeziehung führt zum Gesamt-Kundengewinn bzw. -verlust über den Lebenszyklus.

Es ist festzulegen, welche Kosten in die Betrachtung einbezogen werden. Mit der Kundenwert-Analyse soll nicht der Jahresabschluss in anderer Form nachvolzogen werden, so dass eine gewisse Freiheit bei der Auswahl der in die Analyse einbezogenen Kosten besteht. Generell ist es allerdings sinnvoll, hierbei so genau wie möglich vor zu gehen, damit der resultierende Kundenwert als Planungsgröße transparent und nachvollziehbar bleibt. Daher sollten auf jeden Fall alle unmittelbar bei der Erstellung und Verteilung des

Produktes anfallenden Kosten Berücksichtigung finden. Dies gilt auch für Fremdkosten und Materialbeschaffung. Nicht direkt zuordenbare Kosten können mit einem Schlüssel anteilig berücksichtigt werden. Allerdings ist eine Analyse, die auf 80 % der Kosten basiert, immer noch besser als gar keine! Zum Vergleich der Entwicklung des Kundenwertes über die Zeit ist es allerdings erforderlich, die Kalkulationsgrundlage über den Betrachtungszeitraum gleich zu halten. Wenn später Änderungen in der Kostenzuordnung vorgenommen werden, sollten diese rückwirkend auf die früheren Berechnungen angewendet werden. Von dem Gesamt-Kundengewinn müssen jedoch noch die Kosten der Kundengewinnung abgezogen werden, um den Kundenwert über den Lebenszyklus zu erhalten. Bei der Ermittlung der Akquisitionskosten sollten die folgenden Kostenpositionen einfließen:

- Werbekosten, z. B. für Anzeigen
- Kosten für Verkaufsförderungsmaterialien (Prospekte, Poster, Displays, Aufkleber etc.)
- Kosten für Verkaufsförderungsaktionen (z.B. Promotions, Werbegeschenke, Messen, Events, Mailings)
- Vertriebskosten (Personalkosten, Reisekosten, Werbekostenzuschüsse, Provisionen, Boni etc.)
- Kosten für Kundeninformation (Newsletter, Mailings, Kunden-Magazine etc.)
- Kosten für Kundenbindungsprogramme (Kundenkarte, Garantie- und Reparatur-Service, Kunden-Club etc.)
- Kosten für das Beschwerdemanagement (Personal, Abschreibungen auf Call-Center, Training etc.)

Auch hier müssen die Kosten je Kunde betrachtet werden. Allerdings ist es dazu erforderlich, zwischen Neukunden und Kundenstamm zu differenzieren. Als Neukunden-Anzahl wird die Summe aller Erstkäufer in einem betrachteten Zeitraum (in der Regel ein Geschäftsjahr) bezeichnet. Der Kundenstamm besteht aus Neukunden und Altkunden. Zur Vereinfachung werden im ersten Schritt alle primär akquisitorischen Kosten (Werbung, VKF-Material und Aktionen, Vertriebskosten und Werbekostenzuschüsse) nur den Neukunden zugerechnet. Die verbleibenden Kosten für Kundeninformation, Kundenbindung und Beschwerdemanagement werden dagegen in Relation zum Kundenstamm betrachtet. So berechnet, ergeben sich die Kosten der Kundengewinnung pro Kunde.

Dieser Betrag wird von dem oben ermittelten Gesamt-Kundengewinn abgezogen und das Ergebnis mit einem Durchschnittszinssatz von erfahrungsgemäß sechs bis acht jährlich Prozent über die Dauer der Kundenbeziehung abgezinst - das Ergebnis ist der Kundenwert über den Lebenszyklus. In der Praxis sollte die Kundenwertberechnung nicht mit den Durchschnittsumsätzen und -kosten aller Kunden durchgeführt werden, sondern entsprechend der vorhandenen Segmentierung nach den Durchschnittsumsätzen und -kosten je Kundensegment. Der Vergleich der Kundenwerte für die unterschiedlichen Segmente und Kundengruppen stellt eine wesentliche Information zur Steuerung des Geschäftes dar. Kundenbindungsmaßnahmen müssen nicht allen Kunden eines Unternehmens in gleichem Maße gerecht werden, sondern sich vor allem auf die attraktiven Segmente konzentrieren sollten.

Der quantifizierte Kundenwert ist eine wichtige Kenngröße und eine Entscheidungshilfe (Beispieldarstellung)

Kenngröße	Parameter	Beispiel Geschäftskunden	Beispiel Privatkunden
Preisniveau	Preis pro Stück	18,00 €	27,50 €
Volumen	Bestellmenge	150	10
	durchschnittl. Auftragsvolumen	2.700,00 €	275,00 €
Kostenstruktur	Kosten pro Stück	15,00 €	12,00 €
	Kosten pro Auftrag	2.250,00 €	120,00 €
	Marge pro Auftrag	450,00 €	155,00 €
Frequenz	durchschnittl. Bestellungen im Jahr	20	5
Dauer	Dauer der Kundenbeziehung in Jahren	4	7
	Umsatz über Lebenszyklus	216.000,00 €	9.625,00 €
	Marge über die den Lebenszyklus	36.000,00 €	5.425,00 €
Akquisition	Kosten der Kundengewinnung	7.500,00 €	2.950,00 €
Mix	Anzahl der Kunden	15	200
	Kundenwert	28.500,00 €	2.475,00 €
	Gesamtwert der Kundengruppe	427.500,00 €	495.000,00 €

Vielleicht lässt sich ein als profitabel identifiziertes Kundensegment weiter ausbauen oder durch spezielle Maßnahmen enger binden? Die Entwicklung der Kundenwerte sollte in regelmäßigen Abständen überprüft werden, um den Erfolg der Maßnahmen zu kontrollieren. Aus den Betrachtungen zum Kundenwert wurde deutlich, dass dauerhafte Kundenbeziehungen im Zeitverlauf immer profitabler werden können, wenn sich die Akquisitionskosten amortisiert haben und die Beziehung gefestigt ist. In zahlreichen Untersuchungen wurde zudem nachgewiesen, dass die Kosten zur Gewinnung eines Neukunden vier bis sechsmal höher ausfallen, als die Beziehungen zu bestehenden Kunden zu vertiefen. Im Mittelpunkt des so genannten Retentions-Marketing, d.h. der Bindung und der aktiven Rückgewinnung von verlorenen Kunden, steht der profitable Kunde. Die profitablen Kunden werden mit auf sie zugeschnittenen Bindungsmaßnahmen zufrieden gestellt während die nicht profitablen Kunden „ziehen" gelassen werden, wenn Retention-Maßnahmen unwirtschaftlich sind.

Neben der segmentspezifischen Kundenwertanalyse gilt es festzustellen, wie viele Kunden in einem bestimmten Zeitraum kommen und gehen, da diese Veränderungen einen großen Einfluss auf die Profitabilität haben können. Diese Fluktuationsrate wird in Prozent vom Kundenstamm angegeben. Je höher die Rate ist, desto kürzer ist die Lebensdauer der Kunden. Das Retentions-Marketing arbeitet darauf hin, die Fluktuationsrate zu reduzieren und zwar insbesondere bei den profitablen Kunden: Die profitablen Kunden, die als Neukunden gewonnen werden, müssen in den Kundenstamm integriert und dort gebunden werden, und unattraktive Kunden lässt man im Zweifelsfall wieder abwandern. Die Auswirkungen einer erfolgreichen Reduzierung der Fluktuationsrate auf den Kundenwert im Kreditkartengeschäft sind dargestellt. Eine Reduzierung der Fluktuation im profitablen Stammkundenbereich von zehn auf fünf Prozent führt zu einer Steigerung des Kundenwertes um 75 %. Einige Relationen untermauern die Bedeutung von aktiver Kundenbindung unter rein wirtschaftlichen Gesichtspunkten:

- Unternehmen erfahren nur von 4 % der Abwanderer, dass sie unzufrieden sind, 96 % verlassen das Unternehmen kommentarlos
- 91 % der unzufriedenen Kunden kehren nie wieder zurück
- Sieben von zehn Kunden würden wieder zurückkehren, wenn ihre Probleme gelöst werden
- Eine typische Geschäftsanbahnung mit einem Neukunden dauert durchschnittlich sechsmal länger als mit einem Stammkunden

Erfolgreicher durch Retentions-Marketing? In vielen Fällen gilt dies, sofern der Aufwand für die Kundenrückgewinnung nicht zu hoch wird im Verhältnis zur Neukundengewinnung.

Nicht jeder Unternehmer führt regelmäßig im operativen Geschäft Kundenwertanalysen durch, um auf diesem Weg einen Unternehmenswert zu ermitteln. Dies kann allerdings im Zusammenhang mit Kapitalbeschaffung in Verbindung mit Wachstumsvorhaben, Abgabe von Anteilen an neue Gesellschafter, Joint Ventures oder im Rahmen der Unternehmensnachfolge erforderlich werden. Die Kundenwert-Betrachtung ist in vielen Fällen eine sinnvolle Alternative zu herkömmlichen Methode der Unternehmenswert-Bewertung nach Anlagewerten und „Discounted Cash-Flows". Als Steuerungsinstrument bietet es die Chance, den Fokus bei Entscheidungen auf den Kunden und die wirtschaftlichen Auswirkungen von Entscheidungen auf den Kundenwert zu legen. Wenn nur solche Maßnahmen umgesetzt werden, die den Kundenwert steigern und die Auswirkung kontrolliert wird, erzeugt dies ein verändertes Bewusstsein im Unternehmen.

Eine gezielte Neuorientierung des Unternehmens mit dem Ansatz der Mittelverwendung nach Kundenwert trägt dazu bei, die Erlöse profitabler Kunden zu sichern und vorhandene Potenziale besser auszuschöpfen. Durch aktive Rückgewinnung von Kunden mit hohem Kundenwert werden gleichzeitig die Kosten für die Akquisition von Neukunden reduziert. Unternehmen, die diese Ziele erreichen, müssen in ihrem Handeln umdenken. Vom traditionell volumenorientierten Denken mit Zielen auf der Basis von Umsatz und Absatz ausgehend führt eine solche Transformation auf Zielsysteme, die auf dem Wert eines Kunden für das Unternehmen aufbauen. So wird die Kreativität der Mitarbeiter auf die für die nachhaltige Unternehmenssicherung wichtigen Bereiche gelenkt.

11. Kundenzufriedenheit schafft Ertragspotenzial

Eine Kernvoraussetzung zur Verlängerung der Dauer einer bestehenden Kundenbeziehung, der so genannten „Kundenlebensdauer", ist und bleibt die Kundenzufriedenheit. Diese wird verstärkt (oder verloren) durch die Einhaltung der Produktversprechen aus Prospekten und dem Verkaufsgespräch, der Qualität des Produktes oder der Dienstleistung, sowie der schnellen Problemlösung. Es gibt weitere rational messbare aber auch emotionale Faktoren. Prinzipiell sollte sich Kundenzufriedenheit dann einstellen, wenn bei folgenden Punkten zumindest die Kundenerwartung eingehalten wird. Je mehr die eigene Erfahrung die vorherigen Erwartungen übertrifft, umso zufriedener ist der Kunde:

- Produktnutzen entspricht der Werbung
- Gute Beratungsqualität vor dem Kauf
- Transportsichere Verpackung
- Bedienung ist einfach, die Bedienungsanleitung verständlich
- Qualität und Funktionalität entsprechen den Erwartungen
- Beratungskompetenz bei Nutzungsproblemen gegeben
- Schnelle und effiziente Problemlösung bei Fehlern und Ausfällen
- Rasche Beschaffung von Ersatzteilen und Zubehör
- Bereitstellung von Leih- oder Tauschgeräten im Reparaturfall
- Wertschätzung des Kunden beim Kontakt mit dem Unternehmen
- Vermittlung von Imagewerten
- Informationen über Produktneuheiten oder Updates
- Hoher Restwert des Produktes bei einem Austausch
- ...

Grundsätzlich kann die Kundenzufriedenheit an der Häufigkeit des Wiederkaufs und damit an der „Kundenlebensdauer" abgelesen werden. Auch die Messung der negativen Reaktionen wie Beschwerden, Kündigungen, Abwanderungen ist ein unmittelbarer Indikator für den Grad der Kundenzufriedenheit. Für eine marktorientierte Unternehmensführung werden daher Instrumente benötigt, die frühzeitig erkennen lassen ob der Grad der Kundenzufriedenheit steigt oder fällt und dem Anbieter eine aktive Reaktion ermöglichen.

Kaum ein Kunde wird sich nach einem Kauf beim Unternehmen melden und mitteilen, wie zufrieden er mit der Beratung, mit der Kaufabwicklung und schließlich mit dem Produkt selber ist. Wenn man etwas über den Grad der Zufriedenheit wissen will, muss man diese Informationen auf direktem oder indirektem Wege vom Kunden beschaffen. Da die Zufriedenheit des Kunden sich in nahezu allen Fällen steigern lässt, muss man als Anbieter Wege finden, um zu erkennen, was dem Kunden wichtig ist und wie gut man mit dem eigenen Angebot diese Erwartungen erfüllt. Dies schließt dabei nicht nur das eigentliche Produkt oder die Dienstleistung ein, sondern umfasst ebenso die Werbung, Informationsmaterialen, Beratung, Kaufabwicklung und spätere Kontakte. Wenn diese Analysen die Schwachpunkte aufzeigen, lassen sich gezielt Gegenmaßnahmen entwickeln und umsetzen.

Kundenzufriedenheit messen

Um Informationen zur Kundenzufriedenheit auch von solchen Kunden zu erhalten, die sich nicht mit Beschwerden beim Unternehmen melden, gibt es natürlich den direkten Weg der Kundenbefragung! Das konkrete Vorgehen hierfür ergibt sich u.a. aus der konkreten Zielsetzung der Befragung, dem Zeitpunkt und den Personen, die den Kunden ansprechen. Eine Kundenbefragung sollte immer eine klare Zielsetzung haben und kann in bestimmten Zyklen (halbjährlich, jährlich o.ä.) durchgeführt werden und/oder zu einem festen Zeitpunkt nach dem Kauf. Die letztere Variante wird u.a. von der Automobilindustrie häufig angewandt und dient gleichzeitig als Kaufbestätigung für den Kunden. Diese Wirkung kann man sich auch in anderen Branchen zunutze machen.

Eine umfassende Kundenzufriedenheitsanalyse sollte Testkäufe beim Wettbewerb einschließen, um einen direkten Vergleich zu bekommen. Dabei können Räumlichkeiten, Wartezeiten bei der Bedienung, Kompetenz in der Beratung und Abschlussstärke getestet und für die Verbesserung des eigenen Vorgehens genutzt werden. Wenn sich dieser Test auf Wettbewerber – oder auch selbständig agierende Vertriebspartner - mit einem Ladenlokal bezieht, bezeichnet man dieses Vorgehen als „Store-Check". Wenn bei der Vermarktung überwiegend über Ladengeschäfte vermarktet wird und dies unter Einbeziehung von Vertriebspartnern geschieht, ist ein Store-Check als Instrument der Qualitätskontrolle regelmäßig durch zu führen, um Rückwirkungen auf die Kundenzufriedenheit zu prüfen. Die einfachste und kostengünstigste – aber leider nicht unbedingt objektivste Art – der Durchführung besteht darin, die eigenen Mitarbeiter entsprechende Tests mit Testkäufen durchführen zu lassen. Da diese Tätigkeit i.d.R. nicht in der Arbeitsbeschreibung enthalten ist, muss sowohl die Motivation als auch die notwendige Qualifikation der Mitarbeiter für die Durchführung vorhanden sein.

Eine andere Methode ist die direkte Befragung der Kunden in einem zeitlich und inhaltlich definierten Projekt und anhand eines Fragebogens. Hierbei sind die offene Befragung mit Nennung des auftraggebenden Unternehmens und die verdeckte Befragung ohne Nennung des Unternehmens zu unterscheiden. Eine offene Befragung hat im Hinblick auf die Bindung von Kunden oft die stärkere Wirkung und die Bereitschaft zur Antwort zur Teilnahme ist generell höher. Die verdeckte Befragung wird z.B. dann eingesetzt, wenn die Akzeptanz neuer Angebote geprüft werden soll, es aber noch keine definitive Entscheidung über die Einführung gibt oder dies nicht zu früh bekannt werden soll. Neben den Ergebnissen, um die es bei einer Kundenbefragung in erster Linie geht, ist der Kunde oft dankbar, dass das Unternehmen, dessen Produkte oder Leistungen er eingekauft hat, Interesse an ihm und seiner Meinung hat. Insofern können sich hierbei die Zielsetzungen der Abfrage und die Stärkung der Kundenbindung gegenseitig verstärken.

Bevor man mit der eigentlichen Befragung beginnt und einen Fragebogen gestaltet, müssen die Ziele der Befragung festgelegt werden. Eine Motivation kann die Veränderung der allgemeinen Kundenzufriedenheit im zeitlichen Verlauf sein. Hierfür muss der Inhalt der zyklisch wiederholten Befragung über einen längeren Zeitraum weitgehend unverändert bleiben. Andere mögliche Ziele sind Verbesserungen im Vertriebsprozess, die Fokussierung von Qualifikationsmaßnahmen sowie spezielle Informationen zu Produkteigenschaften, um die Produktweiterentwicklung möglichst eng an den Kundenbedürfnissen zu halten. Fehlende Features, die der Kunde eigentlich erwartet oder sogar voraussetzt, können eine erhebliche Unzufriedenheit bedingen. Aber auch ein zuviel an Features muss nicht unbedingt die Kundenzufriedenheit steigern, wenn der Preis hierdurch zu hoch oder die Bedienung zu kompliziert wird. Für ein und dasselbe Produkt können die Anforderungen dabei in Abhängigkeit von der Zielgruppe sehr unterschiedlich sein. Diese Randbedingungen sind schon bei der Planung einer Befragung zu berücksichtigen.

Neben der Zufriedenheit mit dem Produkt kann über eine Befragung festgestellt werden, ob die Auswahl der Vertriebswege und der Vertriebsprozess optimal aufgestellt sind. Dies schließt die Aspekte der Freundlichkeit, Schnelligkeit, Motivation und der Qualifikation des

Verkaufspersonals ein. Je nach Geschäftsstruktur kann die Zufriedenheit der Kunden mit Hotlines, Service etc. mit abgefragt werden. Typische Aspekte sind auch hier wieder die empfundene Freundlichkeit und Effizienz, aber auch die Zufriedenheit mit der Bearbeitung und der Problemlösung sowie die Verlässlichkeit bei der Erledigung von zugesagten Aktionen. Kundenbefragungen eigenen sich also zur Beantwortung recht unterschiedlicher Fragestellungen. Aber es besteht gleichzeitig die Gefahr unbrauchbare oder falsch interpretierbare Ergebnisse zu bekommen, wenn die Planung nicht sorgfältig durchgeführt wurde.

Mit einer klaren Zielsetzung für die Befragung kann der eigentliche Fragebogen ausgestaltet werden. Dabei ist zunächst ab zu sichern, dass der jeweilige Befragte die Kriterien der Grundgesamtheit erfüllt, er das Produkt oder die Dienstleistung tatsächlich kennt sowie, wenn es zu den Zielsetzungen der Befragung gehört, dass er auch das Unternehmen kennt. Nur dann können die Antworten später bei der Auswertung berücksichtigt werden. Die Anzahl der Fragen sollte nicht zu umfangreich sein, da kaum ein Befragter gewillt ist, mehr als zwanzig Minuten Zeit für eine Befragung zur Verfügung steht. Je nach Komplexität bedeutet dies, dass eine Gesamtzahl von 20 Fragen nicht überschritten werden darf.

Die Fragen müssen so einfach und unmissverständlich formuliert sein, dass sie zum einen beim einfachen Vorlesen verständlich sind und zum anderen nicht interpretationsbedürftig sind. Der Befragte muss die Fragen leicht und ohne längeres Nachdenken beantworten können. Wiederholungen und langatmige Erläuterungen führen zur Ermüdung und nicht oft zu einem Abbruch der Befragung, so dass der Fragebogen nicht ausgewertet werden kann. Ob die Antworten aus einer Auswahl unter mehreren Möglichkeiten (Multiple Choice) oder einer freien Antwort bestehen, hängt von Ziel und Inhalt ab. Die Vorgabe von mehreren Möglichkeiten erleichtert dem Befragten die Antwort und erleichtert dem Interviewer die Dokumentation während der

Markt – und Kundenorientierung – ein übergreifender Prozess

Befragung. Für die spätere Auswertung hat die vorgegebene Antwort den Vorteil der leichten und nicht interpretationsbedürftigen Zuordnung. Trotzdem haben offene Antworten in vielen Fällen ihren Sinn und gemischte Fragen haben sich bewährt. Die Logik des Fragebogens sollte sich auch aus der Sicht des Befragten ergeben Unterschiedliche Themenbereiche, die nicht logisch aufeinander aufbauen (z.B. Produkteigenschaften, Vertrieb, Service, Anwendung), sind dem Befragten gegenüber deutlich als solche zu bezeichnen.

Für eine professionelle Durchführung einer größeren Befragung sollte ein Markforschungsinstitut beauftragt werden, das entweder eine eigenes Feld für eine Vor-Ort Befragung hat oder ein qualifiziertes Team und ein Telefonstudio für eine telefonische Befragung. Ob die Befragung persönlich oder telefonisch durchgeführt wird, hängt von der jeweiligen Zielsetzung und dem Befragungsinhalt ab, ein wesentlicher Aspekt werden aber immer die Kosten sein, die bei einer persönlichen Befragung aufgrund des Zeitaufwands pro Interview höher sind. Die Ergebnisse einer telefonischen Befragung sind in vielen Fällen ausreichend und die Ergebnisse nicht schlechter als bei einer persönlichen Befragung. Bei Einschaltung eines professionellen Marktforschungsinstituts ist auf jeden Fall sicher gestellt, dass die Stichprobenwahl den Ansprüchen an Repräsentativität entspricht und die Auswertung der Ergebnisse mit mathematischer Genauigkeit durchgeführt wird.

Beispiel für einen Musterfragebogen zur Kundenzufriedenheitsanalyse

Frage 1	Sie haben ein Produkt X von Unternehmen Y erworben?
	Ja
	Nein
Frage 2	**Wie sind Sie auf unser Unternehmen aufmerksam geworden?**
	Werbung
	Ausstellung im Laden
	Telefonbuch
	Internet
	Empfehlung
	Sonstiges
Frage 3	**Wie häufig nutzen Sie Produkt x?**
	Regelmäßig
	Häufig
	Selten
	noch keine Erfahrungen
	ich bin nicht der Nutzer
Frage 4	**Entspricht das Produkt Ihren Erwartungen?**
	ja, völlig
	Weitgehend
	nein, andere Erwartungen: welche?
Frage 5	**Haben Sie Anregungen zur Verbesserung des Produktes?**
	Nein
	ja, insbesondere bei:
Frage 6	**Waren Sie mit Freundlichkeit und Beratung zufrieden?**
	ja, vorbildlich
	Weitgehend
	nein, Verbesserung im Bereich:
Frage 7	**Hatten Sie nach dem Kauf Probleme bei der Nutzung?**
	nein, problemlos
	Fragen konnten schnell beantwortet werden
	ja, die Bedienungsanleitung sollte verbessert werden
Frage 8	**Würden Sie gerne andere Produkte bei uns kaufen?**
	Nein
	ja, insbesondere:
	weiß nicht
Frage 9	**Würden Sie uns weiter empfehlen?**
	Nein
	ja, uneingeschränkt
	ich muss erst noch Erfahrungen sammeln

Vielen Dank für ihre Teilnahme!

Aus Kostengründen kommt die Beauftragung einer externen Marktforschung oft nicht in Betracht. In diesem Fall können „kleinere" Lösungen trotzdem zu verwertbaren Ergebnissen führen. Eine naheliegende Lösung ist der Einsatz des eigenen Personals, z.B. der Vertriebsmitarbeiter. Neben der Qualifikation für Befragungen kann der „Interessenskonflikt" mit der eigentlichen Aufgabe ein Problem darstellen. Eine sinnvolle Form der Kundenzufriedenheits-Analyse ist beispielsweise die telefonische Befragung von Kunden kurz nach einem Kauf und die Durchführung von Kontrollbefragungen längere Zeit nach dem Kauf. Bei der Befragung kurz nach dem Kauf können insbesondere die Qualität und Freundlichkeit des Verkaufsgesprächs sowie der Kaufgründe befragt werden und sollte daher nicht unbedingt von Vertriebsmitarbeitern durchgeführt werden. Die spätere Anfrage kann in der Zielsetzung auf die Erfahrungen im Gebrauch des gekauften Produktes abheben.

Eine andere Möglichkeit zur Durchführung einer Kundenbefragung ist die Suche nach freien Mitarbeitern (z.B. Studenten) für die eigentliche Befragung. Der Kostenvorteil gegenüber einem Marktforschungsinstitut muss in diesem Fall allerdings aufgewogen werden mit der geringeren Erfahrung und Effizienz der Interviewer sowie dem eigenen Koordinationsaufwand in der Vorbereitung und Durchführung. Welche Form der Durchführung tatsächlich gewählt wird, bleibt ab zu wägen, damit ein optimales und nutzbares Ergebnis erzielt wird.

Die Auswertung der Fragen ist ein wichtiger Schritt, bei dem es nicht nur um eine mathematisch korrekte Auszählung der Antworten ankommt. Um Schlüsse für umsetzbare Maßnahmen ziehen zu können, müssen Korrelationen zwischen den Fragen hergestellt werden, bei denen Resultate einzelner Fragen im Vergleich zu einander betrachtet werden. Es kommt bei der Auswertung nicht auf eine mathematische Pseudo-Genauigkeit und die

Darstellung z.B. in Form von unterschiedlichen Graphiken an, sondern auf die Identifikation von Optimierungsbereichen. Wenn erste Ergebnisse vorliegen, sollte die Plausibilität und Konsistenz verschiedener Antworten gegen einander geprüft werden. Sonst besteht die Gefahr, zufällige Häufungen (die z.B. auch durch die Gestaltung der Fragen selber bedingt sein können) falsch zu interpretieren oder „Ausreißern" bzw. extreme Antworte zu hoch zu bewerten.

Die beste Kundenbefragung und Auswertung nützen dem Unternehmen letztlich nichts, wenn hieraus keine Maßnahmen abgeleitet und umgesetzt werden. Dies ist daher immer als Abschlussschritt bei der Durchführung von Kundenzufriedenheits-Analysen zu sehen. Wenn im Unternehmen keine Bereitschaft für entsprechende Änderungen besteht, kann man sich den Aufwand und die Kosten einer Kundenbefragung sparen. Durch eine regelmäßige Beobachtung der Kundenzufriedenheit aufgrund der direkt und indirekt gewonnenen Informationen verschafft sich das Unternehmen gleichzeitig ein Frühwarninstrument im Rahmen des Risikomanagements. Bei konsequenter Anwendung hilft die Kundenzufriedenheitsanalyse dabei, die eigenen Ressourcen und Anstrengungen auf diejenigen Bereiche zu fokussieren, die dem Ziel der Kundenzufriedenheit am besten dienen! Dies ist bei den meisten Unternehmen gleichbedeutend mit einer effizienten Marktbearbeitung und Umsatzoptimierung. Vordringlich ist in den meisten Fällen die Beseitigung der Beschwerdeursachen!

Bevor die erkannten Schwachstellen in der Kundenzufriedenheit beseitigt werden, sollten immer die wirtschaftlichen Auswirkungen analysiert und berücksichtigt werden. Viele Verbesserungen erfordern Investitionen oder auch eine Steigerung der laufenden Betriebskosten. Es ist natürlich wirtschaftlich unsinnig, einseitig die Kosten zu erhöhen, wenn nicht gleichzeitig an anderer Stelle Einsparungen oder Umsatzsteigerungen möglich werden. Bevor Preiserhöhungen zur Abdeckung der erhöhten Kosten durchgeführt werden, sollten die Auswirkung in der Preis- / Absatzkurve geprüft werden. Natürlich gibt es eine Reihe von Maßnahmen, die wenig kosten und trotzdem die Kundenzufriedenheit signifikant beeinflussen, z.B. freundliche Verkäufer, eindeutige und wahrheitsgemäße Werbeaussagen, Einhaltung von Zusagen, effiziente Prozesse. Besonders große Wirkung lässt sich erreichen, wenn die Kenntnis der Kundenanforderung rechtzeitig vor dem Beginn von Neuentwicklungen vorliegt!

Beschwerdemanagement steigert Kundenzufriedenheit

Maßnahmen zur Kundenbindung erfordern ein Denken in Prozessen. Ein Kunde ist mit einem Produkt bzw. einer Dienstleistung erst dann zufrieden, wenn der erlebte Kauf-Prozess: Erstkauf, Nachkauf und Wiederkaufe, die Erwartungen mindestens erfüllt, besser noch übertrifft. Dabei kann man unterscheiden zwischen alltäglichen und Ausnahmesituationen in der Kundenbeziehung. In kritischen Situationen kommt der Behandlung von Beschwerden eine hohe Bedeutung zu, da Kunden dann besonders sensibel sind und jede Reaktion des Unternehmens mit großer Aufmerksamkeit registrieren. Zugleich sind sie in solchen Situationen anfällig für einen Anbieterwechsel. Entscheidend ist daher, dass es dem Kunden in einer Beschwerdesituation möglich ist, seine Kritik oder Verärgerung gegenüber dem Unternehmen zu kommunizieren, so dass überhaupt die Möglichkeit besteht, auf die Beschwerde zu reagieren und den Kunden wieder zufrieden zu stellen. In Untersuchungen hat man herausgefunden, dass ein unzufriedener Kunde seine Kritik acht bis zehn weiteren potentiellen Kunden mitteilt, während ein zufriedener Kunde seine positiven Erfahrungen nur an drei potentielle Kunden weitergibt. Allein diese Zahlen machen deutlich, wie wichtig es ist, sich als Unternehmen mit Kundenbeschwerden ernsthaft auseinander zu setzen und Beschwerdemanagement als Kundenbindungsmaßnahme zu begreifen.

Für den ersten Schritt in Richtung eines funktionierenden Beschwerdemanagements ist häufig ein grundsätzliches Umdenken im Unternehmen erforderlich. Kundenbeschwerden dürfen kein lästiges Ärgernis mehr sein, sondern im Gegenteil ein willkommener Hinweis auf Verbesserungspotentiale und die Chance, den Kunden durch eine hervorragende Leistung stärker an das Unternehmen zu binden. Diese Einstellung muss von allen Mitarbeitern getragen werden und von den Mitarbeitern mit Kundenkontakt permanent gelebt werden.

Einige Unternehmen - speziell im Dienstleistungsbereich haben Kunden-Hotlines, an die sich die Kunden mit allen Anliegen z.T. „rund-um-die-Uhr" wenden können. Meist stehen dahinter Call-Center, die über eine 0800er-Nummer kostenlos für die Kunden erreichbar sind. Diesen Aufwand können sich nicht alle Unternehmen leisten; den Kunden sollte jedoch die Möglichkeit gegeben werden, eine Servicenummer zum Ortstarif anrufen zu können. Damit der Kunde die Rufnummer einer solchen Kundenhotline leicht findet, sollte sie möglichst an allen Stellen kommuniziert werden, wo der Kunde mit dem Unternehmen in Kontakt tritt, d.h. auf Produktverpackungen und –beschreibungen, in Informationsschreiben, Kundenmagazin etc. Die Organisation der Hotline sowie die Schulung der Hotline-Mitarbeiter ist eine zentrale Aufgabe. Vielen Mitarbeitern erscheint diese Tätigkeit zu Anfang eher unangenehm, und die richtige Reaktion auf Kundenbeschwerden muss eingehend trainiert werden. Dabei kommt es insbesondere darauf an, dem Kunden das Gefühl zu geben, dass er mit seinem Problem wirklich ernst genommen wird und sich jemand persönlich um eine individuelle und schnelle Lösung für ihn bemüht. Für den Erfolg einer Service-Telefonnummer für Kunden müssen neben den kommunikativen und teilweise psychologischen Fähigkeiten der Mitarbeiter organisatorische Faktoren gewährleistet sein.

- **Eine Service-Rufnummer muss erreichbar sein**

  Eine Service-Nummer, bei der ständig besetzt ist oder niemand abhebt, verkehrt ihre Wirkung ins Gegenteil und nimmt Ihnen die Chance zu erfahren, was Ihr Kunde Ihnen mitteilen möchte.

- **Erreichbarkeits-Zeiten müssen bekannt sein**

  Wenn kein 24-Stunden-Service geboten wird, sollten zusammen mit der Telefon-Nummer die Zeiten angegeben sein, zu denen die Hotline besetzt ist.

- **Anfragen und Beschwerden sofort bearbeiten**

  Untersuchungen zufolge würden 95 Prozent der Kunden bei dem Unternehmen bleiben, wenn ihre Probleme ad hoc gelöst würden. Daher sollte die Reaktion auf Kundenbeschwerden so schnell wie möglich erfolgen. Ein Brief des Unternehmens 2 Wochen nach einem Kundenanruf ist nicht mehr „ad hoc" und damit als Chance zur Kundenbindung vertan.

- **Anrufe dürfen maximal einmal weiter verbunden werden**

  Kann ein Hotline-Mitarbeiter ein Kundenproblem nicht lösen, ist es akzeptabel, ihn an einen Spezialisten weiterzuvermitteln. Dieser muss das Problem jedoch lösen oder aber den Kunden kurzfristig zurückrufen. Eine mehrfache telefonische Weitervermittlung des Kunden provoziert weitere Verärgerung und wirkt wenig professionell.

Kundenbeschwerden können den positiven Effekt haben, dass sie auf Verbesserungspotentiale im Unternehmen aufmerksam machen. Wird der Ablauf entsprechend organisiert, so wird aus dem zunächst negativen

Erlebnis des Kontakts mit einem unzufriedenen Kunden das Erfolgserlebnis einer Problemlösung. Generell sollte jede Interaktion mit dem Kunden genutzt werden und die Bearbeitung von Beschwerden ist eine solche Interaktions-Gelegenheit. Die Chancen sind gut, dass ein Kunde, dessen Problem professionell, schnell und entgegen kommend gelöst wurde, nicht nur weiter Kunde bleibt und weitere Käufe tätig, sondern auch mit anderen darüber spricht. Auf diesem Wege können neben der Kundenbindung sogar weitere Neukunden gewonnen werden. Wenn die Inhalte der Beschwerden und Anfragen regelmäßig systematisch ausgewertet und bei der Produktweiterentwicklung berücksichtigt werden, so ermöglicht dies die Verbesserung der Wettbewerbsposition und den Ausbau des eigenen Marktanteils. In diesem Sinne ersetzt bzw. unterstützt die Auswertung der Beschwerden die Marktforschung zur Verbesserung des Produktangebots. Das Beschwerdemanagement ist als Teil der Kundenbindungsmaßnahmen integraler Bestandteil des Marketings.

12. Kundenbindung steigert Kundenwert

Eine langfristige Kundenbeziehung entsteht meist nach mehreren Kundenkontakten und nicht gleich beim Erstkauf. Mit jedem zusätzlichen Kundenkontakt besteht die Chance, die Kundenbeziehung um einen weiteren Schritt aufzubauen. Dabei kommt es insbesondere auf die richtige Ansprache an, d.h. den Kunden dort abzuholen, wo er in der Beziehung steht. Der Prozess einer solchen Kundenbeziehung vom Erstkontakt bis zur Kundenbindung lässt sich idealtypisch in drei Phasen unterteilen: die Phase von Kontaktaufnahme/Erstkauf, die Nachkaufphase und die Wiederkaufphase. In jeder Phase bestehen jeweils spezielle Anforderungen an die Kommunikation zwischen Anbieter und Kunde. In der ersten Phase geht es um die Gewinnung von Erstkäufern. Hier gibt es eine ganze Reihe von Möglichkeiten zur Kontaktaufnahme mit dem Kunden: über Werbung, Verkaufsförderungsaktionen, Streetpromotions etc. „Was jedoch passiert nach dem Verkauf?" Hier laufen die Informations-Bedürfnisse des Kunden und das tatsächliche Informationsangebot des Unternehmens oft auseinander. Dies gilt insbesondere in der direkten Nachkaufphase, die häufig von Unsicherheitsgefühlen oder kognitiven Dissonanzen auf Seiten des Kunden geprägt ist, weil Zweifel aufkommen, ob die Kaufentscheidung richtig getroffen wurde. Allgemein kann man sagen, dass diese Zweifel umso größer sind, je höher der Preis des Produktes ist. Zur Beseitigung dieser Unsicherheitsgefühle bemüht sich der Kunde Informationen zu finden, die seine Wahl nachträglich bestätigen. Je besser es in dieser Situation gelingt, das Informationsbedürfnis des Kunden zu treffen, desto eher wird der Erstkäufer zum Wiederkäufer und Stammkunden.

Insbesondere bei Branchen, die auf die Vermarktung mit Rabatten setzen, ist diese Maßnahme wichtig, damit das Geschäft auch zukünftig wirtschaftlich betrieben werden kann, ohne die Marge in einem permanenten Prozess durch immer neue Rabatte im Wettbewerb zu anderen Anbietern zu schmälern. Das Ziel dieser Maßnahme ist, den Fokus des Käufers von der Suche nach weiteren und noch günstigeren Angeboten abzulenken. Es wird kaum einem Anbieter gelingen, über einen längeren Zeitraum der günstigste zu bleiben! Wer die Punkte identifiziert, die für den Kunden neben dem Preis relevant sind, kann leichter den Schritt vom Erstkäufer zum Stammkunden schaffen. Wichtig ist dabei, den Nutzenaspekt in keiner Phase aus dem Fokus zu verlieren, da eine Kundenbindung nur dann gelingen kann, wenn der Kunde für sich einen eindeutigen Nutzen erkennt.

Eine phasenbezogene Strukturierung beim Aufbau einer Kundenbeziehung verdeutlicht den Grundsatz von Kundenbindung: Maßnahmen zur Kundenbindung erfordern ein Denken in Prozessen und nicht mit Fokus auf einmalige Aktionen. Die einzelnen Phasen der Kundenbeziehung bieten generell potenzielle Ansatzpunkte für konkrete Kundenbindungsmaßnahmen. Der erste Kontakt mit einem Neukunden schafft die Voraussetzung, um ihn an das Unternehmen zu binden. Viele Kunden werden die dritte Stufe (Nachkauf) nicht erreichen, wenn es das Unternehmen nicht schafft, die Unsicherheit des Kunden nach dem Erstkauf auf zu greifen und durch gewünschte Informationen zu überzeugen. Wirksame Kundenbindungsmaßnahmen gehen über die reine Zufriedenstellung des Kunden mit Informationen hinaus und zielen auf den Aufbau von Vertrauen. Die Verminderung der durch den Kunden wahrgenommenen Unsicherheiten gelingt am ehesten in einer offenen und dialogbereiten Kundenbeziehung. Dabei müssen Kontaktpunkte geschaffen werden, die dazu beitragen, eine vertrauensvolle Basis zum Kunden zu schaffen und darüber hinaus echte Begeisterung für das Unternehmen und seine Produkte zu wecken.

Die Grundlage einer kundenorientierten Betreuung mit Kundenbindungsprogrammen ist eine genaue Kenntnis der Kunden. Unternehmen, die wissen, wer die Käufer bzw. Nutzer ihrer Produkte oder Dienstleistungen sind, haben die wichtigste Voraussetzung dafür geschaffen, mit ihren Kunden überhaupt in einen Dialog eintreten zu können. Gute Beispiele für eine hohe Kundenbindung durch eine genaue Kundenkenntnis findet man gerade bei kleinen, lokal tätigen Unternehmen. Geschäfte und Restaurants, Bäckereien, Metzger, Kioske etc. verstehen es teilweise sehr gut, in ihrer Nachbarschaft effektive Kundenbindung zu erreichen. Man kennt seine regelmäßigen Kunden persönlich und lässt Ihnen besondere Aufmerksamkeit zukommen - z.B. indem bestimmte Produkte für den Kunden zurückgelegt werden, den Kunden benachrichtigt, wenn seine bevorzugten Produkte eingetroffen sind oder man ihn im Restaurant „um die Ecke" mit Namen und Handschlag begrüßt und ihm ein kostenloses Getränk oder Dessert anbietet. So können durch kleine Zusatz-Leistungen und Anerkennung aus Gelegenheits-Kunden Stammkunden gemacht werden, die eine Grundlage für ein nachhaltiges Ertragspotential schaffen.

Je größer und komplexer ein Unternehmen und seine Angebote sind, desto schwerer wird es herauszufinden, welche Kunden die für das Unternehmen wichtigen sind, die man sich als Stammkunden wünscht, und persönliche Kundenbeziehungen werden eher zur Ausnahme. Um trotzdem eine kundenspezifische Betreuung leisten zu können, ist hier der Aufbau einer Kundendatenbank erforderlich. Neben den reinen Adress- bzw. Rechnungsdaten sollten in einer Datenbank auch kundenspezifische Umsatzübersichten, Bestellzyklen etc. erfasst werden sowie eine Dokumentation zusätzlicher Kundeninformationen, z.B. wie besondere Wünsche, Beschwerden, Probleme usw. erfolgen. Je detaillierter und vor allem aktueller die Informationen in einer Kundendatenbank sind, umso wertvoller wird dieses Instrument für Segmentierungen, Kundenstammanalysen und individuelle Betreuungsmaßnahmen.

Die Vorbereitung und Durchführung der meisten Kundenbindungsprogramme haben eines gemeinsam: Sie sind aufwändig! Neben hohen Marketing- und Organisationskosten ist häufig ein intensiver Personaleinsatz erforderlich. Einige der im Folgenden beschriebenen Bindungsmaßnahmen sind daher vielleicht mehr für Großunternehmen als für den Mittelständler geeignet. Sie sollen jedoch trotzdem vorgestellt werden, um neben einem umfassenden Gesamtüberblick auch Anregungen für eher in die mittelständische Größenordnung passende Varianten liefern zu können.

Übersicht zu Kundenbindungs-Maßnahmen

Rabatt-Angebote

In den 60er Jahren waren Rabattmarken und „Rabattmarken-Hefte" bei vielen Lebensmitteleinzelhändlern üblich. Da der Gegenwert dieser Rabattmarken nicht besonders hoch sein kann, mussten mehrere Einkäufe erledigt werden, bevor man einen substantiellen Rabatt erzielen konnte. Eine wirksame Kundenbindung entsteht dann, wenn die Kunden motiviert werden, regelmäßig im gleichen Geschäft einzukaufen. Der neue Trend zu Rabatt-Angeboten greift die früher üblichen Angebote auf und führt sie fort. In der Tat erleben Rabattprogramme in den letzten Jahren eine Wiederbelebung, manchmal in Verbindung mit den Kundenkarten.

In den USA findet man in Tageszeitungen und Zeitschriften regelmäßig „Coupons", Rabattgutscheine für bestimmte Produkte oder Dienstleistungen, die vom Produkthersteller oder Handelsunternehmen zur Kundengewinnung und -bindung genutzt werden. Auch in Deutschland setzen manche Hersteller von

Nahrungs- und Genussmitteln auf den Sammeltrieb ihrer Kunden. Man erhält z. B. zusammen mit dem Joghurt, Frühstücksaufstrich, Schokoriegel oder Kaugummi Klebebildchen oder kann von Corn-Flakes-Verpackungen und Haferflockentüten Sammelpunkte ausschneiden und einsenden. Früher waren Bilder von bekannten Fußball-Stars oder Astronauten aktuell, heute sind es häufig populäre Trickfilmgestalten aus TV- und Kinoproduktionen. Der Phantasie sind nur insofern Grenzen gesetzt, als dass jeweilige Trends in der Konsumentenzielgruppe rechtzeitig erkannt und umgesetzt werden müssen. Nach dem Fall des Rabattgesetzes in Deutschland sind hier jetzt auch ganz andere Spielräume gegeben, die eine freiere Gestaltung erlauben.

Eine professionelle Umsetzung findet man bei den Fastfood-Ketten McDonald oder Burger King. Nicht nur das Fastfood-Angebot an sich und die Restaurantausstattung sprechen Kinder und Jugendliche an. Mit speziellen Angeboten wie der Junior-Tüte wird an die Sammelleidenschaft der jungen Kunden appelliert; Serien von Plastikfiguren zu aktuellen Themen sorgen damit für wiederholte Besuche und eine Kundenbindung, die auch dann nicht abreißt, wenn aus Kindern Jugendliche werden. Anstelle von Plastikspielzeug treten dann gezielt andere Bindungsinstrumente, wie z. B. die von McDonalds regelmäßig herausgegebene „Kino-News".

Die eingesetzte Maßnahme braucht einen unmittelbaren Bezug zum primären Geschäft und einen nicht allzu weit in der Zukunft liegenden Anreiz, wieder bei dem gleichen Händler zu kaufen. In Zeiten einer Verschlechterung der wirtschaftlichen Lage mit steigenden Arbeitslosenzahlen und sinkender Kaufkraft bringt Rabatt-Angeboten Auftrieb. Rabattprogramme wirken im Sinne des Aufbaus der

Kundenbeziehung, wenn der Anbieter seine Zielgruppen gut kennt und diese für sich einen Nutzen aus dem Angebot ziehen können.

Bonus-Programme

Bonussysteme mit attraktiven und außergewöhnlichen Prämien spornen manche Menschen an, durch eine wiederholte Leistungsnutzung Vorteile für sich zu erzielen. Bonussysteme tragen dann zur Kundenbindung bei, wenn sie dem Kunden eine exklusiver Behandlung und Herausstellung in seinem persönlichen Umfeld ermöglichen. Speziell Fluggesellschaften bieten Bonussysteme zur Kundenbindung an, deren generelle Systematik am „Miles & More" Programm der Lufthansa AG deutlich wird. Grundsätzlich kann jeder Kunde an diesem Programm teilnehmen. Mittels eines Antragsformulars erhält man seine persönliche „Lufthansa Miles & More Card", mit der man bei jedem Lufthansa-Flug Bonusmeilen sammeln kann, die innerhalb eines bestimmten Zeitraumes eingetauscht werden, z.B. in einen Freiflug, ein Flugticket-Upgrade in Business- bzw. Firstclass, eine zusätzliche Übernachtung in einer angeschlossenen Hotelkette oder ein Upgrade bei einem Mietwagen. Das angebotene Bonusprogramm zielt auf den eigentlichen Nutzer, nicht auf den Käufer.

Das Miles&More Programm birgt mögliche Risiken und damit Grenzen eines Bonus-Programms. Da es sich bei den gewährten Bonusflügen um einen geldwerten Gegenwert handelt, ist eine Versteuerung dieses geldwerten Vorteils vorzunehmen. Da der Nutzer zur Erlangung von Bonusmeilen versucht Einfluss auf die Buchung einer Airline zu nehmen, können Interessenskonflikte mit den Reiserichtlinien des Unternehmens entstehen. Unternehmen mit hohen Reisekosten überlassen daher die Nutzung der Bonusmeilen nicht mehr dem Nutzer, sondern beanspruchen sie für das Unternehmen. Da viele Unternehmen Rahmenverträge mit Sonderkonditionen aushandeln, funktioniert der Mechanismus der Bindung in diesem Fall nicht im ursprünglich geplanten Sinne.

Selbst Sparkassen setzen mit Erfolg eigene Bonus-Programme auf, mit dem für den Kauf oder Verkauf von Anlagen der Sparkasse sowie für Kreditkartenumsätze mit der Kreditkarte der Sparkasse Bonuspunkte erworben werden, die gesammelt in Prämien umgewandelt werden können. Hier besteht ein unmittelbarer Bezug zu den Produkten, mit denen die Sparkassen eine eigene Wertschöpfung erzeugt. Das Bonus-Programm wird eingesetzt, um kommunikativ die Transaktionskosten bzw. Provisionen zu kompensieren. Über Partnerprogramme in Verbindung mit anderen Unternehmen wird der Anreiz zur Nutzung gesteigert.

Die anzusetzenden Kosten für ein Bonusprogramm liegen aus rein wirtschaftlichen Gründen meist unter einem Prozent des getätigten Umsatzvolumens, obwohl die früher geltenden gesetzlichen Grenzen für solche Angebote mittlerweile entfallen sind. Die Einführung eines für sich stehendes Bonusprogramm ist nur dann sinnvoll, wenn das Unternehmen hohe Umsatzvolumina pro Kunde bei regelmäßigen Nachkäufen realisiert. Eine Alternativ ist die Teilnahme an übergreifenden Kundenbindungsprogrammen, die von mehreren Unternehmen gemeinsam getragen und von einem Dienstleister betrieben werden, z.B. die *payback*-Karte und *Happy-Digits*, mit denen der Kunde bei den verschiedenen angeschlossenen Unternehmen Punkte sammeln kann. Durch die Bündelung geht ein Teil der Exklusivität für das teilnehmende Unternehmen verloren, für den Nutzer wächst dafür die Attraktivität. Er kann sowohl beim

Einkauf im Supermarkt, beim Tanken und auch bei vielen Fachgeschäften Punkte sammeln. Wenn genügend Punkte zusammen gekommen sind, kann er unter einer Reihe von Prämien wählen. Das teilnehmende Unternehmen erhofft für sich den Vorteil, dass der Kunde schneller Prämien einlösen kann und somit ein höheres Interesse an dem Programm hat. Eine professionelle Organisation durch einen spezialisierten Anbieter spart für die teilnehmenden Unternehmen Aufwand und reduziert die Komplexität. Neben der Organisation macht der Betreiber Werbung für das Programm, um zusätzlich Kunden für die angeschlossenen Partnerunternehmen zu gewinnen. Dies erfolgt natürlich gegen Kosten, die von den Unternehmen getragen werden müssen.

Ein Bonusprogramm bringt primär dann Vorteile, wenn der Nutzer als Privatperson angesprochen wird und nicht als Einkäufer. Ein Großkunde wird einen Rabatt oder spezielle Großkundenkonditionen anstreben und auf Bonuspunkte verzichten. Die Anforderungen an ein Bonussystem sind:

- **eine hervorragende Leistung**

    Im Wettbewerb mit anderen Anbietern kann Kundenbindung über ein Bonussystem nur dann erfolgreich sein, wenn die eigenen Leistungen mindestens denen der Konkurrenz entsprechen. Darüber hinaus müssen die den Kunden gebotenen Anreize einen konkreten Zusatznutzen mit subjektiv hoher Wertigkeit bieten.

- **der Anbieter kann sich beim Kunden häufiger in Erinnerung bringen**

Ähnlich wie beim Rabattmarken-Prinzip erfolgt die Auswahl der Einkaufsstätte bewusster. Das eigentliche Produkt- oder Leistungsangebot erhält einen zusätzlichen Charakter. Zudem kann der Kunde für seine eigenen Interessen aktiv werden und tritt in einen verstärkten Dialog mit dem Anbieter ein, wodurch die Kundenbeziehung vertrauter und damit gefestigt wird.

- **eine Differenzierung über Bonus-Angebote ist im Wettbewerb nur kurzzeitig möglich**
  Fast alle Linienfluggesellschaften verfügen über ein eigenes Bonussystem. Da sich die angebotenen Zusatzleistungen zwischen den einzelnen Programmen für den Kunden kaum unterscheiden, wird es den Airlines nicht möglich sein, sich damit dauerhaft zu differenzieren. Dieser Effekt gilt für alle Branchen und Bonus-Programme sind somit kaum geeignet, um Neukunden zu gewinnen.

Bonussysteme sind - richtig eingesetzt - geeignet, Kunden für einen wiederholten Nachkauf zu gewinnen und den Dialog zwischen Unternehmen und Kunden zu fördern. Die effiziente Umsetzung eines Bonus-Systems bedarf allerdings gründlicher Vorarbeit und einigem Marketingaufwand. Zudem ist eine ordnungsgemäße Verwaltung der Daten und eine reibungslos funktionierende Abwicklung bzw. interne Verrechnung der Prämien unabdingbar. Bei der Lufthansa wird das Bonusprogramm durch ein umfassendes Marketing- und Servicepaket unterstützt, wie z.B. ein Kundenmagazin, ein regelmäßig an Miles & More Teilnehmer versandten Infoblatt mit den aktuellen Prämienangeboten und eine spezielle Telefonhotline, über die der Kunde jederzeit seinen Meilenkontostand erfragen und Prämiengutscheine abrufen kann. Ob und in welchem Maße sich angesichts der Kosten, mit denen der Aufbau und die laufende Abwicklung eines solchen Bonussystems verbunden sind, positive Ertragsauswirkungen erzielen lassen, muss von jedem Unternehmen vor der Entscheidung eingehend überprüft werden.

Kundenkarten mit Zusatzwert

Kundenkarten der unterschiedlichsten Art kamen bereits in den 70iger Jahren in Mode. Heute gibt es eine kaum noch überschaubare Zahl von Kundenkarten zahlreicher Unternehmen für unterschiedlichste Zwecke. Eine erfolgreiche Karte ist die im Zusammenhang mit den Bonusprogrammen herausgegebene Payback-Karte. Neben der Euroscheck-Karte, die zugleich Service-Karte der Banken- und Kreditwirtschaft ist, haben sich Kreditkarten, wie z.B. MasterCard, Visa und American Express am Markt etabliert. Die meisten Kauf- und Warenhäuser geben eigene Kundenkarten heraus, ebenso Automobilvermieter, Videotheken, Buchclubs und sogar einzelne Bekleidungsfachgeschäfte oder Parfümerien. Dabei unterscheidet man grundsätzlich zwischen Kundenkarten mit und ohne Zahlungsfunktion.

Es gibt einen Trend, verschiedene Kartenfunktionen zu Multifunktionskarten zusammenzufassen. Wie alle anderen Bindungsinstrumente ist eine Kundenkarte nur dann sinnvoll, wenn sie dem Kunden einen eindeutigen und leicht kommunizierbaren Zusatznutzen gewährt. Unter dem Gesichtspunkt des Datenschutzes und der Sicherung persönlicher Daten ist der Einsatz einer

Kundenkarte, mit der das individuelle Kaufverhalten über längere Zeit gespeichert und Nutzungsmuster ausgewertet werden, kritisch zu betrachten. Teilweise werden qualifizierte Adressdaten für ein Zusatzgeschäft weiterverkauft. Um dies in einem legalen Rahmen zu halten, sind die gesetzlichen Bestimmungen zu beachten.

Die Akzeptanz einer Kundenkarte ist gefährdet, wenn der Gegenwert aus Sicht des Nutzers nur in relativ geringwertigen Treuerabatten oder anderen wenig attraktiven Vorteilen besteht. Überlegungen zur Steigerung der Wirtschaftlichkeit waren bei der Deutschen Bahn 2002 wohl verantwortlich für eine Revision der vorher erfolgreichen BahnCard mit einer Absenkung der Rabatte auf einen Basiswert von 25 %. Die Verschlechterung der Konditionen und die Erhöhung der Komplexität bei der Nutzung führten zu Kundenprotesten und rückläufigen Nutzerzahlen. Daher hat diese Version der BahnCard gerade ein Jahr überlebt und wurde 2003 von einer überarbeiteten BahnCard 50 ersetzt, die bei erhöhten Preisen wieder 50 % auf den normalen Fahrpreis gewährt. Nach kurzer Zeit endeten die Proteste der Kunden und die neue BahnCard hat breite Akzeptanz gefunden. Der Kunde reagiert also sensibel auf Kundenbindungsinstrumente, die ihm keinen erkennbaren Nutzen bringen. Die Einführung einer Kundenkarte sollte daher erst nach gründlichen Analysen und Akzeptanztests erfolgen. Dabei spielen natürlich wirtschaftliche Überlegungen eine wichtige Rolle, da die Kundenbindungsmaßnahmen auf eine Erhöhung des Kundenwertes zielen und beide Seiten einen erkennbaren Nutzen aus den Maßnahmen ziehen müssen. Gelingt dies nicht, wenn der Kundenwert durch die Kunden-Karte trotz einer bindenden Wirkung nicht steigt, sollte eher Abstand von der Einführung genommen werden.

Sonderfall Kunden-Clubs

Kunden-Clubs stellen die Erweiterung der Kundenbindung durch Karten dar - ein Kunden-Club ohne Karte ist kaum vorstellbar. Kundenclubs werden zumeist mit dem Ziel gegründet, eine regelmäßige und auf Dauer angelegte Kontaktbasis zwischen Unternehmen und Kunden zu schaffen. Je intensiver der Kontakt ist, desto größer kann sich der Wert dieser Beziehung für beide Seiten entwickeln. Erfahrungen haben gezeigt, dass Clubmitglieder mehr und häufiger kaufen als andere Kunden und ihre Produkt- bzw. Anbieter-Treue überdurchschnittlich ist. Die Gründung eines Kunden-Clubs ist bis auf Ausnahmen erst ab etwa 100.000 Kunden sinnvoll, da der erforderliche Organisations-, Marketing- und PR-Aufwand erheblich ist. In mittelständischen Unternehmen wird dieses Kundenbindungsinstrument daher bislang nur selten eingesetzt. Bekannt geworden sind Kunden-Clubs durch die von Reiseveranstaltern angebotenen Club-Reisen. Allerdings handelt es sich bei der Mehrzahl dieser Angebote nicht um Kunden-Clubs in dem oben beschriebenen Sinne. Hier wird der Clubgedanke in der Regel genutzt, um einen neuen Vermarktungsweg für Ferienreisen zu etablieren und das Image einer exklusiven Dienstleistung aufrechtzuhalten.

Kaum ein Produkt hat einen stagnierenden Markt mehr verändert als die Einführung der Swatch-Uhr. Der Armbanduhr im Kunststoffgehäuse mit modernem, ansprechendem Design ist es gelungen, einen neuen Markt zu schaffen. Dabei erfolgte die Differenzierung der Swatch, die abgesehen vom Design gegenüber anderen Uhren keinen zusätzlichen Produktnutzen aufweist, über einen ganzheitlichen kommunikativen Marken-Auftritt. Am Anfang stand die Marketing-Botschaft von günstigem Preis, durchschnittlicher Qualität, Innovation bis zur Provokation und Lebensfreude. Diese Botschaft ist offensichtlich angekommen, denn über einige Jahre hinweg konnte man z.B. viele Banker mit einer Swatch sehen. Die Kern-Botschaften bestimmen die Kommunikation des Unternehmens, zu dem auch ein Kunden-Club gehört. Selbstverständlich kann auch ein professionell organisierter Kunden-Club wie der Swatch-Collectors-Club nicht verhindern, dass im Laufe der Zeit die Attraktivität eines so modischen Artikels wie der Swatch-Uhr abnimmt. Erfolgsfaktoren für Kunden-Clubs sind unter anderem:

- **Zusatzleistungen sind produktbezogen und unterstützen die Kern-Botschaft**
  Für die Aktivierung der Kunden durch ein Club-Angebot sind Zusatzleistungen mit einem direkten Produktbezug erforderlich. Die Akzeptanz von Zusatzleistungen ohne direkten Produktbezug hängt von deren Attraktivität ab. Die Club-Angebote bilden ein in sich einheitliches Paket und sind an den Bedürfnissen der Zielgruppe ausgerichtet. Der Club-Gedanke assoziiert Beziehungen und richtet sich ot auf die Gestaltung von Freizeit.

- **Direkte Kontakte zu den Kunden werden angestrebt**
  Die Kontakte zwischen Unternehmen und Kunden im Club wird zur Kundenbindung aktiv genutzt. Auch die Zusatzleistungen werden im direkten Kontakt zu den Clubmitgliedern angeboten und abgewickelt.

Systemlösungen zur Kundenbindung

Je nach Angebot bzw. Produkt gibt es zusätzlich zu anderen Kundenbindungsinstrumenten die Möglichkeit einer längerfristigen vertraglichen Bindung. Auch eine vertragliche Bindung muss einen deutlich erkennbaren Nutzen für den Kunden bieten, damit die notwendige Akzeptanz erreicht wird, Eine Bindungswirkung über einen längeren Zeitraum setzt einen längerfristigen gegebenen Vorteil voraus. Eine Bindung über spezielle Preisgestaltung, z.B. mit Erwerb von festen Nutzungs-Volumina funktioniert teilweise bei langfristigen Dienstleistungsverträgen (z.B. Telefonie, Strom, Hotel-Übernachtungen). Mit der Kundenbindung per Vertrag darf keine Verschlechterung von Qualität oder Service für den Kunden verbunden sein. Andernfalls wird der Kunde trotz Vertrag versuchen, früher oder später aus dem Vertragsverhältnis herauszukommen oder nach Ablauf der Kündigungsfrist den Anbieter zu wechseln. Das Kern-Problem der Preismodelle mit Abnahme fester Kontingente ist, dass der Käufer so gut wie nie exakt die erworbene Menge braucht. Entweder es verfallen Restmengen oder er benötigt vor Ablauf der Laufzeit mehr. Es ist daher bei der Ausgestaltung der Modelle zu beachten, dass nicht der Eindruck einer Übervorteilung entsteht, die den Erfolg eines solchen Preismodells konterkarieren könnte.

Andere Formen des Systemlösungsgedanken werden z.B. bei Gläsern und Porzellan realisiert. Hier bestimmt der Erstkauf die Folgekäufe der gleichen Marke und Produktlinie. Die Hersteller nutzen diese Situation, indem die Angebotsprogramme der einzelnen Dekors gezielt um weitere passende Artikel, wie z.B. Vasen, Schalen und Dekorationsartikel erweitert werden. Die Grundlage des Systemgedankens insbesondere im Design der Produkte. Systemlösungen zur Kundenbindung können auch in Bereichen erfolgreich sein, in denen die Produkte gar keinen Systemansatz bieten. Der Firma Würth ist es gelungen, mit ihrem Primärprodukt Schrauben über den Systemlösungsansatz zu einem weltweit tätigen Marktführer zu werden. Dabei ist eine Differenzierung mit international genormten Schrauben nur schwer vorstellbar und ausländische Produzenten haben hinsichtlich der Herstellkosten Kostenvorteile. Für den Endkunden sind Schrauben ein „Low-interest"-Produkt. Die Lösung von Würth ist ein Systemangebot, das sich an den Bedürfnissen der Wiederverkäufer ausrichtet. Würth bietet Händlern und Nutzern seiner Produkte zur Miete an Ladeneinrichtungen und Regalsysteme, die speziell auf die Würth-Produktpalette abgestimmt sind.

Manche Elektronik-Hersteller versuchen, eigene Standards und proprietäre Schnittstellen zur Kundenbindung durch zu setzen. Diese Art der Systemlösung funktioniert allerdings nur in Ausnahmefällen, da der Kunde bei Verfügbarkeit eher ein Angebot mit offenen Schnittstellen bevorzugen. Ein Beispiel für solche „Lösungen" sind eigene USB-Stecker für MP3-Player. Es ist für die Akzeptanz solcher Lösungen erforderlich, dass die Vorteile für den Käufer nachvollziehbar sind. Systemlösungen können für den Kunden von Vorteil sein, wenn damit die Beherrschung von unterschiedlichen Standards und Schnittstellen an einen spezialisierten Anbieter übertragen wird und damit interne Ressourcen eingespart werden können.

Cross-Selling erhöht die Kundenbindung

Die steigende Internet-Nutzung für Einkäufe (eCommerce) erhöht gleichzeitig das Angebot von verwandten Produkten (Cross-Selling). Zum Teil sind solche Angebote für den Nutzer interessant, zum Teil werden sie als unangenehm und störend empfunden. Manche Unternehmen verdienen mittlerweile an der Vermarktung von gesammelten Datenbeständen, die sie bei Recherchen, Anfragen oder tatsächlichen Verkäufen erzielen. Jeder Internet-Nutzer kennt dieses Phänomen. Wer Reports zu Automobilien sucht, wird möglicherweise schon bald unaufgefordert Angebote zu Finanzierung und Versicherung von Unternehmen erhalten, zu denen er vorher keinen Kontakt hatte. Da diese Form des versuchten Cross-Selling stark wächst, ist mit datenschutzrechtlichen Auflagen zu rechnen. Cross-Selling ist natürlich nicht auf das Internet beschränkt und kann auch von Einzelhändlern und Dienstleistungs-Unternehmen genutzt werden. Erfolgsfaktoren für eine Kundenbindung durch Cross-Selling sind:

- die zusätzlich angebotenen Leistungen müssen zur Basisleistung passen und eine sinnvolle Ergänzung darstellen
- die Zusatzleistungen müssen in ihrer Qualität der Basisleistung entsprechen
- die Cross-Selling-Aktivitäten, d.h. die Art und Weise des Vertriebs muss der bestehenden Beziehung zum Kunden entsprechen und auf Kontinuität der Geschäftsbeziehung ausgerichtet sein.

Kundenbindung kann nicht nur mit dem Verkauf zusätzlicher Produkte anderer Hersteller erzeugt werden. Auch mit eigenen Leistungen lässt sich nach dem Erstkauf zusätzlicher Umsatz und eine weitere Bindung erreichen. Bei technischen Produkten ist der Service, Wartung oder Pflege ein Bereich, der sich hierfür anbietet. Mit Service wird die Gesamtheit der Leistungen bezeichnet, die der Kunde über das eigentliche Produkt oder die grundlegende Dienstleistung hinaus im Verhältnis zum Preis und dem Image eines Unternehmens erwartet. So setzt der Käufer eines PKW der Marke Mercedes bestimmte Leistungen während und nach dem Kauf voraus: das Vorführen eines Wagens, eine Probefahrt, einen persönlichen Empfang, angemessene Finanzierungspläne, schnelle bzw. möglichst wenige Reparaturen sowie später einen Rückkauf des gebrauchten Fahrzeugs. Kundenbindung kann durch Serviceleistungen dann erreicht werden, wenn die Serviceerwartungen des Kunden übertroffen werden.

Neben dem Kundenbindungsaspekt beinhalten diese Angebote eine Möglichkeit zur Steigerung der Marge, da Serviceleistungen meistens zusätzlich bezahlt werden müssen. Vielfach achtet der Käufer nicht auf die Kosten für die Serviceleistungen, so dass sich auf diesem Wege nach dem klassischen Beispiel von der verschenkten Öllampe und dem teuer angebotenen Öl auch heute noch Geschäfte realisieren lassen. Hotels nutzen diesen Weg zur Erhöhung der eigenen Marge, indem neben der Übernachtungsleistung Gastronomie-Angebote, Wellness-Dienste, Ausflüge oder Mietwagen bereitgestellt werden. Die Zusammenfassung der Einzelleistungen auf einer Rechnung kann als zusätzlicher Service aufgenommen werden.

Empfehlungsmanagement

Freundschaftswerbung ist eine im Privatkundengeschäft relativ häufig eingesetzte Form der Kundenbindung bei Produkten aus dem Printbereich (Zeitungen, Zeitschriften und Magazine) sowie im Bereich des Versandhandels. Selbst Banken und Internet-Anbieter greifen gerne zum Instrument der Freundschaftswerbung. Bestehende Kunden werden dabei mit einer attraktiven Prämie dazu animiert, neue Kunden aus dem eigenen Umfeld zu werben und so selber eine aktive Vertriebsfunktion wahrzunehmen. Erfolgreiche Freundschaftswerbung hat zwei Effekte: zum einen werden durch diese Maßnahme Neukunden gewonnen, zum anderen bringt man Stammkunden dazu, die sich mit dem Produkt und seinen Vorteilen beschäftigen und diese gegenüber Freunden und Bekannten zu kommunizieren.

Eine wichtige Voraussetzung für erfolgreiche Freundschaftswerbung sind eine niedrige Komplexität des Produktes und ein potenziell breiter Zielgruppen-Kreis, wie dies bei einem Zeitungsabonnement oder den Produkte von Tupperware der Fall ist. Die Abschluss-Prämien müssen für einen Erfolg auf die Bedürfnisse und speziellen Interessen der Stammkunden zugeschnitten sein und eine Motivation für die Kundenwerbung darstellen. Mit effektiver Freundschaftswerbung können positive Ergebnisse erzielt werden, die Weiterempfehlung durch Stammkunden kann den Zuwachs des Kundenstamms um bis zu 20% steigern. Im Geschäftskundenbereich gibt es die klassische Freundschaftswerbung nicht. Hier spielt die Schaffung von Referenzkunden trotzdem eine zunehmend wichtige Rolle. Bei anderen vergleichbaren und im Idealfall bekannten Unternehmen zur vollen Zufriedenheit eingesetzte Produkte schaffen höhere Chancen für die Vermarktung als Produkte, für die keine Referenzen in der Branche oder in der Region bekannt sind.

Kundenbindung erfordert Kreativität. Die vorgestellten Kundenbindungsmaßnahmen und Anregungen zeigen ein ganzes Spektrum an Möglichkeiten auf, aber auch die mit der erfolgreichen Umsetzung verbundenen Schwierigkeiten, um langfristige Kundenbeziehungen aufzubauen und zu pflegen. Kundenbedürfnisse und Kundennutzen sind die entscheidenden Determinanten, um nachhaltig erfolgreiche Kundenbindungsmaßnahmen zu entwickeln und umzusetzen. Je besser es einem Unternehmen gelingt, Kundenbindungsmaßnahmen nicht nur als aktionsgetriebene Marketingkonzept zu verstehen, sondern den Kunden und den Nutzen langfristig ins Zentrum allen unternehmerischen Handelns zu stellen, desto besser kann das volle Ertragspotential der Kunden ausgeschöpft werden. Der Stand der Umsetzung von Kundenbindungsmaßnahmen kann anhand einiger Kontrollfragen überprüft werden:

- Werden die Kunden in der Nachkaufphase regelmäßig und ausreichend über das erworbene Produkt informiert und betreut?
- Welche Folgeangebote werden dem Erstkäufer gemacht und in welchem Verhältnis werden sie wahrgenommen?
- Wie viele der Erstkäufer werden im Vergleich zu anderen Unternehmen und in der zeitlichen Entwicklung zu Wiederkäufern bzw. Stammkunden?
- Welche Kundenbindungsmaßnahmen sind für die Kunden attraktiv und ermöglichen einen leicht kommunizierbaren Nutzen?

- Werden eingehende Beschwerden zum Aufbau der Kundenbeziehung genutzt?
- Wie entwickeln sich die Kosten für die Kundenbindung im Verhältnis zu den Kundenwerten?
- Wie ist die Organisation der Kundenbindung im Unternehmen verankert und wie langfristig sind die Maßnahmen angelegt?

Ideen für neue oder ergänzende Maßnahmen zur Kundenbindung können in Diskussionen mit Vertriebsmitarbeitern, Vertriebspartnern und natürlich auch mit ausgewählten Kunden entwickelt, diskutiert und bewertet werden. Lassen sie den gewünschten Effekt einer langfristigen Kundenbindung erwarten? Wenn eine Vorauswahl getroffen wurde, sollten gezielt solche Maßnahme weiter verfolgt werden, die den größten Effekt versprechen und sich mit überschaubarem Aufwand in der Organisation umsetzen lassen. Es ist aufgrund des damit verbundenen Aufwands und der notwendigen Akzeptanz nur selten sinnvoll, mehrere Maßnahmen gleichzeitig einzuführen.

Nach der Entscheidung für eine Kundenbindungs-Maßnahme sind die Kosten zu kalkulieren, wobei neben den primären Kosten für Prämien, zusätzlichen Serviceleistungen und Rabatten der Marketing- und Werbeaufwand, gegebenenfalls die Kosten für externe Dienstleister wie eine Werbeagentur, sowie die internen Kosten für Verwaltung und Umsetzung berücksichtigt werden müssen. Erst nach Klärung der wirtschaftlichen Voraussetzungen sollte ein Test in der Zielgruppe Sicherheit für den Erfolg schaffen. Nur Kundenbindungsinstrumente, die dem Kunden einen für ihn erkennbaren Vorteil bringen, werden akzeptiert. Hierfür muss ein „nachrechenbarer" Nutzen mit einer einfachen Handhabung und einem transparenten Ablauf kombiniert werden, damit die Wirkung sich so einstellt, wie dies in den

Planungen unterstellt wird. Die Kosten für einen mehrstufigen Test des Instruments sind gut angelegt, da Kundenverluste und eine negative Rückwirkung für das Unternehmen immer höhere Kosten oder gar Kundenverluste nach sich ziehen.

13. Kundenorientierung bei den Mitarbeitern

Die Zeit der genialen Erfinder und Unternehmer vom Schlage eines Daimler, Siemens, Bosch oder ähnlich scheint vorüber sein. Zwar setzt sich Teamerfolg aus den Beiträgen und dem Einsatz Einzelner zusammen, aber bei der zunehmenden Komplexität von Produkten, Prozessen und Geschäftsbeziehungen reicht der Einsatz und die Genialität Einzelner nicht mehr aus. Erst die erfolgreiche Kooperation der einzelnen Spezialisten und Mitarbeiter in einem gemeinsamen Team sichert den nachhaltigen wirtschaftlichen Erfolg eines Unternehmens. Was zeichnet ein „Team" gegenüber einer Summe von „Einzelkämpfern" aus? Zunächst ist es das gemeinsame Ziel, das über dem Handeln aller Teammitglieder steht. Ziele müssen transparent, greifbar und messbar sein, damit sie wirken. Ein möglichst hoher Ertrag und wirtschaftlicher Erfolg sind übergeordnete Ziele, die nicht als Ziele eines Teams taugen. Geeignete Ziele können die marktreife Entwicklung eines Produktes bis zu einem Stichtag sein, die Erschließung neuer Vertriebskanäle, die Erreichung von festgelegten Qualitätsmerkmalen oder die Haltung einer erreichten Kundenzufriedenheit. Die Ziele müssen in einem überschaubaren Zeitrahmen zu erreichen sein, so dass die Fortschritte erkennbar und der verbleibende Aufwand absehbar bleibt.

Neben dem gemeinsamen Ziel sind eine offene Kommunikation innerhalb eines Teams und die gegenseitige Unterstützung bei der Problemlösung wichtige Kennzeichen eines funktionierenden Teams. Nicht zu unterschätzen ist die gemeinsame Partizipation an einem erzielten Erfolg zur Aufrechterhaltung des Teamgeistes. Dabei funktioniert ein Team besser, wenn individuelle Beiträge ebenfalls gewürdigt werden. Teambuilding ist keine leichte Aufgabe für einen Unternehmer und ein Team entsteht nicht automatisch durch das Zusammenbringen von mehreren Individuen. Auch die Mitarbeiter einer Abteilung bilden nicht automatisch ein funktionierendes Team. Teambuilding ist eine Management-Aufgabe, bei der die richtigen Rahmenbedingungen und die laufende Förderung des Teamgeistes eine entscheidende Rolle spielen.

Teamarbeit ohne offene Informationspolitik funktioniert nur selten. Alle Aspekte der anstehenden Aufgaben müssen im Team bekannt sein. Dies schließt auch wesentliche Teile des Auftrags und der Rahmenbedingungen mit ein. Allerdings bedeutet dies nicht, dass ein Team ein basis-demokratischer Debattier-Club ist, in dem grundlegende Entscheidungen bewertet und Infrage gestellt werden. Es bedeutet genauso wenig, dass alle Vorgänge im Unternehmen offen diskutiert werden müssen. Der Fokus der Teams sollte auf der vollständigen und zeitgerechten Erledigung der anstehenden Aufgaben liegen. Dabei ist es unerheblich, ob das Ziel in einer Produktentwicklung für einzelne Zielgruppen handelt, eine kundenspezifische Projektrealisierung, die Erschließung eines neuen Vertriebskanals oder die Akquisition eines einzelnen Kunden.

Eine offene Kommunikation muss auch während der eigentlichen Projektarbeit in beiden Richtungen erfolgen. Das Team muss über neue Absprachen und den Informationsaustausch mit dem Kunden informiert werden und umgekehrt muss der verantwortliche Manager rechtzeitig über Probleme informiert werden, die die Einhaltung der Ziele gefährden. Bei der Kommunikation ist auf die Einhaltung offener Kommunikationskanäle zu achten. Natürlich müssen für den Informationsaustausch nicht immer alle Teammitglieder zusammen auftreten und Einzelgespräche sind durchaus sinnvoll, wenn hinterher alle über die Ergebnisse informiert werden. Die Entwicklung verschlungener Informationspfade und die Ausnutzung von Informationsvorsprüngen sind aber auf jeden Fall zu vermeiden.

Zur Abstimmung und zum allgemeinen Austausch ist ein regelmäßiges Teammeeting sinnvoll. Die Festlegung der Intervalle für solche Treffen hängt vom jeweiligen Vorhaben und der Anzahl bzw. Dringlichkeit neuer Informationen ab und kann entsprechend angesetzt werden. Bei einer straffen Führung können die Teammeetings in der Regel ohne großen Zeitaufwand durchgeführt werden. Wichtig ist allerdings, dass diese Treffen für alle Teammitglieder verbindlich sind und nur wichtige Ausnahmetatbestände ein Fernbleiben rechtfertigen.

Die Stärken eines guten Teams können dann ausgespielt werden, wenn wichtige Aufgaben an das Team delegiert werden. Dies schließt die Arbeitsverteilung im Team und die selbständige Planung der Teilaufgaben ein. Natürlich ist der Vorgesetzte trotzdem gefordert und sollte seine Kontrollfunktion ernst nehmen. So kann er die Umsetzungs- und Einsatzplanungen, die das Team erarbeitet hat, prüfen und gegebenenfalls Änderungen vornehmen. Im Sinne der oben geforderten offenen Kommunikation sollten diese Änderungen allerdings begründet und erläutert werden. Das Team sollte in der Lage sein, den Fortschritt bei der Umsetzung, Engpässe und Problembereiche selbständig zu erkennen und Gegenmaßnahmen zu erarbeiten. Diese Situationen sind natürlich allen Teammitgliedern bekannt zu machen und auch dem Vorgesetzten mitzuteilen. Das Teammeeting kann eine Plattform hierfür sein. Darüber hinaus sollten wichtige Entscheidungen und Planungen für alle leicht zugänglich gemacht werden. Ob dies in Form elektronischer Projektpläne erfolgt oder mithilfe von Tafeln und Whiteboards, hängt von der Situation ab und ist für eine effiziente Teamarbeit sekundär.

Für ein selbständig und verantwortungsvoll agierendes Team hat der Vorgesetzte eine andere Führungsaufgabe als bei Steuerung von individuellen Mitarbeitern. Unverändert hat er die Ziele der Projekte zu definieren, Ressourcen zuzuordnen und die Umsetzung zu kontrollieren. Aber bei der eigentlichen Umsetzung übernimmt er neben der Kontrollfunktion die Aufgabe eines Beraters und Coaches, der dem Team hilft und in solchen Fällen unterstützt, bei denen das Team selber nicht weiter kommt. Hierdurch wird die Selbständigkeit des Teams entwickelt und das gegenseitige Vertrauen gestärkt. Aufgrund seiner Erfahrung muss der Vorgesetzte eingreifen, falls er feststellt, dass die Umsetzung nicht optimal erfolgt. Wenn dies durch konstruktive Kritik und als Vorbild erfolgt, hilft dies dem Team und dient der Weiterentwicklung. Die Umstellung von der Zuordnung von Teilaufgaben an einzelne Mitarbeiter zu einer Aufgabendelegation an ein Team kann nicht von heute auf morgen geschehen. Der Anfang wird am besten mit kleineren Aufgaben gemacht und in der Anfangsphase ist der Vorgesetzte in fast allen Fällen mehr gefordert als bei der klassischen Aufgabenverteilung. Mittelfristig zahlt sich dieser Aufwand eigentlich immer aus, da das Unternehmen insgesamt schlagkräftiger und flexibler wird.

Eines der wichtigsten Anreizsysteme für einzelne Mitarbeiter und ganze Teams ist ein begründetes Lob für eine erfolgreiche Arbeit. Obwohl dies eigentlich eine allgemein anerkannte Tatsache ist, wird nach wie vor eher Kritik geäußert als Lob. Eine gute Möglichkeit ist hierfür das regelmäßige Teammeeting. Im Hinblick auf wirksame Anreizsysteme verhält sich das Team kaum anders als der einzelne Mitarbeiter. Je nach Vergütungsstruktur im Unternehmen können für besonders erfolgreiche Teams Sonderprämien als Sondervergütung oder in Form von Budgets für Events oder Weiterbildung ausgesetzt werden. Auf jeden Fall ist ein wichtiger Anreiz die Anerkennung im Unternehmen nach Abschluss eines definierten Vorhabens. Natürlich sollte eine Abschlussbesprechung mit dem Team zur Manöver-Kritik und Aufarbeitung von Erfahrungen durchgeführt werden.

Neben der Teamleistung ist die Anerkennung der individuellen Leistungen ein notwendiger Anreiz für die Mitarbeiter, da sich auch ein gut funktionierendes Team aus einzelnen Individuen zusammen setzt und die Teamleistung nur möglich wird, wenn alle ihre Bestleistung bringen. Für die Zuweisung der Sonderprämien gibt es grundsätzlich die Möglichkeit einer Zuordnung über den Vorgesetzten oder eine Verteilung durch das Team selber. Der letztere Weg funktioniert aber nur bei „mündigen" und selbstkritisch funktionierenden Teams. Eine simple Gleichverteilung auf alle Beteiligten ist zwar der einfachste und ohne weitere Überlegung umsetzbare Weg, aber auch der am wenigsten motivierende. Eine offene Kommunikation ist auch im Hinblick auf die Anreizsysteme ein Motivationselement. Nur wenn alle Teammitglieder wissen, nach welchen Kriterien und aufgrund welcher Leistungen der eine mehr und der andere weniger erhält, werden sich alle beim nächsten Projekt entsprechend mehr einsetzen.

Märkte sind dynamisch und unterliegen unterschiedlichen Einflüssen und Trends. So ändern sich im Laufe der Zeit nicht nur die Bedürfnisse und das verfügbare Einkommen der einzelnen Kunden, auch Einstellungen der Zielgruppen können sich durch verändertes Umweltbewusstsein, Anforderungen durch den Klimawandel und steigende Rohstoffpreise etc. verschieben. In der Folge kann sich das Verhalten ganzer Zielgruppen ändern oder gar die Segmentierung nach neuen Kriterien erforderlich werden. Neue Technologien substituieren immer wieder bisher erfolgreiche Produkte oder schaffen völlig neue Märkte und ermöglichen neuen Unternehmen in den Wettbewerb einzutreten, mit neuen Produktionsmethoden sinken Produktionskosten, Materialkosten unterliegen Nachfrage- und Preis-Schwankungen, Marktpreise kommen durch Wettbewerbsaktionen unter Druck und viele weitere Einflussfaktoren verändern die Geschäftsbedingungen. Dies betrifft nicht nur den Produktbereich sondern auch den Dienstleistungssektor. Neue Wettbewerber können Märkte beeinflussen und Entscheidungskriterien verändern. Bei einem ständigen Wandel der Rahmenbedingungen käme das unternehmerische Handeln ohne Analysen und Neubewertungen einem Blindflug ohne Instrumente gleich. Eine einmalige Situations-Aufnahme ist daher nicht ausreichend. Instrumente der Zielgruppenanalyse lassen sich mit denjenigen des Risikomanagements kombinieren. Dabei liefern die Ergebnisse der ersten Bestandsaufnahme eine Basis, die durch regelmäßige Überprüfungen weiterentwickelt wird. Solche Änderungen sind zwar in vielen Fällen kontinuierliche Entwicklungen, aber es gibt durchaus auch sprunghafte Änderungen, z.B. in Verbindung mit neuen Technologien. Als kritisch erweisen sich oft schleichende Entwicklungen, die nicht auf den ersten Blick bedrohlich wirken und daher lange Zeit unbeachtet bleiben. Wer durch die Beobachtung von Einflussfaktoren erkennt, dass sich wichtige Rahmenbedingungen ändern, kann versuchen, dies zum eigenen Vorteil aus zu nutzen. Alternativ können frühzeitig Maßnahmen zur Kapazitätsverlagerung getroffen werden, um den möglichen Schaden zu begrenzen.

14. Risikomanagement berücksichtigt Kunden

Mehrfach wurden bereits Aspekte von Risiken für ein Unternehmen erwähnt. Bei jeder unternehmerischen Entscheidung gilt es Chancen und Risiken abzuwägen. Aber wie geht man systematisch mit Risiken um, wie „managt" man Risiken? Zunächst gilt es Risiken zu identifizieren und zu beschreiben. Risiken können im Unternehmen selbst begründet oder durch Wettbewerb, technologische Neuerungen oder veränderte gesetzliche Grundlagen bedingt sein. Unternehmen sind alleine schon aufgrund der Branchenzugehörigkeit und der Konjunkturlage in der Branche Entwicklungen ausgesetzt, die Abweichungen von den im Business Plan angestrebten Zielen und Strategien zur Folge haben können. Diese Entwicklungen sind für das Unternehmen sowohl mit positiven (Chancen) aber auch mit negativen (Risiken) Auswirkungen verbunden. Konsequenzen können z.B. von der rechtzeitigen Erkenntnis zukünftiger Entwicklungen des Marktumfelds und des Wettbewerbs abgeleitet werden. Auch technologische Veränderungen und Änderungen der rechtlichen Rahmenbedingungen beinhalten Risiken- und Chancenpotenziale.

Um mit den vielfältigen Risiken und ihren sehr unterschiedlichen potenziellen Auswirkungen richtig umgehen zu können, muss ein Prozess im Unternehmen etabliert werden, mit dem alle internen und externen Risiken regelmäßig und systematisch identifiziert, erfasst, bewertet und vergleichbar gemacht werden. Die Priorisierung ergibt sich aus den kombinierten Werten zur möglichen Schadenshöhe und der Eintrittswahrscheinlichkeit des Schadens. Erst auf der Grundlage dieser Daten können Gegenmaßnahmen eingeleitet werden. Nicht alle Risiken können vom Unternehmen selber beeinflusst werden und manche Gegenmaßnahmen beanspruchen Ressourcen, die eigentlich für andere Aufgaben eingeplant waren. Daher ist es unausweichlich, dass die Auswirkungen der Ergebnisse des Risikomanagement-Prozesses auf die Planung überprüft werden. Beide Prozesse ergänzen sich gegenseitig und sind verzahnt zu behandeln.

Externe Risiken

Externe Risiken ergeben sich für die Gesellschaft in Form von diversen Rahmenbedingungen und Umwelteinflüsse, die nicht unmittelbar von der Gesellschaft beeinflusst werden können. Auswirkungen aufgrund von Veränderungen in der Marktlage, dem Wettbewerb, der Konjunktur, bei technologischen und rechtlichen Regelungen sind nicht auf interne Entwicklungen zurück zu führen. Eine Gegensteuerung ist aber durch strategische Anpassungen der Grundausrichtung des Unternehmens möglich, seltener durch operative Maßnahmen.

- **Markt- und Wettbewerbsentwicklungen**

Eine erschwerte wirtschaftliche Gesamtsituation, die auf Veränderungen der Markt- und Wettbewerbsbedingungen zurückzuführen ist, stellt eine mögliche Gefahrenquelle für das Unternehmen dar. Konjunkturelle Entwicklungen, verbunden mit verändertem Beschaffungsverhalten der Kunden, können zu Umsatzeinbußen führen. Weitere Einflussfaktoren ergeben sich aus der gesamtwirtschaftlichen Situation der Branche. Neben den Marktrisiken ergeben sich mögliche Risiken durch Veränderungen des Wettbewerbsumfeldes. Bei innovativen Entwicklungsvorhaben besteht immer ein Gefahrenpotential, so dass ein Zeitvorteil verloren gehen könnte. Dies gilt insbesondere, wenn kein strategischer Partner gefunden wird, der die notwendige weitere Entwicklung finanziert oder eine schnelle Vermarktung ermöglicht.

- **Sonstige Rahmenbedingungen**

Zu weiteren externen Einflüssen auf das Unternehmen gehören Veränderungen der rechtlichen Umfeldbedingungen. Mögliche Reformen in diesem Bereich ergeben Chancen- und Gefährdungspotentiale. I.d.R. weniger bedeutende, aber dennoch vorhandene Einflussbereiche sind Veränderungen im Handels-, Aktien- und Steuerrecht. Entwicklungen der Besteuerungs- und Bilanzierungspolitik für Unternehmen können Auswirkungen auf die Finanzlage des Unternehmens nach sich ziehen. Schließlich zählen Naturereignisse und ähnliche nicht vorhersehbare Begebenheiten zu den externen Risiken. Brände, Wasserschäden, Stürme oder ähnliche Zerstörungen von Betriebseinrichtungen (aber auch von Lagermaterial und bei Geschäftspartnern) stellen eine eher unwahrscheinliche, aber nicht auszuschließende Bedrohung dar.

Interne Risiken

Im Gegensatz zu den externen Risiken sind die internen Risiken durch Entscheidungen und Handlungen des Unternehmens selbst bedingt. Risiken aus der Leistungserstellung, im finanzwirtschaftlichen Bereich, aus der Organisation und dem Management des Unternehmens gehören in diese Kategorie. Sie sind meist durch operative Entscheidungen und Maßnahmen direkt beeinflussbar und steuerbar.

- **Risiken aus der Leistungserbringung**

Typische Risikofelder im Rahmen der Leistungserbringung beziehen sich auf die Bereiche Beschaffung, Produktion, Absatz, Betriebsmittel und EDV. Bei den Betriebsmitteln sollten sich die Analysen z.B. auf den Grad der Auslastung der Anlagen, deren technischem Stand sowie auf zukünftige Entwicklungen in diesem Segment richten. Stellt die Funktionsfähigkeit einer technischen Einrichtung eine wesentliche Voraussetzung für den Erfolg der Gesellschaft dar, so liegen in den Ausfallwahrscheinlichkeiten Gefahrenquellen. Im Bereich der EDV spielen vor allem Aspekte der Sicherung von relevanten Daten vor Verlust und Fremdzugriff, Zugriffsrechte für autorisierte Personen und die Wirtschaftlichkeit der Datenverarbeitung eine große Rolle. Dazu kommen Entscheidungen zwischen Fremdvergaben oder Eigenentwicklungen von Programmierungen.

Im Bereich der Beschaffung ergeben sich z.B. Vertragsrisiken mit den Lieferanten. Durch die Ausgestaltung der Vertragsmodalitäten entstehen in erster Linie Preisrisiken, aber auch die Qualität der gelieferten Produkte, die Liefertreue sowie Abhängigkeiten von nur wenigen Lieferanten stellen weitere Gefahrenpotenziale dar.

Zu den Leistungserbringungsrisiken der Gesellschaft zählen u.U. auch mögliche Mängel in der Funktionsfähigkeit und der Ordnungsmäßigkeit der Auftragsbearbeitung. Falsche Abrechnungen gegenüber den Kunden oder den Lieferanten bedeuten erhebliche Verlustpotentiale. Auf lange Sicht können sich Gefahren aus der Zusammensetzung des Produktprogramms ergeben, wenn einzelne Produkte nicht mehr wettbewerbsfähig sind. Aufgrund fehlender Produktinnovationen, durch ungenügende Forschungs- und Entwicklungstätigkeit, kann es zu Wettbewerbsnachteilen kommen. Schließlich bestehen im Bereich des Absatzes mögliche Risiken für das Unternehmen, z.B. in Form von Preisrisiken. Vielleicht besteht die Gefahr von steigendem Preisdruck und geringeren Margen als Ergebnis eines gestiegenen Wettbewerbs. Vertrieb und Marketing sollten Absatzrisiken mit gleichem Engagement entgegenwirken, wie sie auf der anderen Seite auf die Zielerreichung hin arbeiten. In der Qualifikation der Vertriebsmitarbeiter bei der Generierung neuer Kunden, der Wahl der Absatzwege sowie der Identifikation neuer Zielgruppen bestehen Möglichkeiten positiver oder negativer Einflussnahmen. Neben der Preis- und Konditionspolitik ist die Kundenstruktur ebenfalls bei den Absatzrisiken zu subsumieren. Dies gilt insbesondere dann, wenn das Unternehmen von wenigen großen Kunden abhängig ist, die einen hohen Anteil am Umsatz ausmachen.

Finanzwirtschaftliche Risiken

Ein Schwerpunkt im monetären Bereich ist die Sicherung der Liquidität der Gesellschaft. Durch risikobehaftete Entscheidungen könnte sich für das Unternehmen ein zusätzlicher Kapitalbedarf ergeben, der über den geplanten Liquiditätsabflüssen liegt. Eine zu hohe Burn-Rate kann u.U. zu drohenden Liquiditätsengpässen bis hin zur Zahlungsunfähigkeit führen. Dieser Effekt wird durch niedrige Gewinnspannen und fehlende margenstarke Kunden verstärkt. In diesem Zusammenhang kann auch die Zielerreichung zu Umsatz- und Eigenkapitalrendite gefährdet sein.

Weitere Probleme im finanzwirtschaftlichen Sektor können sich aus der Finanzorganisation und aus dem Verhalten bei Kreditgeschäften ergeben. Ausfälle oder Verschiebungen von Zahlungen der Kunden sowie ungenaue Planungsprozesse oder fehlerhafte Prämissensetzungen bergen Gefahrenpotentiale.

Risiken aus dem Management und der Organisation

Nicht zuletzt liegen potenzielle Chancen- und Gefahrenquellen in der Organisation und im Management. Die gewählte Aufbau- und Ablauforganisation sowie Kommunikations- und Berichtswege im Unternehmen sowie der Entscheidungsfindungsprozess können positive oder negative Einflüsse auf die Erreichung der Unternehmensziele haben. In diesem Zusammenhang sind mögliche Gefahren zu erwähnen, die sich aus unzureichenden Informationssystemen ergeben, die dem Management die zügige und richtige Entscheidungsfindung erschweren. Ebenfalls in den Bereich dieser Risiken fallen die Gefahren, die sich aus einer zu hohen Mitarbeiter-Fluktuationsrate oder einer ungenügenden Motivation der Mitarbeiter ergeben. Solche Faktoren wirken sich fast immer nachteilig auf die Leistungsbereitschaft und die Produktivität der Organisation aus.

Überblick über mögliche Risiken

Eine zusammenfassende Übersicht über die verschiedenen bisher vorgestellten Risikobereiche gibt die folgende Auflistung, die allerdings keinen Anspruch auf Vollständigkeit erhebt und für die Gegebenheit in einem speziellen Unternehmen ergänzt oder angepasst werden muss:

Externe Risiken

- Wirtschaftliche Rahmenbedingungen (z.B. Wachstum, Kaukraft)
- Gesetzliche Verordnungen, regulatorischer Rahmen zur Ausübung des Geschäftes (z.B. Umweltauflagen, Dosenpfand, Arbeitsschutz, Datenschutz, zusätzliche Auflagen, ...)
- Geänderte Vergaberichtlinien für Fremdkapital
- Änderungen im Kaufverhalten (Produktsubstitutionen, veränderte Einstellungen und Vorlieben)
- Allgemeiner Preisverfall
- Konkurrenz aus Niedriglohn-Ländern
- Energie- und Treibstoffkosten

Technologische Risiken

- Veränderungen auf der Lieferantenseite
- Fehlende Entwicklungsressourcen
- Ausfall eines Entwicklungspartners
- Ähnliche Produkte vom Wettbewerb schneller auf dem Markt als die Eigenen
- Technologische Entwicklungen, die bestehende Produkte ersetzen
- Verzögerungen bei der Fertigstellung neuer Produkte
- Neue Wettbewerber mit moderner Fertigungstechnologie

Leistungswirtschaftliche Risiken

- Abhängigkeit von wenigen Lieferanten
- Engpässe bei notwendigem Material
- Abhängigkeit von wenigen Großkunden, Wegfall wichtiger Großkunden

- Vermarktungsintensität
- Steigende Vertriebskosten
- Umsatzausfälle
- Verlust von Vertriebskanälen
- Fehler im Management von Geschäftspartnern
- Fehlende Internationalisierung in Produktion und Vermarktung
- Fehler in Kundenrechnungen, Forderungsausfälle

Finanzwirtschaftliche Risiken

- Liquiditätsbedarf aufgrund neuer Angebote (z.B. Lease-Kauf)
- Margenreduktion durch Wettbewerbsdruck auf Preise
- Strittige Forderungen
- Verlängerung bei Debitorenzielen
- Verspätete Kapitalmaßnahmen
- Zu niedrige Eigenkapitalquote

Risiken aus der Organisation

- Fehlende Motivation
- Unzureichende Unternehmenskultur
- Schleppender Informationsfluss
- Fehlende Entscheidungsbereitschaft
- Störungen im technischen Ablauf
- Brand, Wasserschaden etc.
- Ausfall von Führungskräften, Kündigung von Leistungsträgern
- Qualifikation von Mitarbeitern
- Fehlende Nachfolgeregelung

Damit im Rahmen eines Risikomanagement-Prozesses eine effiziente Risikovorsorge möglich ist, müssen die einzelnen Risiken zunächst beschrieben werden. Wovon hängt das Eintreten der Risiken ab? Lassen sich Frühindikatoren für das Eintreten der Risiken ableiten? Welche Auswirkungen hat das Eintreten auf das Geschäft?

Die zum Dezember 2006 in Kraft getretenen Regelungen zu Kreditvergabe nach Basel II gehen auf schon seit vielen Jahren verfolgte Überlegungen im Kreise der Zentralbanken zurück. Ein Ausschuss der Zentralbanken und der Bankenaufsichtsinstanzen wurde im Jahre 1975 initiiert und tagt seither im Drei-Monats-Turnus. Der Ausschuss trifft sich in Basel bei der Bank für den Internationalen Zahlungsausgleich (BIZ) und hat den Namen „Basel" für die Ergebnisse geprägt. Zu dem Ausschuss gehören Vertreter aus Belgien, Deutschland, Frankreich, Großbritannien, Italien, Japan, Kanada, Luxemburg, Niederlande, Schweden und USA. Unter dem Programm „Basel II" werden allgemeine strategische Richtlinien formuliert, auf die sich insbesondere die Aufsichtsinstanzen der einzelnen Länder – in Deutschland z.B. das Bundesamt zur Finanzaufsicht (BAFin) – stützen kann, um die jeweils geltenden Aufsichtsgrundsätze fest zu legen. Der Kern von „Basel II" stellt die grundlegende Eigenkapitalregelung für die Banken der Mitgliedsländer dar. Die Ergebnisse werden auch von Banken-Aufsichtsinstanzen in Ländern mit übernommen, die nicht zu den Mitgliedsländern gehören. Damit ist „Basel II" weder eine Regelung zur Gängelung des deutschen Mittelstandes, noch sind die Ergebnisse eine unmittelbare Folge der periodisch immer wieder ansteigenden Insolvenzen in Deutschland. Im Gegenteil ist die Zielsetzung von Basel II in viel stärkerem Maße gleiche Grundsätze für die Vergabe von Krediten zu setzen und hierbei eine verlässliche Grundlage zu schaffen.

Ein wichtiger Aspekt wird in der Diskussion um die Auswirkungen häufig übersehen, bzw. zu wenig beachtet. Auch die Banken sind Wirtschaftsunternehmen, die mit der Ware Geld handeln, Geld „einkaufen" zu den sich je nach Verfügbarkeit ändernden Bedingungen und diese „Ware" weiter verkaufen mit einem Aufschlag. In dem Aufschlag ist der unternehmerische Gewinn enthalten, aber auch ein Risikoaufschlag für einen möglichen Ausfall. In diesem Aspekt handelt die Bank genauso, wie es auch ein produzierendes Unternehmen tun muss, um einen prozentualen Ausfall von Forderungen zu kompensieren. Dies gilt zumindest in den Fällen, in denen die Ware nicht ausschließlich gegen Vorkasse geliefert wird, und selbst bei diesen Modellen müssen Ausfälle (Diebstahl, Materialfehler, Defekte, Lagerschwund, ...) berücksichtigt werden. Was für produzierende Unternehmen gilt, muss natürlich für die Banken gelten, und ein Teil von Basel II beschäftigt sich mit der Bewertung von Risiken, den Ausfallwahrscheinlichkeiten.

Die Richtlinien für Bankgeschäfte sehen vor, dass ein Teil der von einer Bank heraus gegebenen Darlehen und Kredite durch Eigenkapital abgesichert werden muss. Damit gibt es auch für Banken Grenzen für die Vergabe von Krediten und die Verantwortlichen bei den Banken müssen vorher überlegen, wie sie ihre Ware „Geld" am besten anlegen. Auch in der Vergangenheit hat die Bank nicht ohne Prüfung und an jedermann Geld verliehen. Die Bewertung des für die Bank vorhandenen Risikos für einen Ausfall ist so alt wie das Bankgeschäft selbst. Nur seit die Regelungen von Basel II in der Öffentlichkeit diskutiert werden, hat die Bewertung des Ausfallrisikos eine neue Qualität bekommen und wird an dem Begriff „Rating" festgemacht. Dabei wird durch die Einführung des Ratings das Bewertungsverfahren für den Kreditsuchenden jetzt zunächst nur transparenter. Mit Basel II kommt es zu einer Flexibilisierung des von der Bank für ein Darlehen zu hinterlegenden Eigenkapitals. In Zukunft muss die Bank für solche Kredite, bei denen das

Rating besser als der Durchschnitt ist, weniger Eigenkapital hinterlegen und bei entsprechend schlechterem Rating-Ergebnis umgekehrt mehr. Damit ergibt sich die durchaus sinnvolle Entwicklung, dass eine Bank bei gegebenem Eigenkapital in Summe höhere Kreditsummen vergeben kann, wenn die Kunden ein überdurchschnittliches Rating erzielen.

Für die kapitalsuchenden Unternehmen ist das Rating-Verfahren ein wichtiger Meilenstein vor der Entscheidung der Banken zur Vergabe von Krediten. Das Rating-Verfahren selber wird von Basel II nicht festgelegt. Die einzelnen Bankenorganisationen haben daher ein für ihr Geschäft passendes Ratingverfahren entwickelt. Neben dem bankspezifischen Rating sind auch unabhängige Rating-Agenturen am Markt präsent, die im Auftrag des Unternehmens ein Rating durchführen. Ein von einer Institution erstelltes Rating-Gutachten ist dabei für ein anderes Bankinstitut nicht verbindlich. Dies gilt ebenfalls für die Bank-unabhängigen Agenturen. Allerdings wird der Aufwand für das Unternehmen, das bereits ein Rating-Verfahren durchlaufen hat, bei einem neuen Rating wesentlich einfacher. Da eine niedrige Ausfallwahrscheinlichkeit für das Bankinstitut den Vorteil der niedrigeren Eigenkapital-Hinterlegung hat, korrespondiert auch der angebotene Zinssatz mit der Höhe der Ausfallwahrscheinlichkeit. Es lohnt sich daher, ein besseres Rating zu erzielen! In den bekannten Rating-Verfahren werden die in der Vergangenheit ebenfalls herangezogenen Kriterien, die die Ertragskraft eines Unternehmens beschreiben, systematisiert und ergänzt um die so genannten „qualitativen Faktoren", die in dieser Form in der Vergangenheit nicht berücksichtigt wurden. Damit wird neben den Vergangenheitswerten, wie sie insbesondere aus der Bilanz gewonnen werden, eine Abschätzung der zukünftigen Entwicklung berücksichtigt. Dies stellt an den Unternehmer die Anforderung, dass er über seine Ziele, Strategien, Planungen informiert und dem Firmenkundenbetreuer bei der Bank eine ungleich größere Transparenz

Markt – und Kundenorientierung – ein übergreifender Prozess

über sein Unternehmen gibt, als er dies in der Vergangenheit gewohnt war. Die qualitativen Faktoren nehmen in der Gewichtung aller Faktoren je nach Rating-Verfahren immerhin zwischen 30 und 40 % ein. Mit diesen Werten ziehen Markt-Betrachtungen und kundenorientiertes Verhalten in die Bewertung durch die Banken ein. Wie schon erwähnt, stehen die Vergangenheits-bezogenen quantitativen Werte, die sich aus dem Jahresabschluss ergeben, für die verbleibenden 60 bis 70 %. Schlechte Ergebnisse aus der Vergangenheit können daher nicht alleine durch eine gute Darstellung der qualitativen Faktoren ausgeglichen werden. Wie früher gibt es „k-o" Kriterien, die die Vergabe eines Kredits ausschließen, auch wenn die Inhalte einer Planung noch so transparent aufbereitet sind. Ein schlecht geführtes Unternehmen oder ein Unternehmen mit nicht nachgefragten Produkten ist weder mit noch ohne Basel II zu retten.

Typische Gewichtung der Einflussfaktoren durch Banken

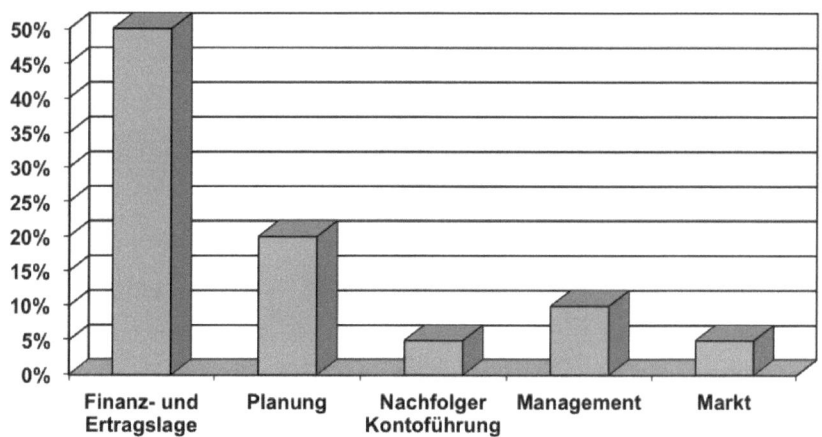

Wenn das Unternehmen die Bedingungen im Bereich der quantitativen Faktoren in zufrieden stellender Form erfüllt, können die qualitativen Faktoren im Ergebnis den Ausschlag für die Vergabe von Fremdkapitalmittel geben.

Aus diesem Grunde macht es für den Unternehmer Sinn, sich der vermeintlichen Mühe zu unterziehen und an einer Verbesserung der qualitativen Faktoren zu arbeiten.

Bei jeder unternehmerischen Entscheidung ergeben sich Risiken, die mal unbedeutend, aber in anderen Fällen auch existenzbedrohend sein können. Manche Risiken bedingen kurzfristige Auswirkungen, andere erst nach langer Zeit. Risiken können im Unternehmen selbst begründet oder durch veränderten Wettbewerb, technologische Neuerungen oder neue gesetzliche Grundlagen bedingt sein. Unternehmen sind alleine schon aufgrund der Branchenzugehörigkeit und der Konjunkturlage in der Branche Entwicklungen ausgesetzt, die Abweichungen von den im Business Plan angestrebten Zielen und Strategien zur Folge haben können. Diese Entwicklungen sind für das Unternehmen sowohl mit positiven (Chancen) aber auch mit negativen (Risiken) Auswirkungen verbunden. Konsequenzen können z.B. von der rechtzeitigen Erkenntnis zukünftiger Entwicklungen des Marktumfelds und des Wettbewerbs abgeleitet werden. Auch technologische Veränderungen und Änderungen der rechtlichen Rahmenbedingungen beinhalten Risiken- und Chancenpotenziale.

Eine erschwerte wirtschaftliche Gesamtsituation, die auf Veränderungen der Markt- und Wettbewerbsbedingungen zurückzuführen ist, stellt eine mögliche Gefahrenquelle für das Unternehmen dar. Konjunkturelle Entwicklungen, verbunden mit verändertem Beschaffungsverhalten der Kunden, können zu Umsatzeinbußen führen. Weitere Einflussfaktoren ergeben sich aus der gesamtwirtschaftlichen Situation der Branche. Neben den Marktrisiken ergeben sich mögliche Risiken durch Veränderungen des Wettbewerbsumfeldes. Bei innovativen Entwicklungsvorhaben besteht immer ein erhöhtes Gefahrenpotential (aber auch ein erhöhtes Chancen-Potenzial) und vorhandene Zeitvorteile können verloren gehen. Dies gilt insbesondere, wenn kein strategischer Partner vorhanden ist, der die notwendige weitere Entwicklung finanziert oder eine schnelle Vermarktung ermöglicht.

Typische Risikofelder im Rahmen der Leistungserbringung beziehen sich auf die Bereiche Beschaffung, Produktion, Absatz, Betriebsmittel und EDV. Bei den Betriebsmitteln sollten sich die Analysen z.B. auf den Grad der Auslastung der Anlagen, deren technischem Stand sowie auf zukünftige Entwicklungen in diesem Segment richten. Im Bereich der EDV spielen vor allem Aspekte der Sicherung von relevanten Daten vor Verlust und Fremdzugriff (Datenschutz und -sicherung der Kundendaten), Zugriffsrechte für autorisierte Personen und die Wirtschaftlichkeit spielen dabei eine Rolle. Im Bereich der Beschaffung ergeben sich mögliche Vertragsrisiken bei den Lieferanten und Kunden. Durch die Ausgestaltung der Vertragsmodalitäten entstehen in erster Linie Preisrisiken, aber auch die Qualität der gelieferten Produkte, die Liefertreue sowie Abhängigkeiten von nur wenigen Lieferanten stellen Gefahrenpotenziale dar.

Zu möglichen Leistungserbringungsrisiken einer Gesellschaft zählen Mängel in der Funktionsfähigkeit und der Ordnungsmäßigkeit der Auftragsbearbeitung. Falsche Abrechnungen gegenüber den Kunden oder den Lieferanten bedeuten erhebliche Verlustpotentiale. Auf lange Sicht können sich Gefahren aus dem Produktportfolio ergeben, wenn einzelne Produkte nicht mehr wettbewerbsfähig sind. Aufgrund fehlender Produktinnovationen, durch ungenügende Forschungs- und Entwicklungstätigkeit, kann es zu Wettbewerbsnachteilen kommen. Schließlich bestehen im Bereich des Absatzes mögliche Risiken für das Unternehmen, z.B. in Form von Preisrisiken. Vielleicht besteht die Gefahr von steigendem Preisdruck und geringeren Margen als Ergebnis eines gestiegenen Wettbewerbs. Vertrieb und Marketing sollten Absatzrisiken mit gleichem Engagement entgegenwirken, wie sie auf der anderen Seite auf die

Zielerreichung hinarbeiten. In der Qualifikation der Vertriebsmitarbeiter bei der Generierung neuer Kunden, der Wahl der Absatzwege sowie der Identifikation neuer Zielgruppen bestehen Möglichkeiten positiver wie negativer Einflussnahmen. Neben der Preis- und Konditionspolitik ist die Kundenstruktur ebenfalls bei den Absatzrisiken zu subsumieren. Dies gilt insbesondere dann, wenn das Unternehmen von wenigen großen Kunden abhängig ist, die einen hohen Anteil am Umsatz ausmachen. Die Messlatte für diese Risiken sind zum einen die Kundenerwartungen und zum anderen die Wettbewerbsangebote. Das Streben nach höchster Qualität und die damit verbundenen Kosten kann im Ergebnis Preisschwellen der Kunden überschreiten und den Absatz gefährden. So kann für zeitkritische Zielgruppen Liefertreue wichtiger sein als eine niedrige Ausschuss-Quote. Der Zielgruppen-Fokus und die Ausrichtung des Unternehmens definiert, welche Kriterien wichtig sind und erfüllt werden müssen. Auf jeden Fall sind aber fundierte Informationen über die Zielgruppen eine notwendige Voraussetzung.

Mit der Wertschöpfung quantifiziert man den eigenen Anteil an der gesamten Leistungserbringung bis zum fertigen Produkt. Die relative Wertschöpfung hängt dabei von dem zu leistenden und wirtschaftlich vertretbaren eigenen Aufwand bei Erstellung, Veredelung, Vermarktung und Kundenbetreuung ab und wird auf der Basis von Vollkosten berechnet. Wertschöpfung und Preis haben auf den ersten Blick nichts miteinander zu tun, im ungünstigsten Fall ist die Wertschöpfung aber höher als der erzielbare Preis. In diesem Fall sinkt der Absatz oder das Unternehmen realisiert bei Verkauf zu Marktpreisen Verluste. Je nach Kundenorientierung ergeben sich unterschiedliche Ansätze für die anzustrebende Höhe der Wertschöpfung, allerdings immer in Abhängigkeit von den individuellen Voraussetzungen.

Wenn man alle mit dem Produkt in Verbindung stehenden Kosten aufaddiert, ergibt sich die Ausgangslage für die Wertschöpfung. Durch die Quantifizierung der Leistungsbeiträge aller externen Beteiligten kann die relative Wertschöpfung des eigenen Unternehmens ermittelt werden. Werden Vorprodukte von anderen Unternehmen bezogen, so sind deren Abgabepreise als Kosten zu der eigenen Wertschöpfung hinzu zu rechnen. Falls das Produkt über Vertriebspartner vermarktet wird, so sind die Vertriebsprovisionen für diese Partner ebenfalls für die Ermittlung des Gesamtaufwands hinzu einzurechnen. Das Verhältnis der eigenen Wertschöpfung an diesen Gesamtkosten wird als relative Wertschöpfung bezeichnet. Bei der Berücksichtigung von Beiträgen anderer Gesellschaften sind natürlich auch Gewinnanteile enthalten, so dass die Gesamtauflistung des Aufwands nicht nur die reinen Kosten enthält. Daher wird sich nicht nur die Wertschöpfung zwischen Unternehmen mit unterschiedlicher Leistungstiefe deutlich unterscheiden. Entsprechend der unterschiedlichen Geschäftsmodelle gibt es eine erhebliche Bandbreite bei der relativen Wertschöpfung. Während ein Ingenieurbüro bei einem Planungsvorhaben einen Wert von 80 % erreichen kann, liegt die Wertschöpfung von Großflächen-Vermarktern bei gerade mal 2 %. Eine höhere Wertschöpfung muss aus betriebswirtschaftlicher Sicht nicht zwangsläufig von Vorteil sein. Eine hohe Wertschöpfung ist sogar kritisch, wenn andere Unternehmen Teile der Leistung kostengünstiger bereitstellen können. Die Optimierung des Geschäftsmodells muss daher immer austariert werden zwischen einer optimalen Kosten-Position und der Absicherung der Wettbewerbsfähigkeit. Für die Nachhaltigkeit eines Geschäftsmodells kann es allerdings notwendig sein, Kernfunktionen selber zu erbringen, auch wenn andere Unternehmen diese mit niedrigeren Kosten erbringen könnten.

Mit der Wertschöpfungskette werden die verschiedenen Elemente der Leistungserbringung beschrieben. Üblicherweise reicht die Darstellung von der Entwicklung über Beschaffung und Produktion, den Vertrieb bis zu Inkasso und Serviceleistungen. Somit werden alle mit Kostenaufwand verbundenen Aufgaben in der Wertschöpfungskette beschrieben. Auch Dienstleistungsangebote können mithilfe von Wertschöpfungsketten analysiert und optimiert werden. Je nach Geschäftsmodell wird die Wertschöpfungskette anders aussehen, selbst bei für den Kunden ähnlichen Produktangeboten. Mithilfe der Wertschöpfungskette werden Kostenbeiträge zur Leistungserbringung zugeordnet und ein Aufbruch der Kosten ermittelt. Um ein vollständiges Bild zu erhalten, müssen auch die vorlaufenden Kosten wie Entwicklung, Produktionsvorbereitung und Vertriebsmaterialien auf Einzelstücke zugerechnet werden. Genauso gehören aber auch nachlaufende Kosten wie Inkasso, Reklamationen und Garantieleistungen zu den in der Wertschöpfungskette zu berücksichtigenden Elementen.

Eine Optimierung der Wertschöpfungskette kann vorgenommen werden, nachdem für die einzelnen Wertschöpfungsstufen Alternativ-Szenarien analysiert werden. Dies kann die Fremdvergabe von Teilen der Entwicklung genauso beinhalten wie eine Produktionsverlagerung oder alternative Vertriebsformen. Dabei muss ein Outsourcing nicht immer der beste Weg sein. Es gibt Geschäftsmodelle, bei denen gerade ein Insourcing, also die Rückholung von bislang fremdvergebenen oder zugekauften Leistungen Vorteile verspricht. Die Analyse der Wertschöpfungskette ist somit ein Instrument zur Optimierung eines Geschäftsmodells und liefert wichtigen Input zur Unternehmensplanung bzw. zur Erstellung eines Business Plans. Nicht nur Neuprodukte können mithilfe der Wertschöpfungskette analysiert werden, dies ist auch für bestehende Produkte sinnvoll, z.B. wenn über den Produktlebenszyklus neue Wettbewerber oder ein verändertes Kaufverhalten

(Produktnutzen, Substitution) der Zielgruppen Druck auf den erzielbaren Preis ausüben und die Gewinnmargen sinken.

Die eigene Wertschöpfung ist immer im Zusammenhang mit der gesamten Wertschöpfungskette und dem gewählten Geschäftsmodell zu analysieren. Eine auf niedrigste Kosten optimierte Wertschöpfungskette kann fatale Folgen haben, wenn die Geschäftspartner nicht verlässlich liefern können oder wenn die Partner wirtschaftlich nicht stabil sind und ein Wechsel zu einem anderen Lieferanten schwierig ist. Die Optimierung der Wertschöpfung innerhalb der gesamten Wertschöpfungsketten muss also entsprechend der Kundenanforderungen die Stabilität in der Lieferkette, die Einhaltung von Qualität und Terminen und den Schutz vor neuem Wettbewerb einbeziehen (z.B. durch Kopieren) berücksichtigen. Die Festlegung der eigenen Wertschöpfung in Verbindung mit der Unternehmensplanung ist für das Unternehmen von zentraler Bedeutung, bei der Konzeption von neuen Produkten, der Ausgestaltung der Marketing-Mix Faktoren und auch für Unternehmensgründungen. Die in diesem Zusammenhang geführten "Make-or-Buy"-Diskussionen sind letztlich nichts anderes als eine Umschreibung der Optimierung der eigenen Wertschöpfung.

14.1. Risiken bewerten und Frühwarnsystem einrichten

Eine Einordnung erkannter Risiken erfolgt dann nach den Kriterien Eintrittswahrscheinlichkeit und absehbarem Schadensausmaß. Die Bewertung kann nach einem Punkteraster erfolgen mit einer Zuordnung in z.B. fünf Stufen von „unbedeutend" bis „Existenz-gefährdend" für das mögliche Schadensausmaß und in den Stufen „unwahrscheinlich" bis „häufig" für die Eintritts-Wahrscheinlichkeit. Eine feinere Unterteilung mit mehr als fünf Stufen ist nur in Ausnahmefällen sinnvoll. Für eine erste Einführung kann man auch mit nur drei Stufen beginnen. Eine Pseudo-Genauigkeit mit feiner Unterteilung erzeugt einen unverhältnismäßigen Aufwand ohne eine Verbesserung der Ergebnisqualität.

Bei der Bewertung ist zu beachten, dass für alle erkannten Risiken die gleichen Maßstäbe angewandt werden, damit die Ergebnisse vergleichbar sind. Die Ergebnisse der Bewertung können anschaulich in Form eines Portfolios dargestellt werden. Dabei steht die Färbung des Feldes für den Grad der Auswirkung eines möglichen Schadens oder die Wahrscheinlichkeit des Eintritts. Die im rechten oberen Feld eingetragenen Fälle sind die gefährlichsten und mit höchster Priorität mit Notfallplänen abzudecken. Für die in den weißen Feldern liegenden Vorkommnisse genügt es in der Regel, die Entwicklung zu beobachten. Risken mit gleicher Priorität liegen auf einer Diagonalen in dem Portfolio. Je „dunkler" das Feld ist, in dem das betreffende Risiko eingeordnet ist, desto kritischer ist das Risiko, da entweder die Eintrittswahrscheinlichkeit oder das zu erwartende Schadensausmaß – oder sogar beides – als besonders hoch eingestuft werden.

Dabei steht die Färbung des Feldes für den Grad der Auswirkung eines möglichen Schadens oder die Wahrscheinlichkeit des Eintritts. Die in den oberen rechten Feldern eingetragenen Fälle sind also mit höchster Priorität zu beobachten und mit Notfallplänen ab zu decken. Für die in den weißen Feldern liegenden Vorkommnisse genügt es in der Regel, die Entwicklung zu beobachten. Risken mit gleicher Priorität liegen auf einer Diagonalen in dem Portfolio.

Aufgrund der Positionierung werden Risiken unterschiedlicher Bereiche vergleichbar

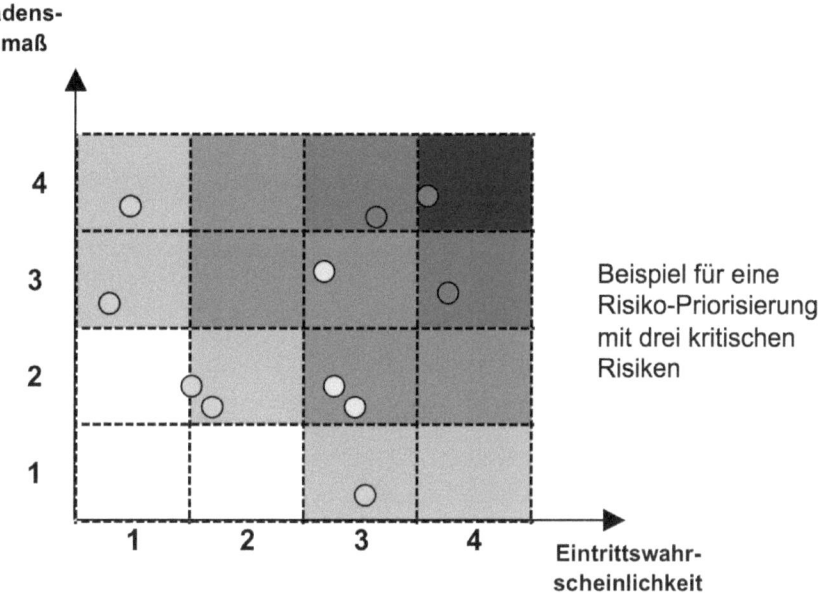

Beispiel für eine Risiko-Priorisierung mit drei kritischen Risiken

Je „dunkler" das Feld ist, in dem das betreffende Risiko eingeordnet ist, desto kritischer ist das Risiko für das Unternehmen zu bewerten, da entweder die Eintrittswahrscheinlichkeit oder das zu erwartende Schadensausmaß – oder beides – als besonders hoch ein zu stufen sind. Da alle Unternehmen unterschiedlich sind, kann das gleiche – z.B. extern bedingte Risiko der Fremdkapitalzinsen – für zwei individuelle Unternehmen völlig unterschiedliche Auswirkungen haben. Somit lässt sich die Risikobewertungsmatrix auch nicht verallgemeinern.

Für die verschiedenen Risiken sind im folgenden vorsorgliche Maßnahmen zu definieren, damit die Auswirkungen auf das Unternehmen möglichst begrenzt bleiben. Eine vollständige Vermeidung wird allerdings nur selten möglich sein.

Wenn z.B. bei der Produktion eine Abhängigkeit von wenigen Lieferanten besteht, so kann man versuchen, in Entwicklung und Konstruktion die Verwendung anderer Bauelemente zu berücksichtigen. In den Fällen, in denen keine kurzfristige Änderung herbei geführt werden kann, verbleibt häufig nur, die Risiko-Faktoren intensiv und zeitnah zu beobachten, um selber keine Verpflichtungen ein zu gehen, die bei einem Eintritt den Schaden vergrößern, z.B. die Einhaltung der eigenen Lieferverpflichtungen zu gefährden. Gemäß der Färbung im Risiko-Portfolio werden die Risiken in Kategorien von hoch bis gering einteilen und bei der Erarbeitung von Gegenmaßnahmen zunächst Risiken der Kategorie hoch betrachtet. Die ausgewählten Gegenmaßnahmen sind natürlich wieder in einer Tabelle zu dokumentieren. Zu jeder Maßnahme muss ein Zuständigen benannt werden, der sich um die Beobachtung des Risikos bzw. die Durchführung der Präventiv-Maßnahme kümmert. Dieser Zuständige hat die Aufgabe bei einem Eintritt oder einer Veränderung des Risikos unverzüglich zu informieren.

Manche Risiken lassen sich nicht oder nur in sehr geringem Maße beeinflussen, wie z.B. der Eintritt eines neuen Wettbewerbers oder neue gesetzliche Auflagen. Bei der Erstellung der Unternehmens-Planung sollte der Eintritt des Risikos als Worst-Case Szenario bewertet werden. Im schlimmsten Fall bleibt die Aufgabe einer Produktlinie oder die Verkleinerung des Unternehmens als unausweichliche Folge. In diesem Sinne hilft die Risikobewertung bei der Beurteilung der Auswirkungen von Risiken und den möglichen Gegenmaßnahmen. Besonders in den Fällen, in denen das Unternehmen mit Risiken konfrontiert wird, auf deren Eintreten es keinen Einfluss hat, ist eine regelmäßige Beobachtung und die Identifikation von Indikatoren erforderlich, damit frühzeitig Gegenmaßnahmen eingeleitet werden können, bevor das Unternehmen von den Auswirkungen „überrollt" wird.

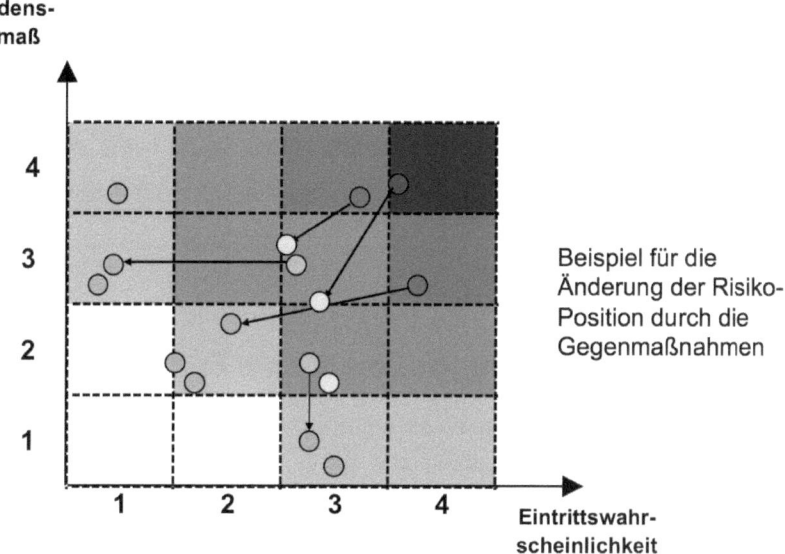

Nach Durchführung der Gegenmaßnahmen wird das Risikoportfolio neu bewertet

Beispiel für die Änderung der Risiko-Position durch die Gegenmaßnahmen

Gemäß der Färbung im Risiko-Portfolio können die Risiken in Kategorien von hoch bis gering eingeteilt und die Ausgestaltung von Gegenmaßnahmen zunächst auf Risiken mit der Kategorie „hoch" beschränkt werden. Die erarbeiteten Gegenmaßnahmen sind zu dokumentieren und bei den Aktionen wird für jede Maßnahme ein Zuständiger festgelegt, der sich um die Beobachtung des Risikos oder die Durchführung der Präventiv-Maßnahme kümmert. Dieser Zuständige hat zudem die Aufgabe, bei einem Eintritt des Risikos so früh wie möglich zu informieren. Im Falle von Risiken, die durch den Markt und Kunden entstehen, liegt die Verantwortung üblicherweise in Marketing und Vertrieb.

Es versteht sich von selbst, dass die Durchführung des Risikomanagement-Prozesses im Rahmen des Banken-Ratings gefordert wird. Es ist daher von

Vorteil, die Dokumentation des Risikomanagements bei der Bank vorzulegen. Nicht die Tatsache, dass ein Geschäft Risiken beinhaltet, wird kritisch bewertet, sondern das fehlende Bewusstsein für die immer vorhandenen Risiken und eine nicht-vorhandene Vorsorge in Form von Gegenmaßnahmen. Welche Risiken tolerierbar sind und bei welchem Risiko-Ausmaß Gegenmaßnahmen erforderlich werden, lässt sich nicht allgemeingültig festlegen, sondern hängt von vielen Aspekten ab, die unter dem Oberbegriff Risikoausrichtung für das einzelne Unternehmen zu erarbeiten und festzulegen sind.

Risikomanagement als Prozess für ein Frühwarnsystem

Kontrolle und Risikoneigung eines Unternehmens definieren einen Rahmen, um Wettbewerbsvorteile durch das Ausnutzen von potenziellen Chancen im Markt zu generieren, gleichzeitig aber Risiken zu vermeiden, die über definierte Grenzen hinausgehen. Chancen und Gefahren sollten grundsätzlich im Sinne eines risikobewussten Managements unter Beachtung von Chancen-Risiko-Relationen ausbalanciert sein. Zwischen bereits existierenden, erkannten Risiken und zukünftigen Risiken ist zu unterscheiden. Bereits existierende Risiken sind durch ihre Verankerungen in Unternehmensstrukturen und Abläufe meist nur schwer nachträglich zu eliminieren. Sie bedürfen daher einer kontinuierlichen Beobachtung, und sind mittels geeigneter Steuerungsmaßnahmen im Hinblick auf eine Verringerung des Schadensausmaßes zielgerichtet zu beeinflussen. Neu auftretende, und mittels eines funktionierenden Frühwarnsystems rechtzeitig erkannte Risiken lassen sich dagegen schon vor dem Eintreten von möglichen Auswirkungen auf das Gefahrenpotential hin untersuchen. Sollten bei der Analyse ein vorab festgelegter Schwellenwert überschritten werden, so ist dieses Risiko für das Unternehmen nicht akzeptabel und darf nicht eingegangen werden.

Die Schwellenwerte für wesentliche und bestandsgefährdende Entwicklungen richten sich nach den in der Geschäftsordnung für die Geschäftsführung vereinbarten Grenzen. Sie können sowohl für ein Einzelrisiko als auch für die Summe von zusammenwirkenden Risiken definiert werden. So soll gewährleistet werden, dass das Unternehmen Krisensituationen vermeidet, indem Entscheidungen, deren Bewertung ein über den Schwellen liegendes Schadensausmaß ergibt, nicht getroffen werden. Entscheidungen, die mit größeren Chancen als Gefahren verbunden sind, die für das Unternehmen Wettbewerbsvorteile bringen oder die unter keinen Umständen zu vermeiden sind, werden realisiert. Somit stehen Chancen und Gefahr in einem ausgeglichenen Verhältnis zueinander und unterliegen einer eindeutigen Kontrolle.

Die Geschäftsführung ist im Falle einer Aktiengesellschaft (gemäß § 91 Abs. 2 AktG) zur Einführung eines Risikomanagements verpflichtet und für ein ordnungsgemäßes Funktionieren des Systems zu sorgen. Dazu legt sie **risikopolitische Grundsätze** fest, die in ihren Kernaussagen Verhaltensregeln beinhalten und alle Mitarbeiter zu einem vernünftigen Umgang mit Risiken anhalten sollen. Sie dienen als Ausgangspunkt für die konkrete Ausgestaltung der Risikomanagement-Organisation durch das Controlling und sollen das Risikobewusstsein bei allen Beteiligten fördern. Schließlich müssen diese Grundsätze allgemein im Unternehmen kommuniziert werden. Der Unternehmer trägt letztlich die Gesamtverantwortung für das Risikomanagements gegenüber einem Aufsichts- oder Beirat, den Anteilseignern (sofern es „externe" Gesellschafter gibt) und dem Gesetzgeber.

Den Kern der Aufbauorganisation für das Risikomanagements bildet üblicherweise das **Controlling**, unterstützt die Risikoverantwortlichen in den Unternehmensbereichen bei der Umsetzung und ist verantwortlich für eine effiziente Risikoberichterstattung gegenüber dem Management (Risk-Reporting). Seine Aufgaben bestehen weiterhin in der konzeptionellen (Weiter)-Entwicklung und Ausgestaltung des Risikomanagement-Systems, der Überwachung aller erforderlicher Maßnahmen sowie der Prüfung der Angemessenheit und Wirksamkeit durch Prozess-unabhängige und prozessintegrierte Kontrollen. Schließlich dokumentiert das Controlling die gesamte Organisation der Risikoverantwortungen und aller Maßnahmen im Rahmen des Risikomanagements. Die konkrete Arbeit an den Risiken erfolgt in den Unternehmensbereichen. Die operativen Einheiten („**Risk-Owner**") tragen einen Großteil der Verantwortung für eine funktionierende Umsetzung. Zu den Aufgaben gehören insbesondere die Identifikation von neuen Risiken und die möglichst schnelle Kommunikation von Risikosachverhalten wie Änderungen bei Eintrittswahrscheinlichkeit oder Schadenshöhe. Bei Bedarf unterstützt das Controlling bei der Vorgehensweise. Durch ein frühzeitiges Erkennen, Beurteilen und Managen der Risiken am Ort ihres Entstehens kommt den Risk-Ownern eine entscheidende Bedeutung im Gesamt-Prozess zu.

In Verbindung mit dem Risikomanagement fokussiert man sich zunächst auf Entwicklung, Produktion und Finanztransaktionen. Ebenso wichtig sind aber aus unternehmerischer Sicht der Vertrieb und die Beziehung zu Vertriebspartnern und Kunden. Dies kann sich auf wichtige Einzelkunden ebenso beziehen wie auf ganze Zielgruppen. Die Markt-orientierten Faktoren im Unternehmen müssen bei der Analyse von Risiken und der Einrichtung eines Frühwarnsystems auf jeden Fall berücksichtigt werden.

Der Prozess des Risikomanagements ist als ein sich regelmäßig wiederholender Regelkreis auszugestalten, der ausgehend von den in der Risikostrategie festgelegten Grundsätzen, dem Prozess der Risikoidentifikation, Risikoanalyse und -bewertung, Risikosteuerung und Risikokontrolle bzw. –Überwachung alle Schritte umfasst. Nachdem im

Rahmen der Strategien-Definition die Rahmenbedingungen, die Ausgangssituation und die Ziele des Risikomanagements ausgearbeitet wurden, schließt sich die Phase der Risikoidentifikation an. In ihr werden die vorhandenen und potentiellen Risiken des Unternehmens ermittelt. Dies erfolgt mit Hilfe von risikoorientierten Analysen der betrieblichen Prozesse und Funktionsbereichen, durch Befragungen der Mitarbeiter (Risk-Owner) und durch Auswertungen von Dokumenten. Als Ergebnis dieser Phase ergibt sich ein Risikokatalog, der neben der Beschreibung der einzelnen Risiken die betroffenen Unternehmensbereiche beinhaltet.

Können Eintrittsrisiken Schadenshöhen nicht quantifiziert werden, dann sind sie zumindest qualitativ zu bewerten und bestmöglich abzuschätzen. Durch eine Multiplikation beider Faktoren ergibt sich das Gesamtausmaß eines Risikos. Sowohl quantifiziert als auch qualitativ ermittelte Risiken werden anschließend einer Einteilung in Klassen unterzogen (leichte, mittlere, bestandsgefährdende Risiken). Die für das Unternehmen zutreffenden Werte für die Klassen müssen entsprechend der Randbedingungen definiert werden. Es schließt sich die Phase der Bewältigung und der Steuerung der Risiken an. In ihr erfolgt die Ausarbeitung von Handlungsmaßnahmen zur gezielten Gegensteuerung der als wesentlich oder bestandsgefährdend eingestuften Risiken, die sich durch den Umstand charakterisieren, dass die Unternehmensführung bei ihrem Eintritt nicht mehr von der Prämisse der sicheren Unternehmensfortführung („Going-Concern") ausgehen kann.

Ein Risiko gilt für das Unternehmen dann als wesentlich, wenn es zwar nicht der Fortbestandsannahme entgegensteht, sich aber im Falle des Eintritts stark nachteilig auf den Geschäftsverlauf bzw. die Vermögens-, Finanz-, und Ertragslage auswirkt, und somit die künftige Entwicklung des Unternehmens beeinträchtigen kann. Instrumentarien zur Bekämpfung dieser Entwicklungen sind nach Analyse der bestehenden Möglichkeiten und der Ermittlung, der Beurteilung sowie der Auswahl alternativer und ergänzender

Handlungsmaßnahmen einzuleiten. Dies erfolgt innerhalb eines engen Dialogs zwischen Risk-Owner, der Geschäftsführung und dem Controlling. Als Handlungsalternativen kommen, je nach Situation und Risiko, Maßnahmen zur Risikovermeidung, Risikoverminderung, Risikoüberwälzung oder Risikoduldung in Betracht. Das Vorgehen bei identifizierten Risiken mit bestandgefährdendem Charakter muss anderes erfolgen. Ereignisse sind direkt und ohne zeitlichen Verzug an das Controlling und die Geschäftsführung zu berichten, und verlangen eine aktive Auseinandersetzung. Zur Erarbeitung und Verabschiedung von Lösungsansätzen und Handlungsalternativen sind fallweise auch die Aufsichtsorgane oder Gesellschafter mit einzubeziehen. Neu auftretende Risiken sind von den Risk-Ownern unverzüglich dem Controlling mitzuteilen. Dieses untersucht die Risiken in eigenen Analysen und Bewertungen. Durch diese Vorgehensweise wird gewährleistet, dass alle auftretenden Unternehmensrisiken Beachtung finden, und gleichzeitig die gezielte Bereitstellung der Informationen auf der richtigen Entscheidungsebene erfolgt.

Abgeschlossen wird der Prozess durch die Dokumentation sowie der Kontrolle der eingeleiteten Maßnahmen. Dazu bieten sich die Instrumente eines Internen Kontrollsystems, das Risiko-Controlling und die Entwicklung eines Frühwarnsystems an. Das Controlling koordiniert alle diese Instrumente. Sollten Abweichungen von den festgelegten Zielen und Strategien auftreten, so hat die Geschäftsführung diese zu überarbeiten und neu zu verabschieden.

Der Prozess des Risikomanagements vollzieht sich als ein sich wiederholender Regelkreis. Ausgehend von den in dieser Risikostrategie festgelegten Grundsätzen und Zielen erfolgt der Prozess in den Phasen Risikoidentifikation, Risikoanalyse und -bewertung, Risikosteuerung und

Risikokontrolle bzw. -überwachung, ehe der Kreislauf mit einer Überarbeitung der strategischen Ausrichtung von neuem beginnt. Nachdem im Rahmen der Strategien-Definition die Rahmenbedingungen, die Ausgangssituation und die Ziele des Risikomanagements ausgearbeitet ist, schließt sich die Phase der Risikoidentifikation an. In ihr werden die vorhandenen und potenziellen Risiken des Unternehmens wie oben beschrieben ermittelt. Dies erfolgt mit Hilfe von risikoorientierten Analysen der betrieblichen Prozesse und Funktionsbereichen, durch Befragungen der Mitarbeiter (Risk-Owner) und durch Auswertungen von Dokumenten. Die Hauptaufgabe kommt dabei dem Controlling als institutionalisierter Risikomanagement-Einheit und den verantwortlichen Mitarbeitern als Experten der Abteilungen zu. Als Ergebnis dieser Phase ergibt sich ein Risikokatalog, der neben den einzelnen Risiken auch dessen Beschreibung sowie die betroffenen Unternehmensbereiche beinhaltet.

Im Rahmen der Analyse und Bewertung der identifizierten Risiken wird eine Quantifizierung in Schadensauswirkung und Eintrittswahrscheinlichkeit vorgenommen. Können Risiken nicht wertmäßig exakt ermittelt werden, sind sie zumindest qualitativ zu schätzen (in diesem Fall sind die Prämissen und Annahmen für eine spätere Überprüfung zu dokumentieren). Durch eine Multiplikation von Schadenseintrittswahrscheinlichkeit und Schadensauswirkung ergibt sich das eigentliche Risikoausmaß. Sowohl quantifiziert als auch qualitativ ermittelte Risiken werden anschließend einer Einteilung in Klassen unterzogen (z.B. in leichte, mittlere, bestandsgefährdende Risiken). Über einem individuell festzulegenden Risikoausmaß gelten Risiken als bestandsgefährdend (diese Werte sind natürlich nicht allgemein gültig). Die für Ihr Unternehmen geltenden Werte müssen Sie entsprechend der Randbedingungen in Ihrem Geschäft definieren. Die Darstellung der Risikosituation erfolgt in einem Risikoportfolio, wie es oben bereits vorgestellt wurde. Alle Aufgaben der Analyse und

Bewertung der ermittelten Risiken obliegen dem Risiko-Controlling unter Rücksprache mit den betroffenen Risk-Owner und dem oberen Management. Es schließt sich die Phase der Bewältigung und der Steuerung der Risiken an. Die Ergebnisse der Ausarbeitungen zu Handlungsmaßnahmen zur gezielten Gegensteuerung der als wesentlich und / oder bestandsgefährdend eingestuften Risiken werden in einer Tabelle dokumentiert. Bestandsgefährdende Risiken sind dadurch gekennzeichnet, dass die Unternehmensführung bei einem Schadenseintritt nicht mehr von der Prämisse der Unternehmensfortführung (Going-Concern) ausgehen kann.

Im gesamten Risikomanagement-Prozess haben die Anweisungen, Richtlinien und die Zuteilungen der Verantwortlichkeiten Top-Down zu erfolgen, d.h. ausgehend von der Geschäftsführung über das Controlling zum Risk-Owner. Die Berichterstattung laufen dagegen Bottom-Up ab. Es empfiehlt sich dabei eine Verdichtung der Informationen vom Risk-Owner über die Abteilungsleiter und das Controlling bis hin zur Geschäftsführung vorzunehmen. Je nach Klassifizierung des Risikos anhand des Risikoausmaßes unterscheiden sich die Wege und die Dringlichkeit des Risk-Reportings. Risiken innerhalb der geringsten Kategorie bedürfen lediglich einer Klärung zwischen den Verantwortlichen der betroffenen Unternehmensbereiche (Risk-Owner) und dem Vertreter des Risiko-Controllings. In einem Treffen der zuständigen Bereiche sind das weitere Vorgehen und die Maßnahmen zur Gegensteuerung zu diskutieren und zu verabschieden. Mittlere Risiken erfordern ein zusätzliches Reporting an die Geschäftsführung durch das Controlling bzw. direkt durch den Risk-Owner. Die Geschäftsleitung hat von diesen Risiken Kenntnis zu nehmen, ohne zwingend in den Prozess der Beseitigung eingreifen zu müssen.

Eine einmalige Aufnahme und Bearbeitung des Risikomanagements ist nicht ausreichend, da sich Markt, Technologie und Wettbewerbsumfeld in einem dynamischen Wandel befinden. Es ist daher erforderlich, die Risikosituation mindestens einmal im Jahr zu überprüfen und bei dieser Gelegenheit nicht mehr vorhandene Risiken zu streichen, neue aufzunehmen und alle Risiken nach dem möglichen Schadensausmaß und der Eintrittswahrscheinlichkeit zu bewerten. Scheidet ein Mitarbeiter aus dem Unternehmen aus, der die Gegenmaßnahmen gegen ein bestimmtes Risiko übernommen hat, so ist natürlich auch unterjährig eine Revision und eine neue Zuordnung vorzunehmen.

15. Markt- und Kundenorientierung führt zu Maßnahmen

Ein Unternehmen wird nicht dadurch kundenorientiert, dass die Geschäftsleitung Kundenorientierung per Rundschreiben zur obersten Maxime erhebt. Echte Marktorientierung muss sich in allen Abläufen des Unternehmens widerspiegeln und von allen Mitarbeitern jeden Tag gelebt werden. Für den erreichten Grad der Kundenorientierung eines Unternehmens gibt es zwei Maßstäbe: die Kundenzufriedenheit und die Wettbewerbsfähigkeit. Da sich Kundenanforderung ständig mit unterschiedlicher Geschwindigkeit wandeln, sollte die Zufriedenheit der eigenen Kunden anhand branchenrelevanter Kriterien in regelmäßigen Abständen überprüft werden. Bei Kundenbefragung erhält man auch Antworten, die man lieber nicht gehört hätte. Aber es ist von Vorteil, man erfährt von den Kunden über mögliche Probleme als durch sinkende Umsätze. Umfragen liefern auf jeden Fall wertvolle Hinweise zur Verbesserung von Produkten oder Prozessen.

Der kontinuierliche Vergleich der Kundenbeurteilungen über einen längeren Zeitraum hinweg ermöglicht es, die eigene Leistung mit den Augen eines Kunden zu erleben und Veränderungen in den Kundenbedürfnissen oder Einschätzungen zum eigenen Angebot frühzeitig festzustellen. Verdeckte Testkäufe durch das eigene Management oder ein sporadischer Einkaufsbummel des Firmeninhabers, in dem er inkognito das Gespräch mit seiner Kundenbasis sucht, ergeben manchmal mehr Ansatzpunkte zur Kundenorientierung für das Unternehmen als umfangreiche Marktforschungen, die ungenutzt in Schubladen enden. Ein Unternehmen lernt und entwickelt sich nicht nur durch die Beobachtung der

Kundenmeinung, eine ebenso wichtige Quelle ist der kontinuierliche Vergleich mit den führenden Wettbewerbern. Wer die Chancen seines Angebotes im Wettbewerbsvergleich beurteilen will, muss die Leistungsfähigkeit der Mitbewerber gut genug kennen.

Maßnahmen/Aktionen

Lfd.Nr.	Maßnahme/ Aktion	A	B	C	Abgeschlossen bis ...	Verantwortlicher	Kontrolle durch wen ...	Abschluss Termin	Ressourcen	OK

Der südkalifornische Computerhersteller Apple, der 1984 nicht nur die ersten kundenorientiert gestalteten Personal-Computer auf den Markt gebracht hat, sondern auch nach Meinung vieler Nutzer über lange Zeit eine überlegene Systemsoftware und Benutzeroberfläche anbietet, war in den 90er Jahren aufgrund eines sinkenden Marktanteils und einer dadurch rückläufigen Wettbewerbsfähigkeit zum Nischenanbieter mit ungewisser Zukunft geworden. Mit dem Absinken des Marktanteils auf unter 5 % im PC-Kerngeschäft hat man bei Apple eine Verlagerung in Richtung auf die

Vermarktung von Inhalten vorgenommen, die über das Internet vermarktet werden können. Mittlerweile ist Apple einer der großen Vermarkter von Musiktiteln nach dem MP3-Standard. Dies ist ein hervorragendes Beispiel für kundenorientierte Unternehmensführung. Das Management hat erkannt, dass das bisherige Geschäft aufgrund eines zunehmenden Wettbewerbs von Unternehmen aus Billiglohn-Ländern rückläufig ist und nicht umgekehrt werden kann. Gleichzeitig ist eine wachsende Bereitschaft zum Erwerb von Unterhaltungs-Angeboten vorhanden. Anstatt weiter alle Ressourcen in das „alte" Kerngeschäft zu stecken, hat man den Schritt in ein neues Geschäft gewagt. Gleichzeitig ist das Unternehmen mit dem „Ipod" Anbieter des Kult-MP3 Spielers schlechthin und der Einstieg in das Mobiltelefon-Geschäft mit dem iPhone ist eine konsequente Weiterentwicklung.

Scheinbar überlegene Technologien reichen zum Markterfolg im heutigen Wettbewerb nicht aus, dies belegen Unternehmen wie Borgward, Nixdorf, Grundig (Video 2000) oder AEG. Wer seinen Kunden dauerhafte Vorteile bieten will, die nicht nur im Produkt liegen, muss seine Wettbewerbsposition genau kennen und durch kundenorientierte Unternehmensabläufe den Marktvorsprung behaupten. Der Weg zur marktorientierten Unternehmensführung ist eine Herausforderung für jedes Unternehmen. Das kundenorientierte Unternehmen besitzt detaillierte Markt- und Kundenkenntnis, es arbeitet systematisch an der Gewinnung von Neukunden und baut gezielt langfristige Kundenbeziehungen auf. Markt- und Kundenorientierung ist keine statische, durch einmalige Anstrengungen zu erledigende Aufgabe, sondern ein kontinuierlicher Verbesserungs-Prozess. Erst durch eine Prozess-Betrachtung wird ein nachhaltiger Markterfolg möglich. Kundenorientierung muss zum Maßstab des strategischen und operativen unternehmerischen Handels werden.

Weiterführende Literatur

Account Retention Retention Statistics
Technical Assistance Resource Project, Washington D.C., Account Retention, Veröffentlichung der Bank Marketing Association, Washington, 1993.

Backhaus, Prof. Dr. k.:
Kundenbindung im Investitionsgütermarketing.
Münster, 1994.

Benölken, H.
Neue Strategien für das Firmenkundengeschäft von Banken und Sparkassen
– Risikostreuung, Marketing und Prozessmanagement
Gabler Verlag, 2002

Chan Kim, W., Mauborgne, R.
Der blaue Ozean als Strategie – wie man neu Märkte schafft, wo es keine Konkurrenz gibt
Carl Hanser Verlag, 2005

Gälweiler, A.
Unternehmensplanung, Grundlagen und Praxis
Campus Verlag, 1986

Griffin, A. J., Hauser J.R.

Patterns of Communication among Marketing, Engineering and Manufacturing -A Comparison between Two New Product Teams. Management Science, March 1992a.

Hofmann, M., Kaack, Dr. J., Kaiser, Dr. N., Landmann, C.
Kundenorientierung – Ertragsreserven für turbulente Märkte
RKW, 1996

Hopp, K.U.
GmbH-Risikomanagement zur Unternehmenssicherung und Haftungsbegrenzung
VSRW-Verlag, 2001

Kuß, A., Tomczak, T.
Marketingplanung – Einführung in die marktorientierte Unternehmens- und Geschäftsfeldplanung
Gabler Verlag, 2002

Linnert, P.
Produkt-Manager, Aufgaben und Stellung im Unternehmen
DBV, 1974

Macharzina, K.
Unternehmensführung
Gabler Verlag, 2003

Meffert. Prof. Dr. Dr. h. c. H.
Kundenbindung und Kundenmanagement. Instrumente zur Sicherung der Wettbewerbsposition. Münster, 1994.

Oggenfuss, W. Christoph
Vom Marketig-Mix zum Retention-Mix. Kunden binden statt Kunden finden.
Thexis, Nr.4, 1995

Olfert, K.
Investition
Kiehl Verlag, 1988

Preis, K.
Beiträge des internen Marketings zur Gestaltung von marktorientierten
Unternehmensprozessen
FGM Verlag, 1999

Proff, H.
Konsistente Gesamtunternehmensstrategien
Deutscher Universitäts-Verlag, 2002

Rich, S,; Gumpert, D.
Geschäftspläne – So sichern Sie Finanzierung und Erfolg Ihres
Unternehmens
Norman Rentrop Verlag, 1986

Schierenbeck, Dr. H.
Grundzüge der Betriebswirtschaftslehre
Oldenbourg Verlag, 2008

Über den Autor

Dr. rer. nat. Jürgen Kaack promovierte auf dem Gebiet der Festkörperphysik. In seiner Berufslaufbahn hat er in operativer Verantwortung sowohl bei international tätigen Konzernen wie bei Mittelständlern Managementfunktionen wahrgenommen und Unternehmen erfolgreich mit aufgebaut. Außerdem hat er als Managementberater langjährige Erfahrung. Seit 1995 ist Dr. Kaack selbständig tätig.

Er begann seine Karriere in der Systemplanung und führte später Diversifikationsprojekte im internationalen High-Tech- und Telekommunikationsmarkt durch. Bei AEG baute er die strategische Beratung auf und betreute die Sanierung der AEG-Olympia Gruppe. Er konzipierte Europas größten Mobilfunk Service-Provider debitel. Als Marketing- und Vertriebsleiter führte er debitel zur Marktführerschaft, entwickelte eine innovative Tarifstruktur und führte verschiedene Mehrwertdienste ein. Nach 1995 baute Dr. Kaack als Gesellschafter und Geschäftsführer der MCN Management Consulting Group das Competence Center Telekommunikation auf. Das Konzept für den spezialisierten Netzbetreiber mcn-tele.com AG geht auf seine Initiative zurück. Als Vorstandsvorsitz führte er das Unternehmen von der Gründung bis 2002.

Heute unterstützt er mit seiner STZ-Consulting Group Unternehmen bei Änderungsprozessen, Wachstumsvorhaben, dem Aufbau von Kooperationen, der Gestaltung von Geschäftsmodellen und dem Management von Innovationsvorhaben. Im Innovationsprojekt T-City hatte er interimsweise die Projektleitung inne. In den letzten Jahren bilden Projekte zur Schaffung von nachhaltigen Breitband-Infrastrukturen einen Schwerpunkt der Projektarbeit. Dr. Kaack ist Autor von Fachartikeln zu Telekommunikations- und Management-Themen und Redner bei Veranstaltungen. Von ihm sind mehrere Bücher veröffentlicht worden, u.a.:

- **Schnelles Internet in Deutschland: Geschäftsmodelle und Fallbeispiele für den Ausbau mit Schwerpunkt Nordrhein-Westfalen Unternehmens-Wachstum - Analyse, Planung und Finanzierung**
- **Veränderungen gestalten - eine Autobiographie**
- **Heimat Sylt - Chronik der Familie Kaack**

Markt – und Kundenorientierung – ein übergreifender Prozess

Dr. Jürgen Kaack